U0899388

选举民主与美国政治极化研究

孙存良◎著

世界知识出版社

本书为2016年度国家社会科学基金资助项目
“选举民主与美国政治极化研究”
（批准号：16BKS083）的结项成果

目　录

导 论

选举民主是当今美国最基本、最重要的民主形式。美国有句谚语：只有捕狗员不是由选举产生的。确实，美国大量公共职位都是经过选举产生的，选民不仅要选举产生总统、国会议员，而且还要选举州长、州议员、县长、镇长及市长等地方政府官员。据有学者统计，目前美国各级政府需要通过选举产生的大小公职职位约有 50 万个。① 大量频繁的选举，虽然有利于保障公民的民主权利，但是也容易使公民产生“审美疲劳”，感到厌倦。同时，选举民主本身也存在局限性，容易引发严重的社会问题，美国政治极化就是其中之一。认识和探讨美国政治极化问题，需要对选举民主与美国政治极化的内在关联性进行深入研究。

一、研究现状综述

近些年来，美国政治极化越来越备受社会关注。有统计显示，在2000年和2002年美国新闻媒体报道的关键词中仅有数十篇文章使用“极化”，大约有三分之一的文章在讨论“极化”时仅涉及一两个议题，但从2004年开始每年都有几百篇文章使用“极化”，而且大部分文章讨论的极化范围非常广，到2012年差不多80%的新闻中讨论“极化”

① L. Sandy Maisel, *American Political Parties and Elections: A Very Short Introduction*, Oxford: Oxford University Press, 2007, p.5.

时都涉及政治。[①] 随着人们对美国政治极化的关注，学术界也对其进行了探讨，取得了一些重要研究成果。从总体上研究美国政治极化的代表性文献有芭芭拉·辛克莱尔的《政党战争：极化与国家政策制定的政治学》[②]、尼瓦拉和布雷迪合著的《红色国家和蓝色国家：美国“极化”政治的特征和原因》[③]、约翰·塞兹和丹尼尔·霍普金斯编的《美国政治极化》[④]，以及张业亮的《“极化”的美国政治：神话还是现实?》(《美国研究》2008年第3期)、马耕的《日益扩大的鸿沟?——1970年以来美国政党政治极化现象及其影响初探》(上海国际问题研究院2010年硕士学位论文)、李梦璐的《美国“政治极化”研究》(福建师范大学2013年硕士学位论文)等。具体从各方面、各领域对美国政治极化的研究成果十分丰富，综述如下：

(一)关于政治极化的表现领域

当今，政治极化现象已经广泛存在于美国政治各领域，成为美国政治最显著的特点及竞选、政治运作和公共政策制定的基本环境。[⑤] 有学者指出，政治极化主要呈现为三个不同但彼此关联的方面，即意识形态上的深刻分歧、公共政策上的严重僵持以及政治语言上的极端粗俗和无礼。[⑥] 具体到不同的领域，政治极化的表现形式也不尽相同。在国会立法中表现为一党的多数反对另一党的多数；在总统选举中表现

---

① Matthew Levendusky, Neil Malhotra, “Does Media Coverage of Partisan Polarization Affect Political Attitudes?” *Political Communication*, vol.33, No.2 (January 2016), pp.283-301.

② Barbara Sinclair, *Party Wars: Polarization and the Politics of National Policy Making*, Norman, OK: University of Oklahoma Press, 2006.

③ Pietro S.Nivola, David W.Brady, *Red and Blue Nation: Characteristics and Causes of America's Polarized Politics*, Brooking: The Brookings Institution Press, 2006.

④ John Sides, Daniel J. Hopkins, *Political Polarization in American Politics*, New York: Bloomsbury Publishing Inc., 2015.

⑤ 张业亮:《“极化”的美国政治：神话还是现实?》,《美国研究》2008年第3期。

⑥ 刘永涛:《政治极化：当代美国面临的严峻难题》,《美国问题研究》第24辑，上海：上海人民出版社2017年版，第23—36页。

红色州和蓝色州对峙的局面，以及在总统和国会选举中两党选民日益只投本党候选人票的趋向；两党在一些重要的国内政策问题上的意识形态分野和政策立场分歧日趋明显；两党的选民联盟、公众的政治意见和选举行为总体上由中间、温和的立场转向自由或保守的两端。[①] 学术界普遍认为，美国政治极化问题主要存在于精英领域，特别是共和党、民主党两党议员在国会中的分歧、对立和敌视。[②] 还有学者指出，政治极化不仅有精英极化，而且有大众极化，即民意和公众态度的分歧甚至极端化过程。[③] 也有一些学者只认可党派极化，不认可大众极化。他们认为，美国广大民众的观点比较温和中庸、能够包容不同观点，远非极化的、无条件的、对立的，而自由派与保守派的积极分子则分别组成一系列小型团体，争论不休。[④] 但这一观点遭到了一些学者的反驳，有的学者通过采用美国全国选举研究以及全国出口民调的数据分析指出，自20世纪70年代以来，美国公众和精英的意识形态极化程度已经大大增加，其中党派差异、州际差异以及社会群体间在意识形态方面的差异都是真实存在的，这些差异不仅仅是精英现象，而且已经扩展到普通公众之中。[⑤]

---

① Pietro S. Nivola and David W. Brady(eds.), *Red and Blue Nation: Characteristics and Causes of America's Polarized Politics*, The Brookings Institution Press, 2006.

② Barbara Sinclair, *Party Wars: Polarization and the Politics of National Policy Making*, Norman, OK: University of Oklahoma Press, 2006.

③ 李钧鹏:《政治多元化与美国政治极化：迈向关系网络的理路》,《华南理工大学大学》2011年第6期。

④ Morris, P.Fiorina, with Samuel J. Abrams, and Jeremy C. Pope. *Culture War? The Myth of a Polarized America (Third Edition)*, New York: Pearson Longman, 2010; Morris, P.Fiorina, *Unstable Majorities*, Hoover Institution Press, 2018.

⑤ 〔美〕阿伦·阿布拉诺维茨、吉尔·桑德斯:《极化是一个神话吗?》，郝诗楠译,《国外理论动态》2015年第10期。

（二）关于政治极化的产生原因

学术界普遍指出，美国政治极化是多种因素综合导致的，主要包括贫富差距的加剧、选举制度的设计、选民结构的变化、社会政治思潮的变迁等。有的学者侧重从意识形态和财富不平等角度进行分析，强调新自由主义将自由化、私有化和市场化推向极端，加剧了社会贫富分化，中间阶层不断减少，这是导致政治极化的基本原因。① 有的学者通过考察美国基尼系数、不同层次的家庭收入和财富的比重等指标，发现美国历史上两个经济不平等最严重的时期也是政治极化最严重的时期，经济不平等导致的收入差距拉大，不仅会增大两党的政治代表性的差异，而且还巩固和增强了选民政党认同的差异：中高收入选民更倾向于共和党，而低收入选民更倾向于民主党。换言之，收入差距拉大，会增大两党政治代表的差异，巩固和增强了他们的政治分裂，也就是加剧了他们的政治极化。② 有的学者认为，种族主义回潮，加剧了美国的政治极化生态，导致政党极化、国会分裂、联邦政府与州政府矛盾激化、政治系统僵化、政治右翼保守化倾向加剧。③ 有的学者侧重从关系网络的视角进行解释，指出政治极化要考虑民意形成与变动的社会情景、个人之间相互影响动态、大众信仰体系的组织、不同议题之间的关系，以及意识形态结盟与分裂的动态变化。④ 有的学者从民主政治的视角考察美国政治极化，认为20世纪60年代的民权运动及其所带来的政党重组，以及70年代以来不断攀升的贫富分化是美国

① Nolan McCarty, Keith T.Poole and Howard Rosenthal, *Polarized America: The Dance of Ideology and Unequal Riches*, Cambridge: the MIT Press, 2006.

② 付随鑫：《美国经济不平等和政治极化关系探析》，《美国问题研究》第24辑，上海：上海人民出版社2017年版，第192—211页。

③ 唐慧云：《种族主义与美国政治极化研究》，《世界民族》2019年第2期。

④ 李钧鹏：《政治多元化与美国政治极化：迈向关系网络的理路》，《华南理工大学学报》2011年第6期。

政治极化加剧的政治经济大背景；另外政党初选、选区划分和国会规则等方面的制度变迁也直接或间接导致了美国政治极化。[①]还有的学者认为文化、宗教和道德价值观的不同，是引起美国两党政治极化的重要因素。“美国的选举不再被视为两大政党之间的激烈竞争，而是红色州的传统道德价值观的忠实捍卫者与蓝色州的反对怀疑者之间的一场圣战”。[②]

（三）关于政治极化的影响后果

学术界普遍认为，美国日趋激烈的政治极化对美国内政外交等都带来消极影响，“损害了公众对政府的信任”，长此以往，美国式民主制度将步向死亡。[③]有的学者指出，美国为防止出现过于强大的行政权力而设计的权力制衡体制，已经变成一种否决政治，当今美国两大政党从来没有如此两极分化过，当极化遇到美国麦迪逊式的制衡体系，结果就是灾难性的。[④]有的学者强调，美国国会极化日益严重，无休止的党派纷争“劫持”了国家的长远利益，“不妥协”的少数议员肆意违背大多数民众意愿，府会之间的宪政性平衡受到破坏，使政府难以做出“好的决策”并予以有力实施，使美国政治表现出“失能”现象。[⑤]有的学者指出，美国政治极化导致决策效率下降，在国会的直接表现就是立法数量的不断降低。[⑥]有的学者认为，美国两党极化的一个重要

① 节大磊：《美国的政治极化与美国民主》，《美国研究》2016年第2期。

② Pietro S. Nivola and David W. Brady(eds.), *Red and Blue Nation: Characteristics and Causes of America's Polarized Politics*, The Brookings Institution Press, 2006, p.4.

③ Gary C. Jacobson, Party Polarization in National Politics: The Election Connection. In Jon R. Bond and Richard Fleisher (eds.), *Polarized Politics: Congress and the President in a Partisan Era*, Washington D.C.: CQ Press, 2000, p.193.

④ 〔美〕弗朗西斯·福山：《美国政治制度的衰败》，《当代世界与社会主义》2014年第5期。

⑤ 赵明昊：《从债务上限危机看美国两党政治的“失能”》，《当代世界》2011年第9期。

⑥ Barbara Sinclair, *Party Wars: Polarization and the Politics of National Policy Making*, Norman, Ok: University of Oklahoma Press, 2006.

后果是，国会多数党不得不经常通过非常手段来实现立法目标；另一个后果是国会的整体立法效率降低。① 有的学者强调，政治极化加剧了社会冲突，严重影响社会稳定和团结，“最大的威胁在于它所引致的政治结盟对政治多元化的破坏”。② 但也有学者指出，美国政治极化并非全然是负面后果，极化程度的上升意味着两党之间的区别也越来越明显，一方面可以给予选民更明确的不同选择，另一方面也可以促使两党更好地为自己的政策负责。③

从学术界已有成果来看，对美国政治极化的研究并不是很多。就检索的文献来看，英文著作也不过几十部，中文著作更少，相关专著还没有，文章也不过数十篇，而且大多数属于宏观现象的介绍，缺乏详细深入的理论分析，特别是从选举民主角度分析美国政治极化的著述几乎是空白，这也是本课题力图有所学术贡献的方向。

二、研究价值意义

选举民主是美国政治的基础和核心，而政治极化是当今美国面临的一个严峻问题。深入研究选举民主与美国政治极化的内在关联，不仅能够成为培育政治理论创新的增长点，而且具有关照美国政治和中国对美政策的现实意义。

（一）理论意义

民主政治是政治学研究的重大课题，推进民主理论创新是政治学

---

① 谢韬：《美国两党分化的原因及后果》，《国际论坛》2009年第1期。

② 李钧鹏：《政治多元化与美国政治极化：迈向关系网络的理路》，《华南理工大学学报》2011年第6期。

③ Geoffrey C. Layman, Thomas M. Carsey, and Juliana Menasce Horowitz, Party Polarization in American Politics: Characteristics, Causes, and Consequence, *Annual Review of Political Science*, Vol. 9, 2006, pp.101-103.

的重大使命。民主是人类政治文明的重要成果，是世界各国人民的普遍追求。当今世界，民主是最令人陶醉的词汇之一，已经成为一种强势的意识形态，一种宗教，一种政府形式，一种哲学，一种生活方式，已经成为毋庸置疑的“话语霸权”和“政治正确”，几乎所有政府都自称民主政府，用民主为其合法性辩护。而且，人们判断一个政权是否民主的标准往往看自由竞争选举的程度，甚至把它作为衡量一个国家是否民主的唯一标准。“没有自由的选举，就没有民主政治”。[①] 高举“选举”大旗，便占据了道德高地。有竞争性选举，就代表是“民主国家”，就具有政治合法性；没有竞争性选举，哪怕是再代表民意的国家，也是“非民主国家”，也不具有政治合法性。不可否认，选举民主是体现和保障公民民主权利的重要形式。但选举民主不是万能的，也不是完美无缺的，有其无法克服的内在局限性。研究选举民主的局限性，并不是完全否定选举民主，而是要改进选举民主，深化民主理论和实践。因此，深入研究选举民主与美国政治极化的内在关联性，有利于深化民主理论、政治制度理论、政治发展理论、国家治理理论，为人类政治文明作出贡献。同时，以美国政治极化问题为镜鉴，有利于发展中国政治学，推动中国民主政治本土化的研究。

（二）实践意义

长期以来，美国不遗余力向世界其他国家和地区推动所谓的“民主输出”。然而，美国“民主输出”的结果不但没有给“输入国”带来福音，反而带来更大的混乱和灾难。研究选举民主与美国政治极化的内在关联，首先，有利于了解美国社会，为观察和审视美国政治提供了一个新的视角。其次，由于政治极化已经成为美国政治运行的基本环境，在美国共和党和民主党的政策路线、行为模式更加清晰、更加

① Austin Raney (ed.), *Governing: An Introduction to Political Science*, 5th, New Jersey: Prentice-Hall, 1990, p.174.

分明的背景下，通过分析两党的政策走向，可以为我国制定正确合理的对美政策提供重要依据，以减少对美国的政策误判。最后，通过对选举民主带来政治极化弊端的分析，还可以打破一些人对美国民主制度的迷信和盲从。美国自我标榜为“自由的乐土”和“民主的灯塔”，但政治极化使美国这块“乐土”并未带来多少快乐，“灯塔”也不是那么明亮。通过了解美国民主制度的弊端，我们能够对美国政治制度有更加清醒的认识，对于坚定走中国特色社会主义政治发展道路、坚定中国新型政党制度、坚定中国特色社会主义政治制度的自信和自觉，都具有重要意义。

三、研究内容框架

本课题从选举民主的基本理论、制度安排和运作过程三个维度分析研究美国政治极化问题，揭示出选举民主与20世纪70年代以来美国政治极化的内在关联性。具体框架分为以下几部分。

导论部分主要介绍美国政治极化的研究综述、研究意义、研究框架、研究思路、研究方法等。

第一章是美国政治极化的基本问题。主要分析美国政治极化的主要表现、历史演进、社会影响、发生原因等。

第二章是选举民主的基本理念与美国政治极化。西方近代以来所形成的选举民主不同于古典民主，有着一套完整的理论，主要包括个人主义、竞争投票、多数原则等。这些理论，内蕴着美国政治极化的基因。这一章的主要内容是探讨选举民主的理论基础对美国政治极化的影响。

第三章是选举民主的制度安排与美国政治极化。选举民主是有一套政治制度作为支撑的。美国的选举制度有其独特性，充分体现了美国特色。包括直接初选制度、选举人团制度、选区划分制度、选票列名制度等在内的选举制度，是当今美国政治极化加剧的重要制度根源。

第四章是选举民主的运作过程与美国政治极化。选举民主本身是参加选举的候选人争取职位的行为活动和运作过程。选举策略、组织动员、媒体宣传是选举民主运作过程的重要环节。民众政治态度的分歧是政治对抗的“潜流”，通过有效的政治动员能够把这种“潜流”显现出来，而显现出来的政治对抗又进一步加剧政治分裂的政治极化。选举民主的运作过程，实际上起到动员民众“归队”、加剧政治极化的作用。这一章主要分析选举民主的运作过程是如何加剧美国政治极化的。

第五章是美国政治极化的化解与治理。主要从选举民主的视角思考如何化解和治理美国政治极化，包括对选举民主进行合理定位、选举民主要与协商民主等其他民主形式相结合、不断完善选举民主制度机制等。

最后是结语。主要探讨美国政治极化对发展中国特色社会主义民主政治的镜鉴与反思，包括坚持和完善我国人民民主制度、权力制约制度、新型政党制度等。

四、研究思路方法

思路决定出路，方法影响成败。以什么样的思路和方法来研究问题，对于解决问题具有关键影响。本课题坚持以马克思主义世界观方法论为指导，努力以正确的思路方法来研究选举民主对美国政治极化的影响。

本课题遵循“提出问题——分析问题——解决问题”的研究思路，即首先提出政治极化是当今美国政治的一个突出问题，然后从选举民主的理论基础、制度安排和运作过程三个维度来分析审视美国政治极化问题，最后对破解和治理美国政治极化提出思路对策。研究思路、研究框架、研究方法如图1所示。

本课题坚持从实际出发，理论联系实际，经验研究与规范研究相结合。在具体分析中主要运用如下方法：1. 比较分析法。通过对美国政治极化发展演进的梳理，以纵向比较的方法探讨其演变规律，总结和概括当今美国政治极化的表现特征。2. 案例分析法。通过选取美国选举制度的操作实例、政党候选人在选举中的运作过程等，分析美国政治极化的表现特征和基本走势。3. 制度分析法。制度具有根本性、全局性、稳定性和长期性。通过考察美国选举民主的制度安排和相关规定，分析选举民主制度是如何影响政治极化的。4. 心理分析法。政治极化，说到底是人们的政治态度和政治观点的认识问题。只有详细分析不同人群的政治态度和政治观点，才能深刻解释政治极化的深层次原因。这就要求运用心理分析法，对不同人群在不同问题的政治态度和政治观点上的变化进行分析。

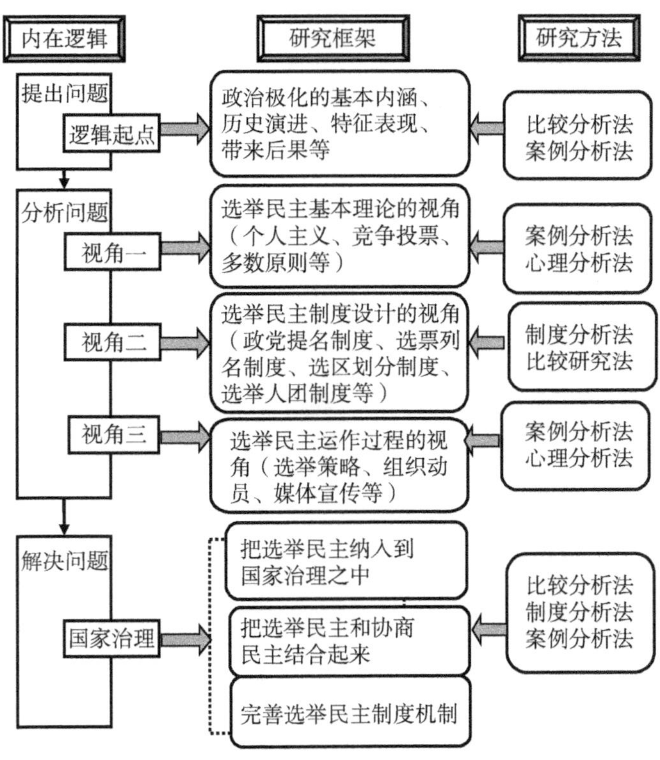

图1　课题研究基本思路与框架

第一章
美国政治极化的基本问题

2016年11月8日，美国总统大选结果可谓令人跌破眼镜，一个充斥反全球化、反精英、反移民、反政治正确等极端言论的“政治业余选手”唐纳德·特朗普（Donald John Trump），在连很多共和党大佬都不看好的情况下一路过关斩将，不仅击败了10多名共和党候选人，而且击败了被大多数媒体和大选民调机构看好的希拉里·克林顿（Hillary Diane Rodham Clinton），“意外”当选美国第45任总统，拿到入住白宫的“门票”，成为年度全球最大的“黑天鹅”。特朗普当选后，美国人一半人在欢呼，另一半人在哭泣。全美多地引发反特朗普的示威游行等抗议活动，在俄勒冈州波特兰市等地甚至演变为骚乱。12月7日，特朗普荣登《时代周刊》封面，不过该杂志给予特朗普的是“美利坚分裂国总统”称号。在2016年的美国总统大选中，虽然博尼·桑德斯（Bernie Sanders）并没有在民主党初选中出线，但其打出“社会主义”旗号却得到许多民众特别是青年学生的支持，展现了强大号召力。4年之后的2020年美国总统大选，桑德斯虽然最终仍未在民主党出线，但在党内初选初期一路领跑，表现出不俗的影响力。以特朗普为代表的共和党内部右翼保守主义的强势崛起和以桑德斯为代表的民主党内部左翼自由主义的持续发酵，显示了美国严重的政治极化。政治极化是当今美国政治最具概况性特征，已经成为影响美国政治环境和政治过程的突出问题。

一、美国政治极化的主要表现

“极化”原本是物理学概念，是指物体在一定条件作用下发生两极分化，其性质相对原来状态有所偏离的现象，比如分子极化、光子极化、电极极化等。这一概念后来被引入到社会学、政治学领域，用来描述社会和政治领域的极化现象。政治极化（Political Polarization），是指人们的政治态度和偏好趋于政治光谱的两极，处于中间、温和立场的政治态度和偏好向两极靠拢，处于两极的政治态度和偏好分歧较大、对立严重。也就是说，政治极化有两个明显的特征：一是对立两极之间严重的异质性，二是对立两极内部高度的同质性。在当今美国，政治极化弥散在美国政治运行的各个领域、各个层面，不仅包括联邦机构、州政府等各个领域，而且包括选民、媒体等各个方面。美国政治极化的核心是共和党和民主党之间的对立，这种对立在不同层面有不同的表现：按照公民的身份地位划分，可以分为精英极化和大众极化；按照领域划分，可以分为国会和州议会、法院、媒体等领域的极化；按照地理区域划分，还表现出红色州和蓝色州的对峙。这几个层面相互交叉重叠，比如国会、法院中的政治极化又都属于精英极化，大众极化、地理极化也相互重叠。本课题主要对国会的政治极化、最高法院的政治极化，以及大众极化和地理极化进行分析论述。

（一）国会政治极化

国会是立法机关，是重大决策议案讨论和通过的场所，也是共和、民主两大政党斗争的主要阵地。美国政治极化，最突出的表现就是共和党和民主党在国会的严重对立和激烈斗争，在立法和政策制定方面两党相互不妥协、不合作，甚至两党议员几乎不相往来。美国学者芭芭拉·辛克莱指出：“国会的民主党和共和党似乎被分为两大对立的阵营，双方在公共政策上有着非常不同甚至直接对立的观点。”[①] 相对英国议会制国家而言，长期以来美国国会党派色彩并不那么浓厚，两党的意识形态重叠较大，跨党派投票非常普遍。但自20世纪70年代以来，美国民主党、共和党在国会进行了一系列改革，加剧了两党政治极化。1971年民主党全体会议通过改革方案规定，委员会主席的任命不再论资排辈，只要得到10名议员提名就可以竞争委员会主席一职，最后由全体民主党议员投票决定，并且每个议员只能担任一个小组委员会主席。1973年民主党全体会议又通过改革方案规定，小组委员会的空缺席位和小组委员会主席一职，不再由委员会主席任命，每个小组委员会的立法权限都得到了详细规定，如果20%的议员提议，对委员会主席候选人的投票就可以改为无记名投票，这样进一步削弱了委员会主席的立法权力。同时，民主党还进一步加强了党的领袖的权力。20世纪80年代和90年代，共和党也仿效民主党进行了改革。比如，共和党在各个委员会的领袖由党的全体会议通过无记名投票产生，党的领袖有权提名议员到规则委员会和任命委员会任职等，这样就削弱了各个委员会主席的独立权力，从而加强了党的领袖的权力。[②] 通过国会改革，参众两院政党领袖的权力大大增强；政党领袖的意识形态特征日益显著，多数党领袖控制国会议程、委员会任命和其他关键资源的权力上升，以及众议院规则委员会的变化等。[③] 美国国会的改革，使民主党和共和党内聚力不断增强，造成两党相互对立严重、互不妥协，都为了反对而反对，不管哪个政党提出政策和法案，另一个政党都会

---

① Barbara Sinclair, *Party Wars: Polarization and the Politics of National Policy Making*, Norman, Ok: University of Oklahoma Press, 2006, p.3.

② 谢韬:《美国国会两党分化的原因及后果》,《国际论坛》2009年第1期。

③ Barbara Sinclair, *Legislators, Leaders, and Lawmaking*, Baltimore: Johns Hopkins University Press, 1955; Barbara Sinclair, *Unorthodox Lawmking: New Legislative Processes in the U.S. Congress*, Washington DC:CQ Press, 1997; Barbara Sinclair, *Party Wars: Polarization and the Politics of National Policy Making*, Norman, Ok: University of Oklahoma Press, 2006.

否决，不惜以造成“政治瘫痪”为代价。

美国国会政治极化可以从两个方面来衡量：一是党派投票（party votes），即在国会不一致性投票表决中“一党的多数反对另一方的多数”。二是党派凝聚力指数（Party Unity Scores），就是政党内部团结情况。从这两个方面来衡量，自20世纪70年代以来美国国会政治极化都日趋严重。从党派投票来看，党派投票率越高说明政治极化越严重，党派投票率越低说明政治极化越轻微，最极端的情况是一个政党完全反对另一个政党，无法获得另一个政党一票的支持。20世纪70年代，参议院党派投票率为40%以上；众议院党派投票率为30%以上，有时也达40%以上。但进入90年代，参议院党派投票率在50%以上，有时超过60%；众议院党派投票率有时超过60%，即使低的时候也超过45%。21世纪以来，参众两院党派投票率都居高不下，参议院党派投票率在50%以上，众议院党派投票率在40%。[①] 2018年9月28日，美国参议院司法委员会就最高法院大法官人选布雷特·卡瓦诺的提名进行表决，以11票赞成、10票反对获得通过。在投票中，所有共和党议员投了赞成票，所有民主党议员都投了反对票，可谓是完全以党派划分立场。2019年12月18日，美国国会众议院表决通过针对总统特朗普的两项弹劾条款，正式指控他滥用职权和妨碍国会。特朗普成为美国历史上继1868年的安德鲁·约翰逊、1998年的克林顿之后第三位遭众议院弹劾的总统。在弹劾投票中，共和党和民主党都表现得非常“团结”，民主党除个别议员外大都投了赞成票，共和党议员则是“铁板一块”，无人投赞成票。弹劾是国会监督政府和法院的重要手段，但美国历史上完成弹劾程序的案例并不多。近几十年来针对总统的弹劾，特别是没有进入正式程序的弹劾动议明显增多，表明府会对立的加剧，以及两党对立和斗争的日趋激烈。

① 马耕：《日益扩大的鸿沟？——1970年以来美国政党政治极化现象及其影响初探》，上海国际问题研究院2010年硕士论文，第11—13页。

党派投票只是反映了政党的对立，而不能很好说明政党内部的团结凝聚情况，党派凝聚力指数则能反映出政党议员站在本党一边的情况。从党派凝聚力指数来看，国会两党意识形态重叠日渐减少，自由的共和党人和保守的民主党人逐步消失，党内的同质性和凝聚力显著增强。20世纪70年代，国会中参众两院党派凝聚力指数都是70%多，80年代上升到80%左右，90年代中期之后上升到90%左右，这说明党派凝聚力指数逐步增大，两党内部越来越同质化。国会两党政治极化还表现为两党温和派议员越来越少，他们要么旗帜鲜明地选择自由派立场，要么坚定不移地固守保守派情怀。20世纪70年代末众议院有30%的中间温和派，而到21世纪初下降为8%，与此同时立场强硬的自由主义者和保守主义者从27%上升到57%；[①] 参议院中间温和派由41%下降到5%。[②] 可以看出，自20世纪70年代以来，美国国会两党呈现明显极化现象。

（二）最高法院政治极化

法院是法律的殿堂，是政治中立、公正无私的象征，但美国法院越来越表现出明显的党派倾向和极化现象，严重影响了司法的独立性、公正性。美国是典型的三权分立国家，行政权由总统掌握，立法权由国会掌握，司法权由最高法院掌握。虽然司法独立是美国宪法确立的重要原则，事实上法院很难摆脱党派的影响，做到公正司法。2000年在共和党候选人小布什和民主党候选人戈尔的“世纪司法大战”中，联邦最高法院最后以5比4表决结果，推翻了佛罗里达州法院有关总统大选“继续人工计票的决定”，作出有利于小布什的判决，使他登上了

---

① Alan I. Abramowitz, *The Disappearing Center: Engaged Citizens, Polarization, and American Democracy,* New Haven, CT: Yale University Press, 2010, p.141.

② Richard H. Pildes, “Why the Center Does Not Hold: The Causes of Hyperpolarized Democracy in America,” *California Law Review*, Vol.99, No.2(2011), p.277.

总统宝座。但这一结果受到自由派的广泛批评和质疑，被认为是大法官的政党倾向导致了最终结果。在联邦最高法院中，当时5名大法官属于保守派，4名大法官属于自由派，两派立场泾渭分明。同样，2014年4月2日美国联邦最高法院对“麦卡琴和共和党全国委员会诉联邦选举委员会案”进行裁决，5名由共和党总统任命的大法官投下赞成票，而4名由民主党总统任命的大法官投下反对票，推翻了捐助者对候选人、政治团体以及政治行动委员会政治捐款的上限。这种完全以党派背景划线的裁决，成为美国法院政治极化的缩影，同时也为“金钱政治”开了绿灯，客观上助推了美国政治极化。最高法院的政治极化，是两党政治极化在法院的体现。

虽然相对总统和国会，最高法院“既无军权，又无财权”，在三权中相对较弱，但它具有制定政策权、确定案例权、司法纠偏权，特别是司法审查权或宪法解释权，对国会和行政机构颁布的法律、法规和行政命令有是否合宪性审查裁决权，这决定了最高法院在美国政治生态中具有特殊的地位。美国学者克里克指出，美国联邦最高法院审查国会与州法律以及总统的决定的强大权力，且在任何时候都具有裁决社会与经济争议问题以及相应的政策制定权力，是导致美国司法任命中的政治因素。① 根据美国宪法规定，联邦法院的法官由总统提名，参议院经过简单多数票的批准之后，再由总统任命。最高法院大法官只有9人，且终身任职。对最高法院大法官的任命，成为总统和国会、共和党和民主党角力恶斗的重要目标。“大法官的选任必然陷入激烈的政治冲突与竞争之中。如政党委派职务的权力，参议院的权力以及司法的权限都会牵涉到”。②

总统提名与自己党派相一致的法官，几乎是通例。“任何一个总统

① Henry R. Glick. Courts, *Politics And Justice*, New York: McGraw-Hill Book Company, 1983, p.92.

② 同上。

在进行这种任命时都不能忽视自己的党派利益，也不能不顾到他所提名的人选是否至少以特别重视执行政策的方法。对党的忠诚当然是选择法官候选人的一个非常重要的因素”。[①] 据统计，自美国建国到2006年，总统任命的110位大法官中，97位是与任命其的总统的党派相一致，占法官人数的88.2%。[②] 不同政党的总统任命的大法官，就有不同的意识形态，在重大案例裁决中出现极化在所难免。得克萨斯大学法学教授贾斯汀·德赖弗指出，最高法院内的政治极化现象令人很难承认美国法律不是政治的附庸，也很难肯定最高法院的法官不是身着黑袍的政客。[③]

（三）大众极化

政治极化最容易产生在政治精英之中，但大众是精英的基础，精英来自大众并通过意识形态的宣传和动员影响大众，精英的极化不可避免地带动大众极化。虽然有学者认为美国大众并没有出现严重的意识形态两极分化，只是随着政党意识形态的分化而出现明显的“政党选择”。[④] 但是这种大众选择同自己意识形态和政策立场相一致的“政党选择”，就是政治极化的表现。“随着极化的加剧，选民更加容易认清不同政党之间的意识形态差异，这也进一步促使他们在不同政党中寻找合适的自我定位”。[⑤]

由于大部分时间内，美国共和党和民主党在意识形态和重大政策的差异性并不大，民众在意识形态上的分歧很小，对政党认同也不是

---

① 〔英〕维尔：《美国政治》，王合等译，北京：商务印书馆1981年版，第228—229页。

② 丁艳雅：《美国联邦最高法院大法官任命过程中的政党因素》，《学术研究》2007年第2期。

③ 温宪：《美国最高法院也呈政治极化》，《人民日报》2014年6月9日。

④ Pietro S. Nivola and David W. Brady(eds.), *Red and Blue Nation: Characteristics and Causes of America's Polarized Politics,* The Brookings Institution Press, 2006, pp.49-57.

⑤ 史志钦：《多重危机下的欧洲政治社会极化趋势研究》，《学术前沿》2017年第3期。

很强烈。但随着20世纪70年代之后美国两党意识形态差异越来越明显，民众的意识形态差异也随之越来越大，民众与政党之间的政策立场联系不断强化，在一些诸如经济、宗教、堕胎、控枪等具体议题上的对立越来越严重。美国皮尤研究中心2012年6月发表的民调报告“1987年至2012年美国价值观调查”显示，目前美国价值观和基本信念因党派而产生的极化现象是最为严重的，25年来在涉及对政府、商业、环境和社会等48个议题的价值观倾向上，民主党和共和党成员在观点上的差距扩大将近一倍，其中差距扩大最快的时候就是在小布什和奥巴马任上。[①]“美国全国选举研究”的调查也显示，1972年之后党派认同和意识形态认同之间的关联性急剧增加，1972年意识形态和政党认同之间的关联性是0.32，1992年上升到0.44，2004年上升到0.63。[②]民众政党认同的增加，也相应对自己认同的政党候选人进行投票。现今，美国人实际上因政见不同已经分化为两个互不相容的群体，他们价值观念不同，而且都认为对方愚昧无知、思想僵化，不愿意听取对方的意见和声音。双方都有着自己的朋友圈，看着自己认为正确的媒体，不相信对方说的话，都与对方的候选人势同水火，甚至都不希望自己的子女与认同对方政党的人通婚。

美国两党选民分化的同时，其内部在议题立场上的态度则越来越强化。“典型的民主党人在很大程度上与其他民主党人而不是与共和党人在许多问题上持相同的看法，同样，典型的共和党人在许多问题上与其他共和党人而不是与民主党人持相同的看法”。[③]具有不同政党的选民对总统的看法和评价也沿着党派之间的分界线呈现明显的两极，

① 温宪、王恬、吴成良、张旸:《政治“极化”正在撕裂美国社会》,《人民日报》2012年10月25日。

② Pietro S. Nivola and David W. Brady (eds.), *Red and Blue Nation: Characteristics and Causes of America's Polarized Politics,* The Brookings Institution Press, 2006, p.59.

③ Barbara Sinclair, *Party Wars: Polarization and the Politics of National Policy Making,* Norman, Ok: University of Oklahoma Press, 2006, p.29.

而且有着不断扩大的趋势。共和党选民越来越认同共和党政治人物，民主党选民越来越认同民主党政治人物。1972年共和党选民肯定尼克松总统表现的比例与民主党选民之间的差别是36%，1980年对于卡特总统这个数字是42%，1988年在里根总统时是52%，在1992年老布什总统和1996年克林顿总统时是55%，到2004年小布什总统时这个数字上升到71%。[①] 据皮尤研究中心2014年和2016年的调查报告显示，对小布什总统的认同度，共和党人高达81%，而民主党人仅为23%；对奥巴马的认同度，民主党人为81%，共和党人则为14%。[②]

大众极化的结果是没有坚定意识形态立场的选民会远离政党、疏远政治，政治越来越成为积极政治参与者热衷的游戏。"美国政治逐渐被分裂为两大群体：一个是积极的政治参与者，他们用意识形态来看待政治；另一个是渐离渐远的政治冷漠者。当今美国社会似乎步入一个政治立场相反、观念迥异、行动针锋相对的时代，并有持续恶化的趋势"。[③] 积极政治参与者的政治观点鲜明而对立，他们越热衷于参与政治，政治极化就越严重。

（四）地理极化

美国全国选举以州为基础，政治极化在地理上的一个重要表现为"红色州"和"蓝色州"的对立。在美国历史上，共和党和民主党在地理上的分裂一直存在，只是不同时期有所变化而已，内战战争时期的南北方对立就是明显的例子。近几十年来人们用"红色州"和"蓝色州"分别指代支持共和党的州和支持民主党的州。当今美国的政治版图，"红色州"和"蓝色州"泾渭分明，呈现地理上的极化。自1968年总统

① Abramowitz, The Disappearing Center: Engaged Citizens, Polarization, and American Democracy, 2010, p.27.

② 杨知源：《美国2016大选加剧政治极化》，《中国社会科学报》2016年10月19日。

③ 武建强：《难以妥协的政治——不断加深的美国政党极化现象分析》，《东岳论丛》2016年第3期。

选举以来，连续为一个政党所控制的所谓“一党州”越来越多，摇摆州或者“紫色州”越来越少（如表1）。“红色州”主要集中在美国中部和南部大平原的大部分州，“蓝色州”占据西部和东北部沿海的州。在“红色州”中，持保守派观点的选民占多数；在“蓝色州”中，持自由派观点的选民占多数。美国著名人口学者威廉·弗雷（William Frey）认为，冷战后的美国已经彻底分裂成“两个美国”：一个是作为广大外来移民目的地的、由多种族和多民族人口构成的东西海岸及五大湖区，它们是自由化政策和民主党支持者的美国；另一个则是由中产阶级构成的、以新兴产业为主体的南部和中西部小城镇区域，它们是保守派共和党的美国。[①] 在美国，总统选举虽然非常激烈，但主要集中在“摇摆州”，毕竟“红色州”和“蓝色州”相对稳定，而且呈现出“红色州”越来越红，“蓝色州”越来越蓝的现象。自1968年以来的总统大选，只有中西部的衣阿华州、威斯康星州、密歇根州、俄亥俄州、宾夕法尼亚州和南部的佛罗里达州等属于“摇摆州”，这些州反复为共和党和民主党所赢。这种地理上的极化，有使美国面临再度分裂的危险。2017年美国加利福尼亚州三次提交脱离美国独立建国的建议书，争取举行独立公投，虽然这很难实现，但却反映了美国严重的地理极化。

① William Frey, *Metropolitan Magnets for Domestic and International Migration,* Washington, D.C.:Brookings, 2003.

表1　在总统大选中连续为同一政党所赢得的州的统计表①

大选年	连续为共和党所赢得的州数	连续为民主党所赢得的州数	摇摆州数
1968	8	1	42
1972	9	1	41
1976	9	2	40
1980	13	2	36
1984	13	2	36
1988	14	7	30
1992	13	15	23
1996	16	15	20
2000	22	16	13
2004	22	17	12
2008	22	21	8
2012	24	21	6

二、美国政治极化的历史演进

政治极化问题并不是一个新现象，在美国历史上曾多次出现。美国政治极化的发展演变是与政党发展紧密相连的。美国学者戴维·布雷迪（David W. Brady）比较了美国历史上反映政党极化的中位数差异之后指出，当前美国政党极化只不过是历史上的政治极化的重现，如政党中位数在1895年达到高峰之后骤降，在20世纪50年代前后降到最低，20世纪70年代之后再次升高。② 政党极化是政治极化的核心，政党

① National Archives and Records Administration, *U.S. Electoral College, Historical Electoral Results, Electoral Votes*, by State, available at: http://www.archivesgov/federal-register/electoral-college/votes/votes_state.html. 2017.1.7。转引自王希：《特朗普为何当选？——对2016年美国总统大选的历史反思》，《美国研究》2017年第3期。

② Hahrie Han &David W. Brady, *A Delayed Return to Historical Norms: Congressional Party Polarization after the Second World War,* British Journal of Political Science, Vol.37, No.3 (July, 2007), p.508.

极化推动着美国政治极化不断发展演进。

在美国建国之初，由于民众的利益和价值具有高度的一致性，而且包括华盛顿等政治精英受古典共和主义思想的影响，对政党持一种怀疑和抵制态度，认为政党不过是代表部分群体利益而相互倾轧的朋党，难以代表全体利益，只能腐蚀和毁灭新生的共和国，是政府“最险恶的敌人”“最可怕的灾难”。从词源上来说，政党的英文party来源于拉丁文partire，本身就是部分、分开的含义。只要有政党的存在，就会因利益问题而发生党争。麦迪逊指出:“党争就是一些公民，不论是全体公民中的多数或少数，团结在一起，被某种共同情感或利益所驱使，反对其他公民权利，或者反对社会的永久的和集体利益。”① 托马斯·杰斐逊甚至说过，如果要和一个党在一起才能够进天堂的话，我宁可不进天堂。② 1796年华盛顿在离任时发表的告别词中警告国民:“党派终将成为狡猾奸诈、野心勃勃、毫无原则的人颠覆人民权力的政治工具。”③ 然而，政治的发展是不以人的意志为转移的，因为政党是与自由相联系的。“自由于党争，如同空气于火，是一种离开它就会立刻窒息的养料”。④ 在独立之后不久，美国就产生了政党和政党对立。18世纪90年代初，以汉密尔顿为代表的联邦派逐渐改名为联邦党（Federalists），以杰斐逊为代表的反联邦党人建立了民主共和党（Democratic Republicans），这是美国最早的两党。联邦党主张增强联邦政府的权力、采取积极的财政政策、推动基础设施建设等，其主要的支持者来自新英格兰的商人和一些南方较富有的农民。民主共和党

---

① 〔美〕汉密尔顿、杰伊、麦迪逊:《联邦党人文集》，程逢如等译，北京：商务印书馆1980年（2015年重印），第53页。

② 〔美〕托马斯·杰斐逊:《杰斐逊选集》，朱曾文译，北京：商务印书馆1999年版，第13-14页。

③ George Washington, Farewell Address, *George Washington Writings*, New York: The Library of America, 1997, p.968.

④ 〔美〕汉密尔顿、杰伊、麦迪逊:《联邦党人文集》，程逢如等译，北京：商务印书馆1980年（2015年重印），第53页。

认为州权应高于联邦权、强调有限政府和农业立国、重视保护自耕农的权益等，其主要支持者是北部的自由工商业者和南部的小种植园主以及自由职业者。联邦党与民主共和党的政治分歧和斗争，被认为是美国政治极化的早期形式。

在美国联邦党和民主共和党的斗争中，联邦党一度占据优势，并在1796年总统与国会选举中都获得胜利。但没过几年，联邦党逐渐衰落，开始了民主共和党一党独大时期，长达20多年连续掌握行政和国会的权力。缺乏联邦党的挑战，民主共和党内部却出现了分裂，一派自称青年共和党，后改为国民共和党，1834年组建辉格党；另一派拥护安德鲁·杰克逊，称为杰克逊民主党，于1840年组成民主党。1854年，由北部辉格党人、部分民主党人和其他部分反奴隶制派别联合组织成立了共和党，1856年共和党在费城召开了首届全国代表大会，标志着美国现代意义的共和党和民主党制正式形成。据美国学者戴维·布莱迪和海瑞·汉的考察，美国共和、民主两大政党形成后到第二次世界大战，在美国历史上曾出现三次突出政治极化时期：内战时期围绕是否废奴的对立、19世纪末20世纪初围绕政府在工业化和城市化进程中作用的对立、1929年经济危机之后围绕“新政”和政府在经济中的作用的对立。①

美国内战是美国历史上唯一一次在制度框架下无法解决政治极化而引发国家分裂的事件。在美国内战时期，南方种植园经济与北方现代工业经济的极大矛盾、南方的蓄奴制与北方的废奴运动的抵触，使得在经济问题和奴隶问题上的政策产生了极化。② 美国南北双方在经济利益、文化价值、发展模式等问题的矛盾由来已久，特别是关于奴隶

① David W. Brady and Hahrie C. Han, Polarization Then and Now: A Historical Perspective, in David W. Brady and Pietro S. Nivola, (eds.)*Red and Blue Nation?* Volume I (Brookings Institution Press and Hoover Press, 2006), pp.119-148.

② 张立平:《美国政党与选举政治》，北京：科学出版社2002年版，第24页。

制存废的争论达到无法调和的地步，最后只能通过战争来解决。早在独立战争前，美国一些殖民地已经存在蓄奴制度。但反对奴隶制的声音和力量也一直存在，托马斯·杰弗逊在起草美国《独立宣言》时曾谴责奴隶贸易。在当时，争取独立、建立联邦是主要任务，奴隶制的存废没有得到有效解决从而成为历史遗留问题。美国独立建国后，南北两方沿着不同的制度发展，奴隶制的存废越来越成为南北双方争论的焦点。在北方各州，随着资本主义商业经济的发展，越来越需要大量的自由劳动者，把解放黑人视为人人平等的要求和体现，并且实行自由劳动制度，故被称为“自由州”。而在南方各州，以棉花、烟草等农作物的种植园为主，仍然推行以强制劳动为特征的黑人奴隶制度，在价值观念上坚持白人至上原则，强调维系奴隶制度不变，故被称为“蓄奴州”。南北双方在奴隶制存废、是否提高关税、西部新扩张领土是否实行奴隶制等问题上矛盾突出、不可调和。共和党代表北方工商业经济的利益，反对奴隶制度；民主党则代表南方农场主的利益，支持奴隶制度。1854年国会通过《堪萨斯—内布拉斯加法案》，规定奴隶制的实施不应受任何地域限制；新开发地区实行何种制度，应留给当地居民或其代表决定。这一法案通过后，奴隶制的扩展从此不再受地域限制，不断推向北部，引起北部自由州的强烈反对，加速了南北双方的分化。1860年总统大选，民主党内部分裂，南北双方各推出一名总统候选人，共和党推出亚伯拉罕·林肯为总统候选人。共和党在大选中提出反对各领地扩展奴隶制，保护关税和宅地法，言论自由、土地自由、劳动自由、人身自由等政治口号，得到工人、农民的广泛支持。在总统大选中，林肯虽然未获得南部蓄奴州的支持，但获得18个自由州中17个州的多数选举人票而当选美国总统。在南方各州看来，林肯的当选，意味着黑人奴隶制扩张受到了限制，从而引起南方蓄奴州的不满和恐慌，最终引发南部11个州退出联邦，成立以杰斐逊·戴维斯为“总统”的“美利坚联盟国”。为维护联邦的统一，林肯1861

年4月下令攻打“叛乱”州，南北战争爆发。美国内战是南北双方之间经济、政治、社会、文化冲突达到顶峰的体现。经过4年的战争，1865年4月北方联军攻占南方的“都城”里士满，南方同盟军被迫投降，美国内战结束，国家复归统一。内战结束后，美国政治极化并没有结束，而是延续了相当长的时间。这一时期，共和党和民主党之间不仅在蓄奴和废奴问题上截然对立，而且在宗教信仰等其他问题上也分歧严重，在投票行为方面多以党派划线。

19世纪末20世纪初，是美国进步主义运动时期。进步主义运动是美国社会广泛参与的资本主义改革运动，目的是在已经取得巨大物质进步的基础上推动社会全面进步，创造出与物质繁荣相适应的精神文化。美国内战的结束，废除了奴隶制度，扫除了资本主义发展的最大障碍，推动了经济社会快速发展，使美国迅速从一个农业大国成长为工业大国。1860年到1900年，美国工业投资总额增长了9倍，工业制成品的价值增长了7倍。[①] 美国工业产值从1860年占据世界第四位，到1894年跃居世界第一位，到1913年其工业产品占世界工业总产品的三分之一，铁路里程占全世界铁路总里程的一半，从一个落后的农业国转变为世界头号工业强国。这一时期，美国在充分利用世界科技革命成果的基础上注重研发利用，推动了以电力革命和内燃机革命为标志的科技革命。工业的发展和技术的进步，为商业的合并提供了可能和需要，企业垄断成为工商业发展的伴随物，各行各业都被一些大的托拉斯公司垄断。各垄断公司不仅带动了经济高效快速发展，同时推动美国从自由资本主义阶段过渡到垄断资本主义阶段。经济的迅速发展，也带来了许多社会问题的涌现。美国这一时期，正是被美国作家马克·吐温描述的“是最好的年代，也是最坏的年代”的“镀金时代”。政府官员腐败特别严重，政治“分肥制”成了美国公务员任命的惯例；

① 〔美〕L.S.斯塔夫里阿诺斯:《全球通史——1500年以后的世界》，吴象婴、梁赤民译，上海：上海社会科学院出版社1992年版，第543页。

资本的肆无忌惮，任意掠夺；社会分配严重不公，底层民众极为不满，引发群众运动不断高涨。在思想文化领域，无政府主义、社会主义、进步主义、民粹主义、扩张主义等各种思潮不断涌现。这一社会大转折、大转型时期，社会结构和社会分层非常明显，美国两党重新分化重组、合纵连横，各自收拢归队，政党所代表的选民也明显不同，表现为严重对立的极化状态。尽管内战后共和党长期执政，但民主党逐步恢复内战中严重受挫的元气，开始与共和党分庭抗礼。美国共和党和民主党“围绕由农业经济向工业经济过渡及政府在变动中的国际秩序中的角色而斗争”。[①] 共和党代表人口众多的东北部和中西部工商业大资产阶级的利益，赞成发展工业，提高关税；而民主党则代表南部和西部等农场主和小城镇人们的利益，主张保护农业，降低关税。从1876年到1896年，两大党处于势均力敌的局面，民主党控制着南部和西部的14个州，共和党则在北部16个州占优势，1876年至1892年的5次总统选举，两大党的普选票差额仅在1%—3%，在1875年至1895年的10届国会中，民主党控制着8届众议院，共和党掌握着同样届数的参议院。[②] 美国第55届国会（1897—1898年）参议院党派投票率高达76%，众议院高达79%；在1896年的大选中，共和党候选人威廉·麦金莱仅以高出对手3%的选民票获胜。[③] 可以看出，这一时期的美国国会的政治极化以高度的政治内聚力为特征。

罗斯福新政时期，美国共和、民主两党围绕新政和政府的作用产生了严重的分歧和对立。第一次世界大战后，被史学家戏谑为“赢得战争而失去和平”的民主党总统威尔逊，在1920年的总统大选中，在

① David W. Brady and Hahrie C. Han, Polarization Then and Now: A Historical Perspective, in David W. Brady and Pietro S. Nivola (eds.), *Red and Blue Nation?* Volume I (Brookings Institution Press and Hoover Press, 2006), p.122.

② 丁则民:《美国内战与镀金年代1861—19世纪末》，北京：人民出版社2002年，第188页。

③ 张业亮:《“极化”的美国政治：神话还是现实?》,《美国研究》2008年第3期。

共和党的联合反对下，未能实现连任。共和党候选人沃伦·哈定获胜，开始了共和党长达12年的执政。共和党执政后，放弃了民主党人的进步主义改革，坚持保守主义的原则，奉行不干预主义，谨遵宪法赋予政府的有限权力。共和党执政时期，美国经济社会继续快速发展，走在世界前列。在经济空前繁荣的背后，也隐藏着贫富差距拉大、股票交易虚高等严重隐忧。但共和党政府并没有意识到这些问题。1929年3月，胡佛在总统就职演说中宣布："总的看来，我们达到了世界上前所未有的慰藉和安全，从普遍的贫困中解脱出来后，我们得到了空前的自由"。[①] 然而，出乎他意料的是美国遭遇了前所未有的严重经济危机。1929年秋，股市开始起伏，10月24日一落千丈，接近崩溃的边缘。股市暴跌很快波及国民经济其他领域，商品贬值、银行倒闭、企业破产，社会出现前所未有的大萧条。到1932年，工业生产总值下降一半，导致1300万人失业，占全国人口的四分之一，大批民众衣食无靠、流落街头，陷入贫困的深渊。但胡佛政府在危机面前仍然秉持"政府的干预会毁了美国人的那种创新精神和特殊个性"的保守主义理念，主张自由放任、减少政府开支、反对强化联邦政府对经济的干预，造成经济危机持续蔓延和加重，引发民众的强烈不满。经济危机爆发后，民主党人富兰克林·罗斯福提出实施新政以克服危机，给美国民众带来了信心和希望。在1932年的总统大选中，罗斯福以2280万票对1575万票大获全胜，在选举人团票方面更是以472票对59票的绝对优势赢得大选。罗斯福上台后，大力强化政府职能，大刀阔斧地实施了日后被称为凯恩斯主义的一系列挽救危机的措施。从1933年3月9日到6月16日，罗斯福政府先后颁布70多个新政立法和命令，史称"百日新政"，涉及整顿财政金融、调整工业生产、节制农业发展、实行社会救济、举办公共工程、改革权力分立体制。罗斯福"始终把自由与经济

① 何顺果：《美国历史十五讲》（第二版），北京：北京大学出版社2015年版，第190页。

安全感联系起来，将根深蒂固的经济不平等当成自由的最大敌人”，[①]深得广大人民群众的欢迎，尤其是弱势群体获得了一定的安全感。罗斯福新政，遏制了美国经济的进一步崩溃，失业人数大幅下降，促进了社会生产力的恢复。虽然罗斯福新政取得了重大成就，但是也遭到了共和党和民主党保守派的强烈反对和抵制，以及受到工商业利益团体的极大抵触，批评罗斯福“企图以充斥浪费和奢侈的社会主义国家”来代替“美国政治制度”“以专政来实行统治，嘲弄了各州的权力和公民的自由”。[②]这一时期美国政治极化的特点，除两党政策主张分歧外，还有国会党派投票增加、两党选民按阶级划线等。罗斯福新政使民主党得到穷人、城市居民和天主教徒的支持，而共和党则得到了多数富人、清教徒和乡村居民的支持。[③]

第二次世界大战到20世纪70年代相当长的一段时期，由于国内外原因，特别是国际上存在着社会主义与资本主义两大阵营的对立，与社会主义阵营的矛盾“压倒”了资本主义国家内部的矛盾，美国虽然也存在政治极化，甚至某个时期还比较明显，但总体而言，共和党和民主党之间的对立并不是很严重，意识形态和政策差异减少，甚至有的独立候选人说民主党和共和党之间没有一毛钱的区别。20世纪60年代，美国学者丹尼尔·贝尔（Daniel Bell）指出，旧的左和右的意识形态不再占统治地位——至少在知识分子中间，取而代之的是对福利国家、混合经济、权力分散和政治多元主义的近乎一致的期望，他称之为“意识形态的终结”。[④]然而，好景不长，两党之间的和谐时期很快结束了。20世纪70年代之后特别是冷战结束以来，美国政治极化进一步加剧，甚至达到白热化程度。美国学界通常用提名分（DW-nominate

① 方纳:《美国自由的故事》，王希译，北京：商务印书馆2003年，第290页。

② 杨生茂、陆镜生:《美国史新编》，北京：中国人民大学出版社1990年版，第386页。

③ 张业亮:《“极化”的美国政治：神话还是现实?》,《美国研究》2008年第3期。

④ 同上。

scores）的绝对值来衡量美国共和、民主两党意识形态分歧的程度。提名分是以记名投票分（roll-call voting scores）为基础来衡量议员的得分情况，分值在–1到1之间，–1意味着议员是一个极端自由主义者，1意味着议员是一个极端保守主义者。① 近几十年，共和、民主两党在国会的极化，超过了"镀金时代"，达到了"有史以来的最大值"（如图2）。同时，民众对共和、民主两党的政策认同更趋于极化。2000年，乔治·W. 布什（George W. Bush，被称为小布什）在一片争议中入主白宫。2001年9月11日发生的恐怖分子劫持民航客机袭击纽约世贸中心大楼和国防部五角大楼的"9·11"事件，造成了美国自珍珠港事件以来最惨重的人员伤亡，给美国民众带来极大恐慌和不安，增强了美国民众的团结。小布什以强硬的姿态反对恐怖主义获得了美国民众的肯定。小布什刚当选总统时的民调认可度只有将近50%，"9·11"事件之后，他的认可度跃升到80%以上。2001年10月7日，小布什以反恐名义发动对阿富汗塔利班政权的进攻，打响了反恐战争。2003年3月20日，以美英军队为主的联合部队，以伊拉克拥有大规模杀伤性武器为借口发动对伊拉克的军事行动。但小布什发动的反恐战争、伊拉克战争，以及在国家安全方面的政策，遭到民主党和许多民众的质疑和反对。特别是对于伊拉克战争，美国选民的正负评价几乎是按照党派认同划线，评价的两极化程度高于朝鲜战争以及被普遍认为撕裂美国社会的越南战争。②

---

① Pietro S. Nivola and David W. Brady(eds.), *Red and Blue Nation: Characteristics and Causes of America's Polarized Politics,* The Brookings Institution Press, 2006, p130.

② 节大磊:《美国的政治极化与美国民主》,《美国研究》2016年第2期。

图2 美国共和、民主两党的提名分[①]

图中的两条曲线表示典型的共和党人和典型的民主党人意识形态立场之间的差距。代表众议院和参议院的两条曲线大致平行，说明决定这种极化现象的是政治本身的性质，而不是国会两院各自的具体制度和规则。我们在这里所用的自由主义—保守主义尺度的最小值为–1，最大值为1。从图中可知，到了最后一个历史时期，共和、民主两党之间的意识形态差距已经到了整个标尺全长的一半左右。

在小布什执政时期，共和党的保守主义政策不仅导致外交政策的失败，而且在国内也未能促进经济发展，造成意识形态一贯中间偏右的美国开始左转，这也是2008年美国大选民主党重新获胜的重要原因。2008年，民主党总统候选人奥巴马当选美国第44任总统。早在他参选之初就认识到美国政治极化的危害，因此在他上台执政之初宣称要建立“超越党派的团结”，但在上台执政后政治极化不但没有减缓，反而明显加剧，共和、民主两党合作的空间不断收窄，在医疗改革、移民改革等重大问题上两党对立严重。比如2009年12月美国参议院就奥巴马的全面医疗改革法案进行投票表决，58名民主党参议员和两名独立

① 图表引自诺兰·麦卡蒂、基思·普尔、霍华罗森塔尔:《政治泡沫：金融危机与美国民主制度的挫折》，贾拥民译，北京：华夏出版社2017年版，第39页。

派参议员投了赞成票，而40名共和党参议员中有39人反对，1人缺席，几乎完全以党派划线。2010年3月在美国众议院对医疗改革法案表决时，虽然以219票对212票获得了通过，但这次投票也几乎是以党派划线的。到2016年1月8年任期行将结束时的最后一次国情咨文中，奥巴马坦诚党派争斗愈演愈烈，两党关系并未像他竞选时承诺的那样得到改善。

自2007年底美国次贷危机引发的全球性金融危机之后，在右翼茶党运动和左翼“占领华尔街”运动冲击下，共和党和民主党被迫向意识形态的两极收拢，进一步增强了政治极化的程度。“茶党”一词，来源于1773年波士顿民众为反抗英国殖民当局的高税收政策，而将英国东印度公司的茶叶倾倒在波士顿海湾，这是北美人民反英的开始。2009年美国兴起的茶党运动旨在反对奥巴马民主党政府增加税收、对企业的管理限制、扩大社会福利、放松非法移民等一系列政策，捍卫美国保守的文化价值观。可以说，茶党运动是美国极端保守主义者推动的一场反抗运动。他们的“一个目标是要推动和影响当下的共和党发生变化，使该党更坚定地接受极右翼保守主义价值和传统原则，成为更加不妥协的保守政治力量”。[①] 茶党运动批评那些温和的、政治上趋于妥协的共和党人“只是名义上的共和党人”，要求共和党议员站稳不与民主党进行任何妥协的坚定政治立场。在茶党运动推动下，共和党更加向保守主义意识形态倾斜。“占领华尔街”运动是在2011年9月17日美国宪法日拉开序幕的，很快蔓延至美国多座城市，甚至波及全球许多国家和地区。该运动的主要诉求是反对99% VS 1%的贫富差距、华尔街无节制的贪婪、居高不下的失业率、对金融监管的缺失、金钱对民主政治的操纵等，要求政府对富人增加税收、加强金融监管、提高就业率等。这种带有明显左翼民粹色彩的运动虽然没有与民主党很

① 刘永涛:《茶党运动与重铸美国极端保守主义》,《教学与研究》2013年第9期。

好地结盟，但与民主党的意识形态相近，而且得到包括奥巴马、桑德斯等许多民主党人士的同情和支持。桑德斯在2016年和2020年民主党总统初选中，强调在教育、就业和产业结构调整等方面应更多发挥政府的指导作用，呼吁对华尔街以及跨国公司进行更好的政府监管，实施更加公平的税收，消除严重的贫富差距。“茶党运动与‘占领华尔街’运动的相继大规模爆发既是美国政治极化现象加剧的表现，同时也会进一步拉大两大政党在意识形态上的距离。”① 2016年美国总统选举过程中，“特朗普现象”和“桑德斯现象”显示了茶党运动和“占领华尔街”运动对当今美国政治的深刻影响，也意味着美国社会政治极化日益严重。2016年总统选举被认为是美国内战以来最严重的政治分裂，不仅包括99%中下层与1%上层富人的对抗，而且包括白人与有色人种的族群冲突，甚至还包括沿海地区与内陆地区的分歧等。

特朗普执政之后，由于他在种族、控枪、移民等问题上不断发表激烈的言论和采取的极端政策，更是不断加剧社会的分裂。比如，他于2019年7月14日在推特上怒怼4名有色人种国会议员，声称她们“理应滚回去修复她们支离破碎且犯罪猖獗的故国”。特朗普涉及的种族言论，遭到了众多人的批评，由民主党人占多数的美国众议院还通过了谴责特朗普“种族主义言论”的决议。特朗普的言论和所采取的政策，总的基调是排外的、保守的，这不仅不能解决美国的矛盾，而且打开了种族主义、宗教原教旨主义、本土主义的“潘多拉盒子”，激化了已有的国内外矛盾，从而使美国政治极化愈演愈烈，共和、民主两党越来越“不共戴天”。

通过对美国政治极化历史的梳理可以发现，自20世纪70年代以来的美国政治极化与历史的政治极化既一脉相承又有其独特的特点。其突出特点主要表现为：一是持续时间长，这次政治极化已经超过50多

① 杨悦:《“占领华尔街”运动与茶党运动的对比分析——政治过程理论视角》,《美国研究》2014年第3期。

年，而且还没有减弱的趋势，超过美国历次政治极化时间。二是对立程度是除美国内战时期之外最严重的。三是影响广泛，渗透到美国政治、经济、社会的方方面面。四是从过去主要由阶级原因导致的政治极化转变为主要由意识形态对立引发的政治极化。

三、美国政治极化的发生原因

自20世纪70年代以来，美国越来越严重的政治极化是多种原因导致的，既有经济因素又有政治因素，既有社会因素又有文化因素。

（一）贫富差距的扩大是美国政治极化的经济根源

一切政治问题，都可以在经济现象中找到根源。可以说，美国政治极化在某种程度上是美国贫富分化的反映。美国立宪者早就意识到："造成党争的最普遍而持久的原因，是财产分配的不同和不平等。有产者和无产者在社会上总会形成不同的利益集团。"[①] 美国共和党和民主党之所以相互对立，关键是代表着不同的社会群体的利益。总体而言，相当长时期以来美国中高收入人群的政治倾向偏向共和党和保守主义政策，中低收入人群更倾向于支持民主党和自由主义政策。中产阶级的政治立场比较温和，是"沉默的大多数"，也是政治稳定的压舱石。长期以来，美国社会结构属于中产阶级占据大多数的"橄榄型社会"，共和、民主两大政党为获得多数选票，政策都向中产阶级靠拢，这也是过去两党政策趋同的重要原因。但自20世纪70年代以来美国推进新自由主义政策，减少政府对金融、劳动力等市场的干预，导致贫富差距日益扩大，而中产阶级却在不断减少，日益"空心化"。贫富差距的扩大，经济不平等的加剧，进而推动美国政治极化。

① 〔美〕汉密尔顿、杰伊、麦迪逊：《联邦党人文集》，程逢如等译，北京：商务印书馆1980年（2015年重印），第54页。

当今，中产阶级已不再是美国社会的大多数。2015年，中产阶级家庭的成年人口数量为1.208亿，首次低于高收入和低收入家庭成年人口数总和的1.213亿，中产阶级家庭总收入占美国社会家庭总收入的比重也从1970年的62%持续下滑到2014年的43%，而高收入家庭的占比则从1970年的29%相应增长到2014年的49%，低收入层占比从25%升高到29%。[①] 中产阶级的减少，也就意味着一些中产阶级已经成为富人或者穷人。而事实上，由于各种原因，美国大部分中产阶级变成了穷人，富人只是少数。当今美国富人所占有的财富非常惊人，最富有的0.1%的家庭在美国家庭总财富中占的比例更是从1979年的7%升至2012年的22%，几乎与美国90%的家庭拥有的财富相等；2013年，美国最富有的1%家庭的平均收入为其余99%平均收入的25.3倍，2009年至2013年，美国家庭总收入新增部分的85%落入最上层的1%的家庭口袋，在15个州中，该比例甚至达到100%。[②] 更可怕的是，当今美国人财富收入出现了“赢者通吃”的局面，精英阶层迅速聚敛财富，富人越来越富、穷人越来越穷，贫富分化进一步加剧。这是因为富人、利益集团、大公司更有能力把自己的巨额财富转化为巨大的政治影响力，进而决定了美国政策的制定和执行。因此，在与他们有关的议题方面，他们赢的次数要比输的次数多得多。“企业共同体将经济权力转化成政策影响和政治通道的能力，使得它成为联邦政府中最有影响的力量。它的主要领导被任命为执行机构的高层，它在国会中的同盟者认真地听取雇用专家的政策建议。经济权力、政策专家和持续的政治胜利之间的结合，使得公司的所有者和主管们成为支配阶级（dominant class），他们不仅掌握着绝对的权力，而且拥有权力形塑其他群体和阶

① Pew Research Center, *The American Middle Class Is Losing Ground: No Longer the Majority and Falling Behind Financially,* December 2015, http://www.pewsocialtrends.org/files/2015/12/2015-12-09_middle-class_FINAL-report.pdf.

② 张毅：《分裂的美国》，《美国研究》2017年第3期。

级必须活动于其中的经济和政治框架。”[1] 从1989年到2008年，收入最高的1%获得了美国经济收入增长的一半以上，更严重的是，假如这28年的总收入增长是一个馅饼，最高的1%中的1/10，也就是30万人，所享有的那一块，比底层90%，即2. 7亿人那一块的2倍还要大。[2]

研究表明，未受高等教育的从事低技能工作的白人蓝领工人的收入和就业在经济全球化、数字化革命引导的产业创新和金融危机的冲击下遭重创，越来越多的低收入阶层陷入贫困线以下。据统计，美国2015年有13.5%的人（大约4300万）生活在贫穷线以下，高于2007年的12.5%；美国25岁至54岁的男子劳动参与率从1958年的96%降至2015年的88%，远远低于其他发达国家93%的平均水平。[3] 从美国的基尼系数看，从20世纪70年代的0.35一路飙升，到20世纪90年代升到0.4以上。2018年基尼系数攀升至0.485，贫富差距创下50年来新高。最富有的10%家庭占有美国全部家庭净资产的近75%。这反映了贫富差距的严重程度。如果套用林肯当年所说的“民有、民治、民享”，美国现在是“1%的人所有、1%的人治理、1%的人享用”。正如“占领华尔街”运动打出的标语：我们是99%的民众，但被1%的人所控制。

当今美国的政治极化与贫富差距具有同步性。这种同步性，绝非偶然，而是具有内在的互动逻辑。贫富差距有效削弱共同体认知，为政治极化提供土壤；提高利益集中度，为少数最富裕群体组成的特殊利益集团游说、寻租活动提供可能性；因利益的根本冲突易将政治对手认定为敌对和出卖国族利益的群体，减少就社会各阶层都支持的议

① 〔美〕威廉·多姆霍夫:《谁统治美国：权力、政治与社会变迁》，吕鹏、闻翔译，南京：译林出版社2009年版，第6页。

② 〔美〕雅各布·S. 哈克、保罗·皮尔森:《赢者通吃的政治》，陈方仁译，上海：格致出版社、上海人民出版社2015年版，第2页。

③ 张毅:《分裂的美国》,《美国研究》2017年第3期。

题达成妥协的可能性。[①] 自20世纪70年代以来，随着贫富分化的日益加剧，高等收入人群和低等收入人群的经济利益分歧也越来越大，为了争取更多的选民，美国共和、民主两党在经济议题上的分歧日渐凸显，选民也依据自身收入水平认同某一政党的现象更加普遍，必然会投票给予自己偏好相符合的政党。在贫富日益分化、收入不平等加剧、中产阶级不再占多数的收入结构下，政党候选人为了在选举中胜出，迫使其调整政策主张，逐渐偏离中间温和立场，向极端方向发展，两党相互对立的政策日益显现。

（二）制衡体制的异化是美国政治极化的政治根源

美国人具有自由主义的传统，天然具有对公共权力的不信任。美国的制衡体制就是美国制宪者出于防止公共权力被滥用，根据英国政治学家洛克的自然权利学说和法国思想家孟德斯鸠的三权分立思想，以及各州政府已实行三权分立的实践，精心设计的一整套权力分立和制衡体制。这种制衡体制包括公共权力之间的制衡和公民权利对公共权力的制衡。美国三权分立、自由民主制度等是公共权力之间的制衡的体现，而公民权利保障制度则是公民权利对公共权力制衡的体现。美国制衡体制对于防止公共权力被滥用、保护公民权利、保证政治的稳定性和连续性等方面，发挥了重要作用。但当今美国制衡体制在运行过程中却发生了异变，严重影响着政府治理效率。美国制宪者早就认识到制衡体制对于治理效率的影响，但他们认为相对效率而言，自由更为重要，分权制衡体制不是为了创立最有效率的政府形式，而是为了控制政府滥用权力，保护个人自由。因此，有学者认为，美国政

① 王荣军:《“不平等的民主”——美国贫富差距扩大与政治极化并行》,《人民论坛》2019年2月上。

党极化的根源是宪法，其实质是围绕解读社会契约的阶级斗争。[①] 况且当时美国两党政治还没有形成，美国制衡体制的弊端没有得到充分暴露。但在美国两党制形成以来，各政党为了自身利益，罔顾公共利益，为了反对而反对，充分利用制衡体制为对方设置障碍，不惜导致“立法瘫痪”和“政府停摆”，成为“否决政治”。福山指出：“自从19世纪末以来，美国两大政党在意识形态上从来没有如此两极分化过……但是，政治极化并不是故事的全部。民主制度并不是为了终结冲突，而是为了通过共同制定的规则和平解决和缓和冲突。一个好的政治制度所产生的政治后果应当代表尽可能多的人的利益，但是当极化遇到美国麦迪逊式的制衡体系，结果就是灾难性的。”[②] 背离协商精神的分权制衡体制，很容易扭曲恶性竞争，抑制政府决策效率和治理能力。因此，可以说美国三权分立的制衡体制为两党政治极化提供了制度上的平台。

美国的选举制度，是政治极化产生的重要根源。本书将在后面章节中对这一问题具体展开论述。

（三）人口结构的分化是美国政治极化的社会根源

政治离不开人的身份，身份政治是当今美国政治重要特征。身份政治是人们基于对一定群体的认同而产生的政治态度、政治行为等。每个人都处于一定的社会关系之中。依据不同的标准划分，每个人所处的社会群体是不同的。一个社会的人口结构包括种族、民族、宗教、年龄、性别、婚姻状况、教育程度、职业行业、生活社区等因素，每个身份因素都会对政治认同产生一定的影响。种族、民族是重要变量，

① 金灿荣、汤祯滢：《从“参议院综合症”透视美国政党极化的成因》，《美国研究》2019年第2期。

② Francis Fukuyama, *America in Decay: The Sources of Political Dysfunction,* Foreign Affairs (Sept. /Oct. 2014), Vol.93, No. 5 (Sept.2014), pp.5-26.

特定种族、民族在政治认同方面呈现出一定可辨别的大趋势。“民族和族群是人类最为显著的认同群体，民族和族群作为身份政治的要素有高认同性、历史性、稳固性、结构性”。[①] 美国种族人口结构的变化，对美国政治极化产生的影响是巨大的。众所周知，美国是一个多种族、多民族的国家，汇聚了来自世界各地不同种族的人，包括白人、黑人、印第安人和阿拉斯加土著民、亚裔、印度裔、拉丁裔等。美国白人在内战之前仅指盎格鲁—撒克逊新教徒，他们认为其先人是在独立战争之前到达美洲新大陆，不是美国的移民，而是北美新大陆的主人，是真正的美国人。盎格鲁—撒克逊新教文化的基本元素包括英语、基督教、英式法治理念、责任理念、个人权利，以及包含个人主义的新教价值观。[②] 后来大量来自中北欧国家的白人，虽然他们保持着一定的独立性，但大多数同化于美国主流社会，20世纪90年代之后也被称之为白人。在美国，白人一直占据人口的主体地位，其他族裔被称为少数族裔。

作为一个移民国家，长期的人口涌入，不断改变着美国人口结构。从美国建国到20世纪50年代，来自欧洲的移民一直占据大多数。1965年美国通过《移民与国籍法》修订案，废除了种族配额，大量到美国工作生活的拉美裔与亚裔移民成为美国公民，美国人口结构出现了重组，呈现出更加多样化趋势。自1790年起，美国每十年进行一次人口普查。2010年人口普查显示，美国白人人口1.96亿，占全国人口比例是63.7%，少数族裔人口1.11亿，占全国人口比例是36.3%；而2000年时白人人口占全国人口的比例是69.1%，少数族裔占全国人口的比例是30.9%。10年间，白人只增加200万，而少数族裔增加2500万，其中拉

① 马俊毅:《多民族国家共同体的建构与治理——身份政治的发展与影响》,《学术界》2017年第2期。

② 〔美〕亨廷顿:《我们是谁：美国国家特性面临的挑战》，程克雄译，北京：新华出版社2005年版，第2页。

美裔增加1520万，占增加人口的一半以上；黑人增加有限；亚裔增加440万，增长幅度达43%。[①] 同时，少数族裔人口呈年轻化态势，在全美3岁以下孩子中，白人的比例是49.9%，在18岁以下的孩子中少数族裔的比例是46%，2000年到2010年白人孩子减少了400万，少数族裔孩子增加了600万。[②] 少数族裔人口增加的主要原因是移民和高生育率。近年来，由于经济危机和严厉移民政策的影响，美国每年移民人数有所减少，根据最新预测，原本2042年美国白人将成为少数族裔，延迟到2050年。拉美裔是指从拉丁美洲去美国的移民，是美国最大的少数族裔，他们与美国白人不同，肤色为褐色，主要讲西班牙语或葡萄牙语，宗教信仰为天主教。在近几十年的美国移民中一半以上是拉美裔，在非法移民中绝大部分也是拉美裔。由于拉美裔的种族认同高于国家认同，无法与美国白人社会共享文化和政治认同，并且他们往往拒绝英语的权威地位，主张双语教育，在拉美裔人口较多的地方，英语、西班牙语双语教育已经普遍实施，从而削弱了英语的主导优势。随着拉美裔人口的增多，美国白人认为他们是威胁最大的少数族裔。美国政治学者亨廷顿指出，对美国文化最迫切、最严重的挑战来自拉美裔移民，尤其是墨西哥移民，若不大力捍卫和发扬盎格鲁—新教文化这一根本特性，国家就有分化、衰落的危险。[③]

美国少数族裔人口规模的扩大，人口结构的改变，且少数族裔原生文化并未融合到主流文化之中，引发“我是谁”的争论。白人对不远的将来可能沦为少数族裔感到焦虑、恐慌和愤怒，甚至感慨“白色种族灭绝”“白人美国的末日”到来了。这不可避免地唤醒美国白人的

---

① U.S. Census Bureau, *Overview of Race and Hispanic Origin:2010*, 2010 Census Briefs, March 2011.转引自姬虹：《从2010年美国人口普查数据看当前美国种族关系现状》，《中国社会科学院研究生院学报》2011年第6期。

② 同上。

③〔美〕亨廷顿：《我们是谁：美国国家特性面临的挑战》，程克雄译，北京：新华出版社2005年版，第2页。

种族意识和对自身文化保护的本能反应，也引发白人至上主义的再次抬头，加剧了种族关系的紧张。“在美国，当自由派和边缘群体身份群体自视为反抗主流文化的正义力量时，传统的、主导性的白人文化实际上就被定义为一种非正义的反动文化，违背公正、平等、自由等政治正确的美国价值。多元身份政治的强化与扩张反向启发了白人群体的自我身份意识，使得保守的主流群体感受到了重建身份认同的必要性。”① 2017年6月17日，美国南卡罗来纳州查尔斯顿市一名白人男子迪兰·鲁夫，在一座以黑人信徒为主的教堂大开杀戒，造成9人死亡、多人受伤的重大枪击案。8月11日，数千名白人至上主义者齐聚弗吉尼亚州夏洛茨维尔游行示威，抗议该市拆除美国内战时期南方将领罗伯特·李的雕像，引发另类右翼游行者与左翼抗议者之间的暴力冲突，共造成近40人死伤。这些不断频发的种族冲突，折射了美国社会持续的对立和分裂状态，反映了白人对逐渐丧失主体地位的不满，以及白人至上主义的抬头。

白人至上主义的抬头，进一步加剧种族歧视问题，造成恶性循环。2020年5月25日，明尼苏达州明尼阿波利斯市黑人弗洛伊德，被白人警察用膝盖压住脖颈，即使弗洛伊德痛苦喊出“我无法呼吸”，逐渐陷入昏迷，警察仍没有停止跪压行动。在持续8分钟之后，直到救护车到达，警察才将膝盖从弗洛伊德脖颈处移开。弗洛伊德被送到医院，经抢救不治身亡。弗洛伊德之死，被认为是警察暴力执法的血证、非洲裔遭受种族歧视的缩影，从而在全美各地引发大规模游行示威和抗议活动，到处打着“我无法呼吸”“黑人的命也是命”“对种族主义说不”等反种族主义标语口号。弗洛伊德之死之所以能在全美掀起抗争的多米诺骨牌效应，进而演变为打砸抢烧的暴力骚乱，可以说是美国长期以来系统性、周期性种族主义问题的集中爆发。如果种族问题不能得

---

① 林红：《身份政治与国家认同——经济全球化时代美国的困境及其应对》，《政治学研究》2019年第4期。

到有效解决，白人与黑人等有色人种之间的矛盾将更加突出，美国社会越来越以狭窄的身份而陷入分裂。

在当今美国，民主党被认为主张文化多元主义，更关注黑人等少数族裔的利益和权利，而忽视白人的利益，特别是中下层白人的利益。少数族裔成了民主党的核心基础选民，而白人特别是盎格鲁—撒克逊新教徒是共和党的核心基础选民。以2012年总统大选为例，59%的白人投票给了共和党候选人罗姆尼，奥巴马仅获得39%白人的支持，但他获得了93%的黑人、71%的西裔和73%的亚裔的支持。1980年里根赢得56%的白人选票，以44个州的压倒性胜利赢得了选举；2012年罗姆尼赢得59%的白人选票，却输掉了选举。这其中一个重要的原因就是美国少数族裔人口比例从1980年的12%上升到28%。[①] 2008年奥巴马成为美国历史上第一个黑人总统，虽然标志着美国黑人地位的提高，但是也激发了白人的种族主义和种族怨恨，不时掀起了反对黑人总统的运动。2016年打着民族主义、排外主义旗帜的特朗普赢得总统大选，被认为是美国白人群体对在经济社会地位上逐渐衰落不满的反弹，是中下层白人对正在失去的社会地位的“反动”，是他们对在种族上可能变成少数族群的担忧和恐惧，同时被认为对白人可能取得最后一次总统胜利的反扑。随着美国少数族裔移民的大量涌入，少数族裔人口与白人人口数量差距的缩小，共和党和民主党的政治极化将进一步加剧。

（四）价值文化的分裂是影响美国政治极化的文化根源

长期以来，美国是一个多元社会，各种种族、民族都有着自己的文化。“文化实践总是有其政治维度，身份与文化的多样性蕴含着政治诉求的多样化，文化差异也就可能导致政治分歧。因此，政治自由主义的美好愿景总是会面对一个挥之不去的隐患：当文化差异以对抗性

① 刘瑜：《民粹与民主：论美国政治中的民粹主义》，《探索与争鸣》2016年第10期。

的形态发生，就可能突破被限定的边界而‘溢出’，导致政治共识的瓦解，最终转变为严重的政治对抗，对政治秩序的稳定造成威胁甚至颠覆性的危机”。[①] 当今美国政治极化离不开价值文化上的分裂，甚至可称为是一场候选人之间关于道德、信仰、价值观的“文化战争”。正因为价值文化上的分裂，使得美国政治极化在短期内难以消除。

在美国，自由主义和保守主义是分裂美国的两种不同的道德观、价值观、政治观。自1860年以来，这两种意识形态一直交替左右着美国政治格局的走向。当代美国的保守主义与自由主义，共同的渊源是欧洲的古典自由主义。最早到达美洲的欧洲人深受古典自由主义的影响，并把自由主义的保护私有财产、个人主义等核心原则作为“美国价值”加以传承。美国保守主义实际上就是对古典自由主义的遵守，维护西方政治思想中最富自由主义成分的自由原则，其主要内容包括：在政府职能方面，主张小政府、大社会，反对政府对市场的干预；在经济政策方面，崇尚减税和自由贸易；在社会福利方面，担心过度的福利制度会助长公民依赖心理和不劳而获的惰性，强调要削减社会福利；在道德价值方面，主张恪守基督教的道德原则，重视家庭的价值，反对堕胎、同性恋婚姻、干细胞研究，反对控制枪支；在对外关系方面，是现实主义，靠实力说话，支持扩大国防预算、加强军备，维护美国军事力量在世界的优势地位。当今美国的自由主义，实际上主要指罗斯福新政以来的自由主义，其核心内涵是平等，主要内容包括：在政府职能方面，主张大政府，扩大政府的权限；在经济政策方面，主张政府经济进行干预，支持积极财政政策；在社会福利方面，采取更积极的行动推动社会福利事业和控制企业活动，提高最低工资，支持工会，关注劳工、移民、少数族裔等弱势群体的权利；在道德价值方面，认为个人应当自由生活，应当追求自己向往的生活方式，支持

① 刘擎：《西方社会的政治极化及其对自由民主制的挑战》，《知识分子论丛》第15辑，江苏人民出版社2019年版。

同性恋婚姻、妇女堕胎权利，支持控制枪支，关注环境保护；在对外关系方面，则是理想主义，热衷于缓和政策，但也往往倾向于向其他国家推广美国价值观。

当今美国政治极化最突出的表现就是共和、民主两党之间在意识形态上的尖锐对立。如果用宽泛的概念来描绘美国两党的意识形态，可以说共和党和民主党分别代表了保守主义和自由主义两种意识形态。“与两党传统的形象和政策主张不同，在当今美国，两大党的形象在很大程度上由其在一些重大的文化和社会问题上的主张所界定：民主党更多地被认为是环保、民权、重选择（pro-choice）、主张同性恋权利和主张枪支管制的党；而共和党则更多地被视为重生命（pro-life）、维护传统价值观、反税收和反对枪支管制的党”。[①] 罗斯福新政之后，自由主义逐步占据美国社会的主流价值。20世纪60年代在学生运动、妇女运动、黑人运动等各种民权运动的推动下，以包容、多元化、平等、公正等为主要内容的自由主义得以发展，女性、黑人、LGBT（男女同性恋、变性人、跨性别认同者等的统称）、非基督教徒等少数群体所主张的权利得到极大保障。民权运动具有标志性的成果是，1964年美国《民权法案》通过以及次年《投票权法案》等其他相关法案的通过，美国种族隔离政策被废止，黑人等少数族裔获得选举权。不可否认，美国自由主义的发展为社会带来了平等性、民主性，国家更加开放和多元。

但自由主义的发展，也引起了保守主义的回潮和反弹，因为像同性恋、妇女堕胎等议题都与保守派的基督教主流信仰相冲突的。虽然美国宪法明确规定政教分离的原则，宗教不直接参与政治，但实际上宗教对美国政治的影响却无处不在，有相当深厚的影响。“宗教是美国民族的精神源泉，世俗化了的宗教是美国国家政治的基本寄托，美国

---

① Morris P. Fiorina, *Culture War: The Myth of a Polarized America,* Person Longman, 2005, p.34. 转引自张业亮《“极化”的美国政治：神话还是现实?》,《美国研究》2008年第3期。

宗教与政治的关系过去是，现在是，将来一定还是密不可分的。研究和探索美国宗教与政治及其相互关系是我们了解美国文化和美国文明的基础和钥匙”。[①] 美国宗教派系虽然十分复杂，但不再是新教、天主教、犹太教之间的区别，而是自由派和保守派的区分，是非忠实信徒和忠实信徒之间的区别。据统计，在占美国宗教人口绝大多数的新教教徒和天主教教徒中，持自由派观点的人在这两个教派中分别占30%和37%，持保守派观点的人在这两个教派中分别占45%和43%。[②] 可见，美国保守派人数还是超过了自由派人数。因此，在自由派和进步主义的推动下，为了尊重黑人、伊斯兰新教信仰者、女性等少数群体，一些有可能伤害这些少数族裔的词汇成了政治禁忌，这不仅严重影响到美国的言论和表达自由，而且冲击了宗教保守派的价值观。比如，在公开场合为了照顾伊斯兰教等其他宗教信徒，美国官方把“圣诞树”改称为“节日树”，把“圣诞快乐”说成“节日快乐”；为了照顾女性，则不能用他（he），只能用她（she），甚至担心可能伤害性别认同复杂的LGBT，两者都不能用。美国保守主义的反弹和复兴，造成基督教徒不仅对伊斯兰教信徒越来越不宽容，而且也对犹太教徒构成了威胁。2018年10月27日，在宾夕法尼亚州匹兹堡市，一名白人男子携带步枪、手枪等武器，闯入犹太人教堂，高喊反犹太主义极端口号，向正在教堂内礼拜的犹太教徒进行了20分钟的扫射，造成11人死亡、6人受伤，这是美国历史上犹太人社区遭受的最为致命的攻击。

总体来看，自由主义和保守主义作为美国两大对立的意识形态，犹如钟摆，每隔一段时间就会向一方摆动一次，但两者呈现对立的态势在不断加剧。随着美国两大政党意识形态的不断强化，自由主义与保守主义的对立和冲突更加激烈，选民更加注重候选人的政党归属，

① 董小川：《20世纪美国宗教与政治》，北京：人民出版社2001年版，第26页。

② Kenneth D. Wald, *Religion and Politics in the United States*(2nd Editions), DC:Congressional Quarterly Inc., 2007, p.29.

价值文化成为推动政治极化的重要因素。"美国的选举不再被视为两大政党之间的激烈竞争，而是'红色州'的传统道德价值观的忠实捍卫者与'蓝色州'的反对怀疑者之间的一场圣战"。[①]

四、美国政治极化的社会影响

20世纪60年代之前的一段时期，美国共和、民主两党之间的差异特别是公共政策的差异并不是很大。一些学者认为毫无政策差别的两党，无法为民众提供政策选择，不利于民主政治发展。1950年美国政治科学协会政党委员会还发布《朝向一个更加负责的两党制》的报告，呼吁建立一个有计划性、有内聚力和负责任的两党体制。[②] 20世纪70年代之后，有差异的两党制形成了，选民可以轻易判断两党之间的区别，但越来越严重的政治极化带来的负面后果却是始料未及的，政党的"党派性"取代了"公共性"，并渗透到联邦政府的行政权、立法权、司法权之中，严重影响到美国政治决策和政治运行，造成国家治理能力的低效、民主品质的下降、社会矛盾的加剧。

（一）政治决策效率降低，治理社会问题能力减弱

治理社会问题是政治制度的重要功能，治理社会问题能力是衡量政治制度优越性的重要标准。美国政治极化的消极影响首先表现为，由于"两党妥协"基础的温和中间派力量基本消失，"政治妥协"越来越难，政策回旋空间与合作余地不断缩小，制定公共政策的效率降低，政府治理社会问题的能力大大下降，阻碍了美国整体发展前景。

---

① Pietro S. Nivola and David W. Brady(eds.), *Red and Blue Nation: Characteristics and Causes of America's Polarized Politics,* The Brookings Institution Press, 2006, p.4.

② American Political Science Association, *Toward a More Responsible Two-Party System: A Report of the Committee on Political Parties of the American Political Science Association,* New York: Rinehart, 1950.

美国国会中共和、民主两党政治极化，降低国会立法效率，影响立法质量和数量，一些具有前瞻性、持续性的重大公共政策越来越难以出台。为了不让对方提出的议案获得通过，共和、民主两党在议会中往往用非常规手段“阻挠议程”。1919年至1960年，美国参议院以“结束辩论”阻挠议程只出现27次，但在2003年至2006年共和党控制参议院期间，使用130余次“结束辩论”来打破民主党的阻挠议程，而从2007年到2010年民主党则使用了257次“结束辩论”动议。[①] 美国共和、民主两党在国会中的互不相让、互不妥协，使立法越来越难。在20世纪50年代，美国国会共颁布立法828部，60年代为739部，70年代为618部，80年代为625部，90年代为472部，2000—2008年共颁布460部。[②] 第112届国会（2011—2012年）通过立法数量分别仅284件，第113届国会（2013—2014年）通过立法数量分别仅296件。[③]

美国国会中共和、民主两党政治极化不仅影响到国会的立法，而且还影响行政权的执行。作为三权分立的政治体制，总统提出的重大法案要在国会通过才能生效。如果总统和国会为同一个政党所控制，政治极化对总统行政权的行使影响并不大，但如果总统和国会分属两个政党所控制，也就是在“府会分治”情况下，总统提出的法案就很难在国会通过，出现“否决型体制”。在美国，民众对公共权力有天然的防范心理，在总统和国会选举中经常会把选票分别投给两个不同政党，也就是常说的分裂投票。特别是在美国两次大选年中间的议员选举，也就是中期选举，往往是在野党取得优势的选举，在野党有时控制参议院或众议院，有时控制两院。可以说，“府会分治”是美国的一个常态。近40年来，“府会分治”大约占30年，而总统和国会为同一党

① 赵明昊：《从债务上限危机看美国两党政治的“失能”》，《当代世界》2011年第9期。

② 何晓跃：《美国政治极化的层次界定与生成逻辑》，《国际展望》2014年第1期。

③ 刁大明：《2016年大选：美国内政外交风向标》，郑秉文、黄平主编：《美国研究报告·2016》，北京：社会科学文献出版社2016年版，第6页。

所控制的时间只有10年左右。在“府会分治”情况下，总统的行政权力受到很大制约，再加上政治极化，必然会影响政府行政效率，影响国家公共治理。明显的例子就是美国历史上曾多次出现的政府的关门危机。2013年9月，美国共和、民主两党在围绕政府预算和总统奥巴马医改问题上针锋相对、互不相让，在共和党强力杯葛情况下，导致新财政年度临时拨款预算案未能通过，政府办公经费“断炊”，只能让国家公园、国家动物园、护照签证服务等一些“非核心部门”从10月1日起暂时“关门打烊”，80万联邦雇员回家休假，许多政府服务项目暂停，直到17日凌晨奥巴马签署议案才结束这次关门风波。当时，原本出访印度尼西亚等东南亚四国和出席APEC峰会的奥巴马总统，不得不临时取消计划，这不仅影响了美国国家利益，而且还损害了美国国际形象。政府机关作为公共治理的核心，尽管它的非核心部门停摆，也必然给民众生活产生影响。特朗普执政之后，其好斗的个性，使美国政府关门之频繁、关门时间之长屡屡刷新纪录。仅2018年美国政府就于1月、2月和12月关门三次，最后一次关门持续时间长达35天，创下美国建国以来政府停摆最长的纪录。再比如，新冠肺炎疫情作为第二次世界大战结束以来人类经历的最严重的全球公共卫生事件，对各国国家治理都是一场大考。美国在应对这次新冠肺炎疫情问题上，共和党掌握的联邦政府与民主党掌握的一些州政府之间在是否“封城”“复工”等政策上相互较劲、不配合，致使许多政策出台“慢半拍”、低效率，造成美国成为世界上新冠肺炎感染人数和死亡人数最多的国家，这很大程度上反映了美国政党制度的严重弊端。美国政治极化，加上分权制衡的政治体制，两大政党相互否决对方议案，造成严重内耗，使得美国政治决策效率大大降低，严重影响着国家和社会治理能力和水平，损害了公众对政府的信任。近年来，在医保改革、枪支控制、非法移民、气候变化等重要公共政策上共和党、民主党的政治分歧都越来越大，国会在这些问题上的政策产出更加低效和具有不确定性。

政治极化还使美国的许多公共政策缺乏连续性、稳定性。作为两党制国家，政党轮替是常态。在政治极化背景下，政党轮替不仅使美国民众要面临以往没有的新政策，而且可能使前任行政首长的大多数政策被推翻。特朗普上台后，几乎推翻了前任总统奥巴马苦心推出所有的重大政治决策，给美国民众带来了重大影响。同样，特朗普推行的诸如医改、在美墨边境建隔离墙、应对气候变化政策等，由于民主党的强烈反对，也难以在参众两院获得通过。

（二）真实民意难以反映出来，民主品质大大下降

民主的本质在于让民意充分表达出来，进行讨论和交流，形成一致的意见，作为公共决策的基础。政党是国家和民众之间的中间环节，本质上是特定阶级、阶层利益的集中代表者，是把民众的诉求和意见反映到公共决策中的桥梁和纽带。但美国政治极化却使大部分的民意进入不到决策中，使公共决策缺乏民意基础，影响公共决策的科学性、合理性。

相对多党制，两党制在反映民意方面本身就缺乏全面性，在政治极化背景下，选民与政党联系的加强，两大政党更加走向极端。各政党更会向本党的基础选民靠拢“取暖”，极力拥抱“基本盘”，不愿倾听大多数中间温和选民的声音。“极端政治或极化政治的出现，意味着妥协空间的缩小乃至消失。政党政治中的‘党派性’与民主政治中的‘人民主权’原则发生了冲突，导致民主体制中的代表性发生变异或断裂——议员听命于政党，而不是选民”。[①] 一般而言，越是极端的民众，越会尽力发声，以影响本政党的候选人。“今天的美国政治里面，中间派虽然占据绝大多数，但他们的意见却常被极端派所挟持”。[②] 同时，

① 王希：《特朗普为何当选？——对2016年美国总统大选的历史反思》，《美国研究》2017年第3期。

② 余万里：《美国政治风向标》，北京：新世界出版社2008年版，第124页。

从民众的角度来看，大众极化使得公民更加以意识形态划线，只问立场、不问是非，只要是自己认同其政治立场的政党和政党候选人，不管问政能力和治理水平如何，都会全力支持。而政治人物当选后，为了在下次选举中获胜，所提议案或所做决策都会尽量偏向基础选民的偏好，而不是尽量为了大多数民众的偏好。可以说，美国政治极化的结果，使美国共和、民主两大政党越来越代表本党少数极端民众的利益，而不是了解各方面民意，解决国家面临的实际问题。

（三）社会分裂和对立加剧，政治共同体凝聚力弱化

实现共同体团结一致是共同体的目标追求，也是共同体有效应对各种风险挑战的力量来源。现代社会是一个多元社会，思想观念多元化，既是现实人群的反映，也有利于激发社会活力。在多元社会中面临的最大问题，是社会分裂与冲突，从而导致社会团结凝聚力下降。“在不利的情况下，一种基于以权力制约权力的政治结构会使冲突尖锐，并陷入僵局。在极端的情况下，冲突可以使社会四分五裂，对抗的集团获得强有力的控制以及统治他人而无休止地相互斗争。社群、相互信任以及互惠互利的纽带中断。友邻变成了敌人”。[①]

作为一个移民社会，美国素有民族“大熔炉”之称。美国不同民族、种族、宗教信仰、价值观念的人之所以能够相互杂居、共同相处，是因为美国社会不同群体无论意见和立场如何不同，但实际上有一套共同认可的信仰和价值观的，这也是美国长期以来既能够保持政治稳定，又富有创新活力、领跑世界的重要原因。但越来越严重的政治极化，加剧着美国社会矛盾和冲突。“传统上，美国被认为是以广泛共识、务实政治和不存在意识形态分歧为特征的国家，但如今，美国政治被

① 〔美〕文森特·奥斯特罗姆:《美国联邦主义》，王建勋译，上海：上海三联书店2003年版，第49页。

高度紧张的政治极化和政策议题上愈加缺失的协商一致所主导。”[1] 政治极化将原本松散的、多元化群体，转变为相互对立、内在同质性稳定的两大板块，两极之间冲突加剧，严重影响社会稳定和团结。“政治极化带来的非常严重的风险，政治争论越激烈，公民社会的存在就可能受到越来越严重的威胁”。[2] 近些年来，美国枪击事件不断发生，给人们的生命财产造成重大损失，这与美国政治极化不无关系。2018年美国共发生涉枪案件57103件，导致14717人死亡、28172人受伤，其中未成年人死伤3502人。枪支暴力导致美国人均预期寿命减少近2.5岁。[3] “政治极化的威胁在于，它诱致了潜在社会群体的联盟，将原本松散的多元群体转变为少数具有内部同质性的板块。相应地，个人或群体的排他性认同容易形成，少数派系之间的利益冲突得以固化”。[4] 美国政治极化，使政治人物被政党所绑架，政党被少数激进分子所绑架，政治人物相互对立，很难凝聚社会共识，造成政治共同体裂痕加深。如果美国政治极化长期不能有效缓和，甚至不断恶化，突破现有体制的吸纳和包容的范围限度，国家和社会分裂不再是危言耸听。在美国历史上的南北战争在某种意义上就是政治极化突破了现有体制的结果。

---

① 徐其森:《未竟的争论：当代美国“政治极化”研究综述》,《美国问题研究》2013年第2期。

② Avinash K. Dixit, Jorgen W. Weibull, “Political Polarization,” Proceedings of the National Academy of Sciences of the United States of America, vol.104, No.18 (May 2007), p.7351.

③ 中华人民共和国国务院新闻办公室:《2018年美国的人权纪录》,《人民日报》2019年3月15日。

④ 李钧鹏:《政治多元化与美国政治极化：迈向关系网络的理路》,《华南理工大学学报（社会科学版）》2011年第6期，第78页。

第二章
选举民主的理论基础与美国政治极化

选举民主首先要弄清楚“为什么要选举”“怎样选举”“胜选规则是什么”等基本理论问题。选举民主是指公民通过自由、平等的投票选举产生代表或行政官员，以及决定公共政策的民主形式。选举民主并不是选举与民主两者的简单相加，它不仅具有选举和民主的一些特征，而且还有一套自洽的理论，主要包括个人主义的理念基础、竞争投票的核心范畴、少数服从多数的基本原则等。支撑选举民主运行的这套理论，既是选举民主得以运行的理论基础，也是选举民主带来问题和弊端的内在根源。可以说，美国政治极化正是选举民主基因缺陷的副产品。

一、个人主义与美国政治极化

在当代西方，选举民主是以自由主义为理论基础的自由民主，而自由主义的核心是个人主义。从词源上来说，个人主义一词最早出现在19世纪早期法语文献中，被认为是“语义繁杂且令人费解”的词语。当时，个人主义常常与自私自利联系在一起，表现为个人的孤立和社会的分裂，因而被认为是一种会导致无政府状态的危险思想。“在保守主义者看来，法国大革命表明，过分抬高个人会危及政治共同体的稳定与安全，将政治共同体瓦解为‘一个反社会的、反文明的、互不联系的基本原则的混乱物'(柏克语)。"[①] 当个人主义概念传到德英美等国之后，获得了全新内涵，通常被视为一种美德。在德国，"它成了浪漫主义的'个性'概念，即关于个人的独特性、创造性、自我实现的概念，它们与启蒙运动理性的、普遍的和不变的标准形成了鲜明的对照。浪漫主义认为它们是'数量的''抽象的'，因而是空洞的。"[②] 特别是在美国，它成了一种具有巨大意识形态意义的象征性口号，表达了包含在天赋权利学说、自由企业的信念和美国之梦中的不同时代的所有理想。[③] 从语义上来讲，个人主义是与集体主义、利他主义相对立的价值观，强调个体先于集体而存在，个体的性质决定集体的性质，个人利益高于集体利益，一切外人和外界事物都是为个人服务的。在某种意义上，个人主义是对任何集体主义的否定，将个人独立的精神置于首要位置。《不列颠百科全书》指出，个人主义是"一种政治和社会哲学，高度重视个人自由，广泛强调自我支配、自我控制、不受外来控制的个人和自我。这种政治和社会哲学，包含着一种价值体系，一种人性理论，一种对于某些政治、经济、社会和宗教行为的总的态度、倾向和信念。"[④] 从某种意义上来说，个人主义可以从文化、政治、经济三个层次来理解，一是在文化上追求个人价值至高无上；二是在政治上强调人人有平等的自由权利；三是在经济上反对国家主义，主张自由放任。

长期以来，个人主义占据着美国人思想观念的主导地位，渗透到美国人的行为之中，是美国文化的精髓、美国人价值观的核心、美国的国民性格，是美国经济社会发展的动力之源。大多数美国人认为，集体主义和利他主义的号召，都是扼杀个人自由的借口，而个人主义

① 李强:《自由主义》，北京：中国社会科学出版社1998年版，第151页。

② 〔英〕卢克斯:《个人主义》，阎克文译，南京：江苏人民出版社2001年版，第15页。

③ 同上，第24页。

④《简明不列颠百科全书》第三卷，北京：中国大百科全书出版社1985年中文版，第406页。

则是最高的道德准则。但美国个人主义特别是20世纪60年代以来越来越突破各种限制，走向放纵的个人主义，将个人价值至上化、个人权利神圣化、个人利益最大化，不仅难以实现共同体的团结和谐，而且是导致不同群体之间相互敌视、相互冲突的政治极化的思想根源。

（一）个人价值至上化与美国政治极化

个人主义首先表现为一种价值体系，这种价值体系就是以个人为中心，个人本身是目的，具有最高价值，社会是实现个人目的的手段。可以说，个人主义是一种个人价值至上的人生哲学。注重个人价值的实现，对于人的个性发展、人的潜能发挥等具有积极作用。但个人价值至上化必然带来个体与他人、与群体的疏离，进而引发价值冲突，这成为美国政治极化的价值根源。

1. 个人价值至上化带来个体原子化、孤立化

个人主义崇尚独立奋斗、自力更生、自我设计，在培养个人自强自立精神的同时，也容易使个体与他人和社会相疏离，个人责任和道德意识相缺位，从而潜藏着政治极化的火种。

在美国，崇尚个人价值有着深厚的历史传统和渊源。一般认为，最早到达美洲大陆的清教徒就蕴含着个人主义的基因。清教起源于16世纪后叶英国基督教中的一个支派。清教徒的思想和所信仰的教义被称为清教主义。清教主义提倡过勤俭清洁的生活方式，重视家庭，倡导虔诚内省，肯定个人的价值和作用，信奉“自助者天助”，强调自强自立，认为只有通过努力奋斗才能自我完善，实现对成功和财富的追求，从而实现自我价值。清教主义的基本信条就是，无论是基督徒还是普通公民，个人都享有一些天生的不可异化的权利，每一个教会、每一个国家都必须尊重这些权利。[①] 清教徒要求以加尔文学说为依据改

① Benjamin Fletcher Wright. *A Sourch Book of American Political Theory* . New York: The Macmillan Company, 1929. p.31.

革英国国教，以《新约圣经》为唯一的权威，任何教会或个人都不能成为传统权威的解释者和维护者。17世纪初期，英国国王詹姆斯一世独尊英国国教，不允许其他教派的存在，把清教徒视为异教徒而进行镇压。为了逃避宗教迫害和反抗压迫，过上自由的生活，1620年9月23日，一艘名为“五月花”号的帆船，载着102名英国清教徒，在布莱斯特牧师率领下，离开英国港口，驶向遥远的美洲大陆。这些清教徒冒着生命危险，克服缺水、断粮、大风大浪等种种困难，经过66天的漂泊之后，到达美国东海岸马萨诸塞州的普利茅斯。为了建立一个大家都能接受的自治共同体，他们经过激烈的讨论，共同签署《五月花号公约》。这是美国历史上第一份政治文件，目的是创立一个基于被管理者同意的自治团体，充分体现了美国人敢于冒险、敢于拼搏、敢于抗争、追求自由的精神。这种强烈的反抗权威与束缚、追求个性与自由的因素，成为美国个人主义的文化基因。美国著名历史学家卡尔·戴格勒指出:“个人主义是遗留给后代的清教主义的核心……在美国，相信自己的信仰以及清教主义教导的顽强反抗一切压迫个人和违背个人意愿的决心，从来没有削弱过。如果说，今天美国人是个人主义者，那么，清教传统是个人主义的主要根源。”[①] 从这个角度来看，清教传统与美国个人主义有着密切联系。可以说，如果我们不了解清教主义，也就很难了解美国个人主义的来龙去脉。

清教徒刚到美洲大陆之后，由于恶劣的环境、共同的遭遇，使他们必须抱成一团，结为更为紧密的共同体。在这样的共同体中，公私界限模糊不清，每个人的自由、个性的发展受到极大限制，甚至连个人的信件都不能保密、其他人都可以随意看。但追求自立自主的意识在清教徒内心潜藏着，一旦外在条件具备，就会萌生出来。独立战争之后，在美国向西部开荒拓殖的过程中，实现个人价值的愿望得到进

① Carl N. Degler, *Out of Our Past*, 3rd, New York: Harper &Row, Publishers, 1984, p.17.

一步激发。在政府政策的鼓励下，为实现个人价值，美国民众积极奔向自然资源丰富、人口稀少的美国西部。特别是1862年通过《宅地法》，移民只需交10美元手续费即可领取160英亩公地，而5年后就完全拥有所有权。这极大激励了无数美国人带着对新机遇和成功的渴望加入开发西部的行列。西进运动是开发西部的一个伟大创举，它承载着美国人不断开拓进取、发现自我、勇于探索、自我奋斗、无拘无束、特立独行的个人主义精神。拓荒者常常孤零零面对恶劣的自然环境。艰苦的生活养成了他们独立自主、自力更生、勤奋工作、积极进取的工作伦理，也养成了他们个人权利神圣不可侵犯的价值观念。一部西进运动的历史，就是一部美国逐渐强大和崛起的历史。“西部的拓殖和开发的过程贯穿了美国的整个‘成年时期’，涉及六点五倍美国独立之前的领土面积，二倍于原十三州的新州和领地，其意义不可小视。”① 在开发西部过程中，拓荒者凭借个人力量和独立精神建设新生活，也推动了铁路不断延伸，人口不断增加，工业展现生机，个人力量、个人作用、个人价值得到充分彰显，相信自己、依靠自己、展示自己的个人主义精神得到大大加强。西部牛仔成为美国人勤奋刻苦、敢闯敢试、积极进取、自立自强精神的象征。为此，美国史学家特纳认为，边疆是产生个人主义的场所，使个人自由得到充分释放，“美国的民主制度基本上是美国人民处理西部的经验的产物，初期的西部民主在整个过程中倾向于产生这样一个社会，其中最明显的事实是在社会流动性很大的情况下个人自由的兴起，其雄心壮志就是公众的自由和幸福。”② 西进运动，锻造了美国人自力更生开发西部的勇气和力量，使人们更加坚信人应当按照自己的意志独立享受生活，这让清教徒的个人奋斗、积极进取的精神在美国更广阔的土地上扎下了根。

---

① 何顺果:《美国史通话》，北京：学林出版社2001年版，第245—246页。

② 〔美〕亨利·康马杰:《美国精神》，杨静予译，北京：光明日报出版社1988年版，第432页。

奋斗实现个人价值、拼搏成就个人梦想的精神，既催生了个人独立精神，也锻造了以个人为中心、唯我独尊的思想，“我”被抬高到一个至高无上的位置。大部分美国人从出生之日起就不断养成自我中心观念，这种观念充分发展必然陷入利己主义。托克维尔对个人主义和利己主义的关系作出深刻分析，指出：“个人主义是一种只顾自己而又心安理得的情感，它使每个公民同其同胞大众隔离，同亲属和朋友疏远。因此，当每个公民各自建立了自己的小社会后，他们就不管大社会而任其自行发展了。”“利己主义是对自己的一种偏激的和过分的爱，它使人们只关心自己和爱自己胜过一切。”“利己主义来自一种盲目的本能，而个人主义与其说来自不良的感情，不如说来自错误的判断。个人主义的根源，既有理性缺欠的一面，又有心地不良的一面。”[①] 可见，尽管利己主义不完全等同于个人主义，但只不过是程度上的不同而已，对社会的消极影响都是存在的。公德是公民将公共利益置于私人利益至上的品质和德行，是人类社会发展的重要积极力量。利己主义可使一切美德的幼芽枯死，而个人主义首先会使公德的源泉干涸，个人主义最后还会沦为利己主义。

个人与社会不是对立的，而是相互依存的。人类社会本来就是一个有机共同体，个人的独立绝不是完全独立于社会之外。马克思主义认为，社会中的人不是抽象的人，都是从事一定社会实践、处在一定社会关系中的现实的人，是“社会关系的总和”。个人主义把个人理解为“分裂为原子状态的、彼此基本上漠不关心的”，强调的人是独立的、抽象的人，不可避免地造成个人原子化、共同体松散化，就如同一包豆子。加拿大哲学家查尔斯·泰勒认为，原子化的个人主义把人生的价值和意义定位于自我实现，但“它们倾向将实现仅仅看成自我的，忽视或者弱化来自我们自己的欲望和志向之外的要求，不管这些

① 〔法〕托克维尔：《论美国的民主》（下卷），董果良译，北京：商务印书馆2003年版，第625页。

要求是来自历史、传统、社会、自然，还是上帝；换言之，它们培养了一种激进的人类中心论。”① “我们清楚地认识到，今天我们所面临的问题，其根源在于因个人主义的膨胀而造成的人际关系的危机……美国问题重重，所有这些问题都是一个最基本的观念带来的，这个观念就是‘个人至上’。”② 人是群体性动物，需要群体归属感。当个人主义者把个人判断和个人自由当作终极价值的时候，就会导向孤独个人的结局。个人价值至上化，不仅造成人际关系的冷漠和麻木，而且削弱了社会和国家对个人的控制，同时也淡化了个人对社会和国家的责任，动摇了个人对社会的依赖。美国前总统克林顿曾指出：“没有责任感，任何自由社会都不会繁荣。没有责任感，自由市场资本主义就盛行欺诈、内部交易、虐待雇员。没有责任感，社会精英就只会创造出一种狭隘的利益集团政治，为自己的无能辩解，而不能为更大的公众利益服务。没有责任感，个人的自由就不过是自私自利。”③ 这结果就产生威胁社会的“癌变”，孕育着美国政治极化的萌芽。

2. 个人价值至上化引发价值观对立

个人主义另一个重要表现是对个性的肯定，鼓励个性的发展。个性是与众不同、独树一帜的特性。追求个性使人懂得获得自我，是人的自我发展的表现。但人性的过度张扬不可避免引发与他人的冲突和各种社会问题。当今美国自由主义和保守主义两大意识形态的冲突，从根源上来说就是个性过度张扬带来的结果。

西方社会对于个性的肯定由来已久。古希腊时期不少学者就高度肯定人的价值，认识到人作为一个个体而区别于自然界与社会的一切事物。哲学家普罗泰戈拉提出的“人是万物的尺度”命题，就是把人

① 〔加〕查尔斯·泰勒：《现代性之隐忧》，程炼译，北京：中央编译出版社2001年版，第66页。

② 段连城：《美国人与中国人》，北京：新世界出版社1993年版，第66—67页。

③ 〔美〕比尔·克林顿：《希望与历史之间：迎接21世纪对美国的挑战》，金灿荣等译，海口：海南出版社1997年版，第44页。

置于至高无上的地位。意大利文艺复兴时期的人本主义思潮讴歌人的个性，鼓吹人的解放，以人性反对神性，以人道主义反对神道主义，以理性主义反对蒙昧主义，以个性解放反对封建等级制度。到西方启蒙运动时期，卢梭、密尔等认为人的个性才是人根本的和不朽的因素。密尔在《论自由》中有专门一章论述个性问题，他认为个性代表了多样性，代表了美、活力和自由，而个性的对立面是一致性、专制和停滞。密尔强烈反对以一致性塑造人性："人性不是一架机器，不能按照一个模型铸造出来，又开动它毫厘不爽地去做替它规定好了的工作；它毋宁像一棵树，需要生长并且从个性方面发展起来，需要按照那使它成为活东西的内在力量的趋向生长和发展起来。"[①] 人类的差异是绝对的，每个人都有其个性。"对于人类和社会来说，重要的是性格类型的多样化，以及给人性以充分的自由，以便它能够在众多的、甚至是相互冲突的方向上发展它自己。"[②]

在美国，超验主义为个性发展提供了理论基础。超验主义并不是一种体系完整的思辨哲学，而是从形而上的角度解释人的个性和价值，认为个人有能力超越感觉和理性直接认识真理，强调精神至高无上，倡导个性自由。超验主义在美国有着巨大的影响，被称为"美国的文艺复兴"。爱默生是超验主义的倡导者，他的思想继承了清教主义自立、自由、真诚、节制、忠贞的美德，突出强调个人的神圣性、特殊性，将个人从经验层次上升到超验层次。爱默生有句名言，相信你自己。他认为个人具有无限潜力，"每个人都有一个不可估量的性格和可能性""一个人应学会更多地发现和观察自己内心深处那一闪即逝的火花，而不只限于仰观诗人、圣贤领空里的光芒。"[③] 梭罗是美国超验主

① 〔英〕约翰·密尔：《论自由》，程崇华译，北京：商务印书馆1982年版，第63页。

② 〔英〕卢克斯：《个人主义》，阎克文译，南京：江苏人民出版社2001年版，第65页。

③ Emerson, R. *The Over-Soul, Essays, Lectures and Orations*, London: William S. Orr and Co., 1851, p.138.

义又一位杰出代表。他是爱默生的好友，深受他倡导的超验主义思潮的影响，更注重对个人精神世界的探索与追求。他在其所著的《公民的反抗》中强调："我有权承担的唯一义务就是，在任何时候都去做我认为正确的事情。"[①] 超验主义对个性的充分肯定，延续了美国文化中自我认同、自我肯定的因素，使个性在美国得到了极大的张扬。

20世纪六七十年代，个性的张扬带来的社会问题，在美国社会得到充分暴露。长期的经济繁荣带来了巨大的物质财富，使越来越多的人尤其年轻人不再崇尚清教徒式的勤奋节俭，不再以各种清规戒律约束自己，不再恪守传统道德，转而追求时尚，推崇享乐主义，只在乎自己感官的尽情享受，寻求物质和精神刺激，自我欣赏、自我陶醉，导致出现一种"失控的个人主义"，暴露出个性过度张扬带来的消极、颓废一面。典型的就是以"嬉皮士"（Hippies）为主要特征的反主流文化运动风靡全美，影响广泛。"嬉皮士"追求新颖的、奇特的生活方式，以玩世不恭、放荡不羁、蓄长发、穿奇装异服、性放纵等生活态度和生活方式，反抗权威和传统。汤姆·沃尔夫认为，年轻的美国人陷入一种不正常的病态的自私，这种以自我为核心的个人主义是一种自恋主义。[②] 个人主义对个性的过度强调使一些负面问题不断显现。自由的过度、个性的张扬，一味追求自我意识和个性解放，"不受束缚的自我"和"享乐主义"的价值观的恶性发展，达到了自我放纵的地步，导致美国社会吸毒、犯罪、离婚、校园枪击案等"社会病"的发生率一直居高不下，成为社会矛盾激化的一个重要原因，严重威胁着国家的正常运转。美国激进派领袖科利尔和霍洛维茨曾对这个时代两个方面的影响作出评价："一些是无可争辩的积极影响，如自我意识、社会空间和包容性的扩张，以及自我实现的空间扩大；另一些则是很黑暗的一面。

① 〔英〕卢克斯：《个人主义》，阎克文译，南京：江苏人民出版社2001年版，第76页。

② Tom. Wolfe, *The "Me" Decade and The Third Great Awakening,* New York, August 23, 1976, p.40.

在对权威的攻击中，我们损害了文化免疫系统，给了机会主义者可乘之机。犯罪、毒品及艾滋病流行的根源都可以追溯到60年代。"[①] 物极必反。这也造成了20世纪70年代之后美国保守主义的回潮和复兴。宗教保守派掀起了"耶稣运动"，主张美国应该回归传统的基督教价值观，重视家庭、忠实婚姻等传统价值观得以弘扬，美国保守主义逐渐成为美国主流价值。无论是保守主义或是自由主义，都是建立在个人主义基础之上的意识形态。当今美国已经不再是有序的万花筒式的景象，而是保守主义和自由主义两种意识形态的严重对立。这种对立在政治生活中表现为共和、民主两党的政治极化。人们在这样的社会中除了立法系统外没有任何共同点——没有共同的价值观，因而也没有信任的基础，没有共同的语言可以交流。[②]

3. 个人价值至上化造成社会分化

个人主义看重开拓进取、社会竞争。"个人主义的主要内容是自主动机、自主抉择，通过自力更生达到自我实现，与它联系最紧密的是平等、自由和竞争的观念。机会均等和个人自由是实现自我价值的基本保障，而竞争则是实现个人价值的根本途径。"[③] 人类社会需要竞争，公平的竞争有利于推动社会进步和生产力发展。公平竞争、机会均等，向来为美国人所赞赏。美国第31 任总统赫伯特·胡佛承认不加制约的个人主义将会产生许多不公正的弊病，但他断言个人主义在美国受到机会均等这一伟大原则的制约，认为美国个人主义包含以下伟大理想："虽然我们的社会建立在个人所获得的成就之上，但我们保证使每一个人有平等机会享有他的才智、性格、能力和愿望使他有资格占有社会地位；我们使社会问题的解决不依仗固定的社会阶层；我们鼓励每一

① 〔美〕彼德·科利尔、戴维·霍洛维茨:《破坏性的一代：对六十年代的再思考》，北京：文津出版社2004年版，引言第6页。

② 〔美〕弗朗西斯·福山:《信任——社会美德与创造经济繁荣》，海口：海南出版社2001年版，第309页。

③ 端木义万:《美国社会文化透视》，南京：南京大学出版社1999年版，第52页。

个人努力取得成就；通过加强责任感和理解协助他实现这一目的；但与此同时他必须经受得住竞争这块金刚砂轮的磨炼。”①

公平竞争固然是好事，但过度的竞争必然导致社会分裂，特别是贫富分化。由于每个人的体力智力不同、机遇不同、家庭背景不同，竞争的结果必然是强者愈强、弱者愈弱。人类社会不同于动物界，不能完全按照弱肉强食的丛林法则行事。当今美国已经成为世界上贫富分化最严重的国家之一。这与美国社会推崇个人主义的价值观不无关系。与贫富分化相伴随的是，社会阶层流动的不畅和固化，下层阶级想通过个人奋斗进入上层阶级越来越困难，“美国梦”越来越难圆。深入考察美国政治极化的背后，就会发现社会竞争导致社会分化的身影。比如，2016年美国大选，支持希拉里的社会精英阶层和声援特朗普的普通民众就是明显分裂的两大阵营。

（二）个人权利神圣化与美国政治极化

个人自由是个人主义最基本、最核心的价值观念，自由是权利的内核，权利是自由的体现。个人主义意味着个人有充分的权利根据自己的意愿来行动，它给个人以广泛的不受干涉的自由。保障个人权利是人类政治文明发展进步的重要体现，也是民主政治与专制政治的重要分野。“在西方，选举民主建立在并产生于自由主义的政治传统之上，这一传统的核心是人权和法治。”②但西方近代以来特别是“二战”之后个人主义将个人权利神圣化、绝对化，无限夸大和肆意膨胀个人权利，造成政治妥协精神的缺失，政治严重对立。

个人权利与公共权力之间的关系是政治学的核心问题，是构架人

① 〔美〕理查德·霍夫施塔特：《美国政治传统及其缔造者》，崔永禄、王忠和译，北京：商务印书馆2015年版，第355页。

② 〔美〕塞缪尔·亨廷顿：《第三波：二十年之后看未来》，刘军宁：《民主与民主化》，北京：商务印书馆1999年版，第425页。

类社会制度的基础。在人类社会相当长的专制统治时期，个人权利和公共权力严重失衡，个人权利得不到有效保障，被公共权力任意肆虐侵犯。马克思曾说过，专制制度唯一的原则就是轻视人类，使人不成为人……专制制度总是把人看得很下贱……哪里君主制的原则占优势，哪里的人就占少数；哪里的人占少数，哪里的君主制的原则就是天经地义的，哪里就根本没有人了。[①] 限制公共权力、保障个人权利，成为人类社会长期努力争取的目标，特别是西方近代自由主义更是把个人自由、个人权利作为价值追求。

在西方，对权利保障的思想，可以追溯到古希腊时期，那时已有公民权的理念。“很清楚，从古代民主经验所留存下来的并不只是一个词语，还包括一种不断扩散的，紧迫的希望：希望人们在民主制度下生活能够多一些个人所进行的选择，而少一些对非个人的，外部的（并且是不受欢迎的）命令的服从。”[②] 不过那时的公民权只是少数人的权利，而且也没有形成系统的理论。

作为社会意识的权利保障观念是西方近代之后才形成的。西方近代政治思想家以社会契约论为根据，提出天赋人权学说。天赋权利是国家形成之前自然状态下人所具有的生命、自由和追求幸福和财产的权利，这些权利受到自然法的指导和规定，是不可剥夺的。在自然状态下，人们都拥有平等的自然权利，不受他人支配，只服从自然法并依据自我去处罚犯罪。但自然状态也存在某些问题和不便，比如人们需要合作来应付自然灾害，霍布斯还认为在自然状态下“人对人像狼一样”，人对人是战争的可怕的状态。为了解决自然状态下的问题和不便，人们需要让渡一部分个人权利，组成政治共同体，这就是社会契约论。社会契约论认为，人类在理性指导下把自己在自然状态下享有

① 《马克思恩格斯全集》第一卷，北京：人民出版社1972年版，第7页。

② 〔英〕约翰·邓恩:《民主的历程——公元前508—1999年》，林猛等译，长春：吉林人民出版社1999年版，第258页。

的部分权利让渡出来，并通过订立社会契约的方式建立政府，以保护个人最基本、不可剥夺、不可转让的自然权利。可见，个人权利是公共权力的基础，公共权力是个人权利让渡的结果，目的是更好地保障个人自由和权利。霍布斯认为，人都是自私的，追求个人利益是人的天性，自我保护是支配人的行为的基本动力，这是每一个人都享有的自然权利，“每一个人都运用他自己的权力以求保全他自己的本性即保全他自己的生命的自由。所以，他可以有权利依据他自己的判断和理性去做他认为最有利于自己的事情。”[①] 洛克认为，生物的个体是自然的基本单位，人生来是自由的，不受任何权威的支配，公共权力是个人转让部分自然权利所建立起来的。公共权力是人们“明确的或默许的委托，即规定这种权力应用来为他们谋福利和保护他们的财产”。[②] 因此，公共权力是保障个人权利的工具，为个人权利的实现提供保障条件和措施，更不能侵犯个人权利，一旦国家违反授权契约，公民就有权撤回权利、推翻政府。19世纪初法国学者贡斯当强调，“公民拥有独立于任何社会政治权力之外的个人权利，任何侵犯这些权利都会成为非法的权力”。[③]

君主专制体制之所以可恶，就是因为它否定人民天生具有的自然权利。这种明确指出公共权力存在的目的是保障个人自由和权利的理念，成为近代欧洲自由主义思想重要信条的源泉。法国政治思想家卢梭认为，虽然人进入到社会状态后丧失了自然状态下具有的自由平等权利，但这些权利是人所固有的权利，“每个人都生而自由、平等”。“放弃自己的自由，就是放弃自己做人的资格，就是放弃人类的

① 〔英〕霍布斯:《利维坦》，黎思复、黎廷弼译，北京：商务出版社1985年版，第93页。

② 〔英〕洛克:《政府论》（下篇），叶启芳、瞿菊农译，北京：商务出版社，第105页。

③ 〔法〕邦雅曼·贡斯当:《古代人的自由与现代人的自由》，阎克文、刘满贵译，北京：商务印书馆1999年版，第61页。

权利。”[①] 组建政府、建立国家之后，公共权力更可能对个人权利构成威胁。可以说，国家是一种必要的恶，对个人而言既是强制性的力量，也是保护性的力量。因此，为了保障个人权利，要始终对国家保持警惕。近代西方国家建构的核心问题，就是如何有效制约公共权力，让国家为人民做好事，确保人民的幸福。

在西方，启蒙思想家对个人权利保障的思想融入到每个人的头脑之中，成为他们最基本的价值理念。美国早期思想家、政治家深受洛克等启蒙思想家的影响，对天赋人权、社会契约、人民主权等理论有着强烈的认同。潘恩强调，由宪法产生的政府是建立在保护人民权利的契约基础上的，是人民为保护个人权利才让渡权力组成政府的，“人进入社会并不是要使自己的处境比以前更坏，也不是要使自己具有的权利比以前更少，而是要让那些权利得到更好的保障。他的天赋权利是他的一切公民权利的基础”。[②] 为保障人民的权利，人民不仅要有随时收回权力的权利，而且公共权力各部门也要相互制约，以达到人民权利保障的“双保险”。麦迪逊指出：“防止把某些权力逐渐集中于同一部门的最可靠办法，就是给予各部门的主管人抵制其他部门侵犯的必要宪法手段和个人的主动……在组织一个人统治人的政府时，最大的困难在于必须首先使政府能管理被统治者，然后再使政府管理自身，毫无疑问，依靠人民是对政府的主要控制。”“人民交出的权力首先分给两个不同的政府，然后把政府分得的那部分权力再给几个分立的部门，因此，人民的权利就有了双重保障。”[③] 保障公民个人权利的思想，在《独立宣言》《宪法》中有很好的体现。1776年美国《独立宣言》明确指出，人人生而平等，造物主赋予他们某些不可转让的权利，其中

① 〔法〕让-雅克·卢梭：《社会契约论》，李平沤译，北京：商务印书馆1980年版，第9页、第16页。

② 〔英〕潘恩：《潘恩选集》，马清槐等译，北京：商务印书馆1981年版，第144页。

③ 〔美〕汉密尔顿、杰伊、麦迪逊：《联邦党人文集》，程逢如等译，北京：商务印书馆1980年版，第264页、第265—266页。

包括生命权、自由权和追求幸福的权利，为了保障这些权利，人类才在他们之间建立政府。在美国宪法序言中也明确指出，制定和确立宪法的目的，在于树立正义，保障国内的安宁，建立共同的国防，增进全民的福利和确保人民及后代能安享自由带来的幸福。在美国人民长期斗争要求下，美国各州率先通过《权利法案》，再后来又把个人权利保障以修正案的形式增列进宪法，融入美国政治制度。"美国宪法的制定者将洛克与孟德斯鸠关于宪政的观念、限制政府权力的观念、分权的观念有机地融入一套宪法理论与实践之中，从而使分权与制衡理论成为实践，成为此后许多国家在制宪时遵循的典范。"①

到19世纪，随着工业革命、西进运动，以及城市化的发展，美国人的权利意识更加强烈。"个人主义哲学强调保护个人权利，反对政府非法侵略，主张政府的目标不再是确保维护公共利益，而是不惜违背公众意志保障个人权利和安全，这些关于个人权利的理念最终构成19世纪个人主义的基石。"② 不可否认，长期以来美国在保障个人权利方面所作出的巨大努力和取得的巨大成就，保障个人权利的观念已经深入美国民众内心。在美国历史上也出现国家干预的罗斯福新政，主张强化公共权力。罗斯福曾指出，"自由得以继续存在的唯一确实的屏障，就是一个坚强得足以保卫人民利益的政府，以及坚强而又充分了解情况足以对政府保持至高无上统治的人民"。③ 可以看出，罗斯福新政国家干预的出发点和落脚点仍然是保护个人权利，即便如此，新政在各方面还是遭到广泛抵制。20 世纪60年代之后，随着美国民权运动的风起云涌，个人权利意识再次膨胀，公民的选举权、隐私权、堕胎权、受教育权等权利得到充分保护。以哈耶克、诺齐克等为代表的保守自

① 李强:《自由主义》，北京：中国社会科学出版社1998年版，第75页。

② 陈奔:《美国个人主义的历史变迁》，厦门：厦门大学出版社2012年版，第48页。

③〔美〕富兰克林·罗斯福:《罗斯福选集》，关在汉译，北京：商务印书馆1982年版，第181页。

由主义强调维护个人自由，主张权利的绝对性。诺齐克认为，最好的国家是一种管事最少的国家，一种除了只有保护性功能的国家。他提出的“最弱意义的国家”就是把国家职能和权限定位于保护个人权利，除此之外，任何比最低限度国家更有权力，或管事更多的国家都是不合法的和不可证明的。“个人拥有权利。有些事情是任何他人或团体都不能对他们做的，做了就要侵犯到他们的权利。”[①] 在保守自由主义的推动下，个人权利神圣化更加深入人心。

但任何事物都有一个度，一旦超过这个度，就会走向反面。个人主义以抽象的个人观念和权利观念为基础，以公共权力与个人权利相对立为假设，以保障个人权利为目的，把保障个人权利看作不证自明的东西。“自由主义理论体系处处都浸润着个人主义精神，个人是它的出发点和归宿。但他的个人主义最突出的表现，乃在于它将个人的权利视为不证自明的，而国家（政府）的权力则是需要证明的。”[②] 萨拜因指出：“天赋权利哲学所依据的伦理理论，必须是直观的。除了像洛克和杰斐逊那样，肯定个人权利是不言自明之理外，没有别的办法能为不可侵犯的个人权利的理论进行辩护”[③] 这样的结果，必然导致人与人相分离、人与国家相分离。马克思曾深刻评判个人主义抽象的权力观，强调权利永远不能超出社会的经济结构以及由经济结构制约的社会的文化发展，“任何一种所谓的人权都没有超出利己的人，没有超出作为市民社会成员的人，即没有超出作为退居于自身，退居于自己的私人利益和自己的私人任意，与共同体分隔开来的个体的人。在这些权利中，人绝对不是类存在物，相反，类生活本身，即社会，显现为诸个

---

① 〔美〕罗伯特·诺齐克：《无政府、国家与乌托邦》，何怀宏等译，北京：中国社会科学出版社1991年版，第1页。

② 丛日云：《在上帝与凯撒之间》，北京：生活·读书·新知三联书店2003年版，第32—33页。

③ 〔美〕J. 萨拜因：《政治学说史》，盛葵阳、崔妙因译，北京：商务印书馆1986年版，第742页。

体的外部框架，显现为他们原有的独立性的限制。把他们连接起来的唯一纽带是自然的必然性，是需要和私人利益，是对他们的财产和他们利己的人身的保护。”① 人作为个体的人，有个体的权利，但人也是社会的人，也应当有社会的责任，需要与他人妥协与合作。民主政治要保障个人权利，也需要有妥协精神。个人主义虽然担心社会吞噬个人、破坏任何自主的可能性，反对强制性权力的侵犯，但是又不否定强制性权力的存在。“一方面，因为政府是必需的，没有政府只有很少一部分人有望继续生存，且只能生活在一种可能的贫困状态中。但是，另一方面，政府也会带来权力的不平等，……无政府状态和专制政府同样有害，若要使人们获得幸福，某种折衷方案是不可或缺的。”② 但是个人主义把公民与国家对立起来，将个人权利的砝码无限加大，导致天平两边的公共权力与个人权利失去平衡。在当今西方社会，个人权利极度膨胀，个人权利绝对化、神圣化、极端化，社会充斥着各种权利针锋相对、互不相让、彼此冲突的问题。在2020年的美国新冠肺炎疫情防控中，可以看出美国个人权利神圣化带来的问题。对于传染性疾病最好的防护措施，就是隔离传染源，切断病毒传播渠道，“待在家里闷死病毒”。但美国“居家令”却遭到许多人的反对，被认为侵犯了宪法权利，是不民主、不自由、没人权的政策。在美国疫情十分严重的时候，竟然有许多人游行示威反抗“居家令”，表示“宁愿死于冠状病毒”，也不愿失去自由。美国许多人为了个人权利，而违背“居家令”、不戴口罩等行为，致使新冠肺炎疫情更加恶化。用中国网友调侃的话来说，“隔离，人权没了；不隔离，人全没了”。这句话，在某种程度上反映了个人权利神圣化带来的问题。本杰明·巴伯指出，自由主义“更多地关注促进个人自由，而不是保障公平正义，增进利益而不是发现善，将人们安全的隔离开来，而不是使他们富有成效地聚合

① 《马克思恩格斯全集》，第3卷，北京：人民出版社2002年版，第184—185页。

② 〔英〕罗素:《权力论》，靳建国译，北京：东方出版社1988版，第164页。

在一起。其结果是，自由主义民主可以强有力地抵制针对个人的任何侵犯——对个人的隐私、财产、利益和权利的侵犯——但是，它却无法有效地抵御针对共同体、正义、公民性以及社会合作的侵犯。”① 美国共和、民主两大政党以及所代表民众之间的政治极化，在某种程度上就是他们以个人权利为中心而相互冲突和对立的反映。

（三）个人利益最大化：美国政治极化产生的道德根源

利益是人类用于满足欲望所需的物质和精神产品，个人利益是满足个人自身欲望所需的物质和精神需求。追求个人利益是人的本性所决定的，但个人是否追求个人利益最大化是人类长期争论的话题。个人主义所说的个人是自私自利的人，它认为个人是理性的，追求和捍卫自身利益是人的理性的体现。当然，个人也会帮助他人，与他人合作，只不过这样做只是出于自利考虑。休谟指出：“人类在很大程度上是被利益所支配的，并且甚至当他们把关切扩展到自身以外时，也不会扩展得很远；在平常生活中，他们所关怀的往往也不超出最接近的亲友和相识：这一点是最为确实的。但同样确实的是：人类若非借着普遍而不变地遵守正义规则，便不能那样有效地达到这种利益，因为他们只有借这些规则才能保存社会，才能不至于堕入人们通常所谓的自然状态的那种可怜的野蛮状态中。”② 所以说，个人主义所说的理性是个人理性，而不是公共理性，也就是个人利益优先，而不是公共利益最大化。个体的存在先于集体的存在，个体的性质决定集体的性质，个人利益高于集体利益，任何集体最终都是为了服务于个人利益而发展起来的。③ 个人主义以自我为中心，通过工具理性思维，以实现自我

① 〔美〕本杰明·巴伯：《强势民主》，彭斌译，长春：吉林人民出版社2006年版，第5页。

② 〔英〕休谟：《人性论》，关文运译，北京：商务印书馆1982年版，第574页。

③ 〔美〕卡尔·波普：《开放社会及其敌人》，杜汝楫、戴雅民译，太原：山西高校联合出版社1992年版，第105—106页。

为目标，这必然助长个人利益至上主义。可以说，以个人理性为基础、以个人利益最大化为出发点和落脚点的选举民主，是造成政治极化的原点。

在古希腊、古罗马，甚至中世纪，至善、美德、荣誉等道德化的词汇是许多政治思想家所强调的，而自利的观念被湮没。追求个人利益的个人主义观念，在与中世纪神学决裂的文艺复兴之后逐渐获得合理性，逐渐成为思想家构建政治理论的逻辑起点，并在后来的发展中保守倾向日益突出，逐渐蜕变为维护个人利益的工具。意大利政治哲学家马基雅维利强调，每个人都有自己的欲望，追求权力、名誉和财富是人的本性，这种本性支配着人的行为。萨拜因指出："马基雅维利关于政治策略的一切议论几乎都根据这样一个前提，即认为人的本质上是自私的，因而政治家所必须依赖的有效动机是利己主义的，人类的本性是发展自己而又贪得无厌。人们所追求的就是要保住已有的并取得更多的东西。"[①] 认为人的本性是追求个人利益的观点，在西方真正得到广泛认可是从启蒙运动时期开始的。英国政治哲学家霍布斯被认为是西方个人主义的鼻祖，他从人的本性是自私的观点出发，认为追求权势、追求个人利益是人的天性，支配人们行动的基本动力是自我保存，"每一个人都有运用他自己的权力以求保全他自己的本性即保全他自己的生命的自由。所以，他可以有权利依据他自己的判断和理性去做他认为最有利于自己的事情。"[②] 由于人是自私的，人的天性中存在着使人们之间相互斗争的因素，因而人的自然状态是一种战争状态。为了限制这种战争状态，这就需要建立国家。法国思想家卢梭不同意霍布斯的性恶论，但认为人在自然状态下寻求自我保存与追求个人幸福具有内在一致性，"人的最原始的感情就是对自己生存的感情；

---

① 〔美〕乔治·霍兰·萨拜因:《政治学说史》(下册)，北京：商务印书馆1990年版，第397页。

② 〔英〕霍布斯:《利维坦》，黎思复、黎廷弼译，北京：商务印书馆1985年版，第93页。

最原始的关怀就是对自我保存的关怀”。“追求幸福乃是人类生活的唯一动力。”[①] 阿克顿认为，个人优于大众的至高无上性，属于个人的永恒利益要优于属于国家的暂时利益，“公共利益如果以牺牲个人的代价去换取，那么，这样的公共利益不值得考虑”，[②] 这是个人主义的重要内容。

美国建国之父们继承了西方政治思想家个人主义的基本理念，把人的自利性，并以个人利益为前提和基础作为分析社会、构筑理想制度的思维基础和起点。美国《独立宣言》起草者托马斯·杰斐逊认为每个人都用自己的方式追求自己的利益，“上帝创造人类时就决定个人利益高于他人利益。如果认为一个人的个人权利小于他人，小于集体，那是可笑的。那是奴隶思想，是和人权法案规定的我们政府应该维护的权利相抵触的”。[③]

对个人追求利益最大化的经典分析，是理性选择理论。理性是人们能够在审慎思考后以推理方式推导出结论的能力，具有理性的公民是参与政治、实现自我管理的前提。正如科恩所指出的：“如果治理社会的是规定和法律，社会成员就必须能够有效地交流意见以理解彼此之间的理由与目的，并且至少能把某些集体判断整理出来。如果理性被理解为做这些事的能力，社会成员须具有理性就成为民主的前提。如果不具备理性，就绝无可能通过参与来实行自治。”[④] 理性选择理论所说的理性“绝不是用于一个行为者的目的，而仅仅应用于他的手段。这是由于所谓‘理性的’，按定义就是有效的，即在一给定投入下使产

① 〔法〕让–雅克·卢梭：《论人类不平等的起源和基础》，李常山译，北京：商务印书馆1986年版，第112、114页。

② 〔美〕阿克顿：《自由与权力》，侯健、范亚峰译，北京：商务印书馆2001年版，第363—364页、第365页。

③ Adrienne Koch William Peden (ed.), *The Life and Selected Writings of Thomas Jefferson,* New York: The Modern Library, 1972, p.364.

④ 〔美〕科恩：《论民主》，聂崇信、朱秀贤译，北京：商务印书馆1988年版，第59页。

出最大化，或在一给定产出下使投入最小化”。[①] 也就是说，人们在经济活动中是基于“成本—收益”核算的理性人，理性行为是基于利益计算的自私自利的行为。

理性人假设最早是由苏格兰启蒙思想家、古典经济学的创始人亚当·斯密系统运用到经济学的范畴，他以经济人为假设，认为个人利益是人们从事经济活动的出发点，个人为了谋取自身利益最大化并依据理性与他人自由竞争，个人“追求自己的利益，往往使他能比在真正出于本意的情况下更有效地促进社会利益”[②]，最终结果是社会普遍福利的提高。斯密在《国富论》中指出：“不论是谁，如果他要与旁人做买卖，他首先就要这样提议。请给我以我所要的东西吧，同时，你也可以获得你所要的东西：这句话是交易的通义。我们所需要的相互帮助，大部分是依照这个方法取得的。我们每天所需要的食料和饮料，不是出自屠户、酿酒家或烙面师的恩惠，而是出于他们自利的打算。我们不说唤起他们利他心的话，而说唤起他们利己心的话。我们不说自己有需要，而说对他们有利。”[③] 这就是说，个人利益是人们从事经济活动的出发点。斯密的这一思想，是深受荷兰思想家曼德维尔的影响。曼德维尔在他的《蜜蜂的寓言》一书中提出“私人恶德即公共利益”这一西方思想史上著名的“曼德维尔悖论”，论述了自利的经济人在追求其自身利益的基础上能够促进社会福利和公共利益的实现。“没有人的恶德，任何社会都不会成为这种富强的王国，即使成了富强的国家，亦不可能维持长久。”[④] 边沁用功利主义为理论基础，认为“趋乐避

① 〔美〕安东尼·唐斯：《民主的经济理论》，姚洋等译，上海：上海人民出版社2005年版，第4页。

② 〔英〕亚当·斯密：《国民财富的性质和原因的研究》（下卷），郭大力译，北京：商务印书馆1972年版，第13页。

③ 同上，第25页。

④ 〔荷〕伯纳德·曼德维尔：《蜜蜂的寓言》，肖聿译，北京：中国社会科学出版社2002年版，第178页。

苦”是人类的本性和人类行为的唯一动机，将“最大多数人的最大幸福”作为衡量国家的优劣，指出个人利益是唯一真实的利益，社会利益不过是个人利益的总和。只要每个人增加了快乐，减少了痛苦，实现个人利益最大化，整个社会就实现了利益最大化。

20世纪之前主张个人主义的政治思想家认为，人总是在自利心驱使下追逐个人利益，只要不违反正义的法律，追求个人利益都具有正当性，不应受到限制。但到19世纪末20世纪初，随着美国从自由资本主义阶段过渡到垄断资本主义阶段，社会转型加剧了贫富分化，激化了社会矛盾，强调个人利益最大化的个人主义的弊端日益显现。美国实用主义学派的领军人物约翰·杜威认为，随着日新月异的工业化以及个人所组成的社会的合作方式，传统个人主义已经蜕化为在经济目的上过于功利化的极端个人主义，人们再也不能通过旧的个人的自主和自觉的观念来解决“机械时代”的问题，旧个人主义的全部意义已经萎缩为一种金钱尺度和手段。[①] 在没找到一个恰当概念的情况下，杜威用“新个人主义”一词作为对旧个人主义缺陷的弥补替换。杜威的“新个人主义”认为，个人利益与他人利益具有相融性，要重视人与人之间的联系，重视人与人之间的交流，重视人与人之间的合作。尽管杜威看到了极端个人主义的危害，认为这种个人主义正在造成一场严重的文化分裂和社会道德危机，但他进行改变的方法不是抛弃个人主义，而是将经济生活中不断增加的合作作为一种思路，并将此作为其新个人主义理论的一个出发点。这说明，杜威的“新个人主义”旨在对自由放任市场经济条件下的绝对个人主义作出历史性修正，以期达到个人利益和社会利益之间的平衡。

20世纪中后期，理性人假设逐渐超越经济学的边界，成为分析社会科学理论的基本假设。理性选择理论就是将经济学的理性人假设研

① 〔美〕约翰·杜威:《新旧个人主义——杜威文集》，孙有中等译，上海：上海社会科学出版社1997年版，第91页。

究方法引入政治分析的结果。以布坎南为代表的理性选择理论认为："在'经济'和'政治'之间或在'市场'和'政府'，'私人部门'和'公共部门'之间，并未划出任何界限。经济学家不必只限于研究市场中各个人的行为（例如买卖活动）。通过交易经济学方法的或多或少的自然延伸，经济学家可以根据交易范例来观察政治和政治过程。"[①]为此，理性选择理论认为，人是自利的，不仅在经济领域是追求利益最大化者，而且在政治领域个人也是理性的，也是基于"成本—收益"核算后作出选择和决定，所不同的是在经济领域追求的利益主要是物质利益，而在政治领域既可以是物质的，也可以是诸如荣誉、地位等非物质的。在政治领域，如同人们在经济领域一样，也是通过交易行为实现利益最大化。"在政治市场中，选民是消费者，政治家是供给者；选票是货币，公共政策则是商品；政治过程即交易过程，人们进行政治行为遵循的不是德行和原则，而是基于个人利益的讨价还价和相互交易；选民、利益集团、官僚和政治家等行为主体都在'成本—收益'核算的基础上相互讨价还价，以实现个人收益最大化。"[②]熊彼特直白地说："从政治上说，谁要是还没有真正领会和永不忘记一位历史上最成功的政治家的话：'实业家不了解的是，正如他们在经营石油，我们在经营选票。'他在政治上还是在幼儿园阶段。"[③]公民作为理性行为者，是否参与投票、投谁的票，都是依据个人利益最大化原则作出决定。

不可否认，每个人都要追求个人利益，个体是自己利益的最佳判断者，这是人的自然属性的体现。但人作为"社会关系的总和"，只有在社会交往中才能实现个人利益。不利他，也难以利己。一个人真正的社会化，不是从社会和他人获取个人利益最大化，而是把个体与社

① 〔美〕布坎南：《自由、市场与国家》，吴良键、桑伍、曾获译，上海：上海三联出版社1989年，第31页。

② 张国军：《交易政治观的演变、应用及其局限》，《太平洋学报》2011年第4期。

③ 〔美〕约瑟夫·熊彼特：《资本主义、社会主义与民主》，吴良键译，北京：商务印书馆1999年版，第416页。

会紧密联系起来。“私人利益本身已经是社会所决定的利益，而且只有在社会所创造的条件下并使用社会所提供的手段，才能达到。”[①] 人不仅有自然属性，也有社会属性；不仅有个人理性，也有公共理性。“公共理性是一个民主国家的基本特征。它是公民的理性，是那些共享平等公民身份的人的理性。他们的理性的目标是公共善，此乃政治正义观念对社会之基本制度结构的要求所在，也是这些制度所服务的目标和目的所在。”[②] 在亚里士多德等古典政治思想家那里，虽然也承认“人人都爱自己，而自爱出于天赋”的个人主义思想，但是在个人与社会整体的关系上持整体主义的立场，他从“人天生就是政治动物”的命题出发，强调政治决策必须指向公共利益，而不是某些部分人的利益。近代之后西方政治思想家从公共理性转向为个人理性，强调个人利益优先于公共利益。按照个人利益优先的逻辑，个人利益、部分群体的利益优于整个共同体的利益，这就造成个体利益要求与公共善之间逐步分离与二元对立。同时，个人主义强调个人理性，追求个人利益最大化，容易造成共同体的分化。梅斯特尔指出，个人理性就其本质而言是所有联合体的致命敌人：这种理性的行使意味着精神的与社会的无政府状态。[③] 作为共同体中的个体，不仅要追求个人利益，而且还要追求公共利益。“个体道德观承认，每一个体在追求本身目标时，必须认识到公共事务(common arrangements)的价值，因此这种公共事务可以称为‘共同利益’。但是，对于‘反个体主义者’而言，这一个体主义者认同的‘共同利益’还远远不够：共同利益必须视为是代表共同体自身的利益，它是一种全方位的人类生存境遇，全体成员都必须关注

① 《马克思恩格斯全集》(第46卷·上)，北京：人民出版社1979年版，第102—103页。

② 〔美〕约翰·罗尔斯:《政治自由主义》，万俊人译，南京：译林出版社2000年版，第225页。

③ Steven Lukes, Individualism, New York: Harper & Row, 1973, pp.3-4.

这一共同体利益。”[①] 为此，西方一些学者认为社会是个体实现自我的途径，个体只有依靠社会才可能实现自己潜在的精神价值，只有追求的目标与共同体相一致时才能达到自我幸福。个人主义将个人利益置于共同体利益之上的结果是，纵容物欲横流的消费主义，注重弱肉强食的丛林法则，不仅无法实现共同体利益最大化，而且带来利益分化和冲突的政治极化。

二、竞争性选举与美国政治极化

选举民主是以竞争性选举为核心，以争取人民选票为根本。在选举民主倡导者那里，选举的竞争性是选举民主的活力源泉，没有竞争就不是真正的“选举”，而是投票“确认”，是徒具形式的民主。“正像不经投票的代表几乎毫无意义一样，没有自由选择的投票也不能产生代议制的统治，那不过是人民在周期性地放弃他们的主权而已。如果说自封的代表是靠不住的，没有选择的选举便是骗局。”[②] 小斯坦利·凯利认为，“毋庸置疑，竞争性政党体制是被几乎整个西方世界认定为民主的国家所具有的显著特征；更为重要的是，国家治理和对政府职务的竞争是等价的。”[③] 选举的竞争性有利于确保公民政治参与的权利，为选民提供不同的选择，使政治人物更好地为民服务，但也不可避免地带来民粹主义的泛滥，以及群体冲突、民众对立、社会撕裂的政治极化现象。

---

① 〔美〕迈克尔·奥克肖特:《哈佛讲演录：近代欧洲的道德与政治》，顾玫译，上海：上海文艺出版社2003年版，第26页。

② 〔美〕乔·萨托利:《民主新论》，冯克利、阎克文译，北京：东方出版社1998年版，第33页。

③ 〔美〕安东尼·唐斯:《民主的经济理论》，姚洋等译，上海：上海人民出版社2017年版，英文版序第1页。

（一）民主与选举民主

选举与民主是两个不同的概念，把两者联系在一起组成“选举民主”经历了2000多年的时间。现代意义的民主源自公元前5世纪的古希腊，由demos（人民、公民）和kratos（统治、管理）两个词根所组成，最基本的含义是人民的统治和管理。“更准确地说，由全体人民（而不是他们选出来的代表）平等地、无差别地参与国家决策和进行国家管理，这是民主最原始、最简单的含义。”① 民主政体作为一种区别于君主制和贵族制的政体形式，最主要的特征是多数人的统治，而不是选举。

雅典城邦的民主制是古希腊时期民主政体的典型。在雅典，公民可以直接参与讨论决定公共事务、享有担任公职的平等权利、直接选举官员等。古希腊政治家伯利克里指出：“我们的制度之所以被称为民主政治，因为政权是在全体公民手中，而不是少数人手中。解决私人争执的时候，每个人在法律上都是平等的。”② 雅典民主大厦有三个重要制度支撑：公民大会、五百人议事会和民众法庭。公民大会是所有公民都能够参加的最高权力机构，负责审议和决定包括发动战争、签订条约、外交事务、财政大权、流放犯人等城邦一切重大事务。五百人议事会是公民大会的常设机构，负责安排包括起草议案等公民大会的议事议程，在公民大会休会期间负责监督行政官员落实大会决议，议事会成员是从年满30岁自愿参加的候选人中抽签产生的，任期一年，不得连任，而且每名公民一生中最多可以担任两次，以便让更多的人参与公共事务的管理。民众法庭是负责审理城邦案件的司法机构，陪审法官也是在自愿就任者当中抽签选出的。作为人类早期对民主制度

① 王绍光:《民主四讲》，北京：生活·读书·新知三联书店2008年版，第2页。

② 〔古希腊〕修昔底德:《伯罗奔尼撒战争史》（上），谢德风译，北京：商务印书馆1960年版，第147页。

的重要探索，雅典民主制度具有显著的特征：一是全体公民直接参与而不是通过选出代表来管理城邦公共事务；二是除十将军等少数需要专门才能的官员需要公民大会选举产生外，大多数官员和议员是采取随机抽签的方式产生的；三是在政治决策中遵循少数服从多数的原则。可以看出，雅典民主制度从不以选举为中心，其首要形式是官职抽签和议程设置的审议机构。[①] 雅典民主主要是通过抽签而不是选举的方式产生官员和代表，以有效确保更多的人参与到公共决策之中。这反映了雅典民主的原始平等思想，同时也说明在雅典民主中选举并不具有重要地位，更不是衡量民主的标准。雅典民主虽然体现了公民平等的原则，但绝对的平等主义使不同政治素养的人享有同等的国家管理权，以至导致公共决策的低效率、低层次，从而妨碍了国家的治理。这也是民主政体被一些思想家、政治家所诟病的重要方面。苏格拉底曾对雅典民主制度的抽签选举法，进行了犀利的批判。他指出：“用豆子拈阄的办法来选举国家的领导人是非常愚蠢的，没有人愿意用豆子拈阄的办法雇用一位舵手，或建筑师，或吹奏笛子的人，或任何其他行业的人，而在这些事上如果做错了的话，其危害是要比在管理国务方面发生错误轻得多的。”[②]

随着古雅典被古罗马吞并，民主制度也陷入了沉寂。在此后2000多年的历史长河中，民主并不被人们所推崇。但希腊民主中内蕴的公民平等、自由理念一直影响着西方社会，成为现代民主的渊源。戴维·赫尔德指出：“雅典的民主发展已经成为现代政治思想的主要渊源。它的政治理想——公民平等、自由、对法律的尊重和正义——已经影响了西方的政治思维。”[③] 在罗马共和国时期，元老院实际上掌握

① 王绍光主编：《选主批判：对当代西方民主的反思》，欧树军译，北京：北京大学出版社2014年版，第8页。

② 〔古希腊〕色诺芬：《回忆苏格拉底》，吴永泉译，北京：商务印书馆2001年版，第8页。

③ 〔英〕戴维·赫尔德：《民主的模式》，燕继荣译，北京：中央编译出版社1998年版，第18页。

着广泛的实权，普通公民的作用非常有限，虽然作为政府首脑的两名执政官由民众会议选举，但须经元老院批准产生。“元老院是由前高官组成。由于前官员都是经过选举产生的，选举间接影响了元老院的构成，可以说罗马所有当权者都是由选举产生的。”① 古罗马著名的政治家和思想家西塞罗设计的共和国，“几乎所有的官职都由民众会议选举产生，只是根据国家官吏级别和职能不同，分别由不同的民众大会选举。其中，执政官、裁判官、监察官等高级执法官由百人团民众会议选举，它是贵族和平民统一共同体——罗马共同体赖以形成的基础；贵族营造司和基层执法官则由部落民众会议选举；而平民官职即平民护民官和平民营造司当然是由平民会议选举产生，并且只有平民才能充任。”②

罗马共和国灭亡后，截至18、19世纪，世界上一些地方也出现了某种形式的选举。比如，11世纪西欧封建社会出现的城市共和国，由选举产生的议会和公职人员管理城市事务。“一个惯用的做法是把城市按选区划分，以此为单位让具有选举资格的公民抽签决定谁应是委员会的选举人。通常委员会成员也相应地成为最高执政官的选举人，其一般程序是全体委员（600人左右）抽签产生一个大约包括20名成员的选举委员会，由该委员会提出三个可能的候选人名单，最终的选择由整个委员会以投票方式决定。”③ 再比如，中世纪教会的主教、教宗等也是由信徒选举产生的。无论罗马共和国还是欧洲中世纪的政体，虽然有议会和选举，但是都称不上是民主政体。

欧洲中世纪的黑暗专制统治，引起了人们的不断反抗。人们通过从古希腊罗马寻找思想武器，以批判占主导地位的基督教神权统治。

① 王绍光：《抽签与民主、共和》，北京：中信出版社2018年版，第81页。

② 孙永芬：《西方民主理论史纲》，北京：人民出版社2008年版，第30页。

③ 〔英〕约翰·邓恩编：《民主的历程》，林猛等译，长春：吉林人民出版社2003年版，第73页。

发源于14世纪的意大利、后扩展到整个欧洲的文艺复兴运动，就是以恢复古希腊、古罗马精神遗产为旗帜，大力宣扬人文主义。人文主义者重视人的价值，提倡人性，反对神性；肯定人权，反对神权；主张个性解放，反对禁欲主义。这些思想“促使人们对于政治权力、人民主权和市民生活形成了新的看法。”① 文艺复兴运动否定宗教神权和封建特权，为民主政治所需的自由、平等观念奠定了思想基础，为重新认识人民的民主权利开辟了道路。从17世纪下半叶开始，霍布斯、洛克、伏尔泰、孟德斯鸠、卢梭、狄德罗等一大批思想家对君权神授提出质疑，主张宗教宽容、个人自由，提出“自然权利”“自然法”“社会契约”“人民主权”等理论，这就是欧洲的启蒙运动。启蒙运动从各个方面向封建统治进行猛烈攻击，动摇了封建统治的思想基础，为资产阶级革命作了思想准备和舆论宣传，使民主思想再次得以张扬，逐渐深入人心。

民主思想得以复兴，但民主实践却遇到一个现实的“瓶颈”，这就是近代民族国家的形成，国家疆域面积的扩大和人口的增多，像古希腊那样由全体人民直接行使民主权利、实行自我统治和管理已经难以实现。通过选举代表的代议制民主就成了民主理想所选择的国家体制。萨托利指出：“如果说古代民主是城邦的对应物，那也就是说它是‘直接民主’，而我们如今已不可能亲身体验那种希腊式直接民主了。……这不仅因为古代城邦非常之小，而且还因为公民与他们的城邦休戚相关，可以说是生死与共。”② “以个人参与为基础的民主只有在一定条件下才是可能的；而相应的是，如果这些条件不存在，那么代议制民主就是唯一可能的形式。”③

① 〔英〕戴维·赫尔德：《民主的模式》，燕继荣译，北京：中央编译出版社1998年版，第54页。

② 〔美〕乔·萨托利：《民主新论》，冯克利、阎克文译，北京：东方出版社1998年版，第314—315页。

③ 同上，第318页。

代议制源自英国的议会政治。13世纪初，英国在英法战争中失利，国王为了夺回被占领土，就通过加征赋税以扩充军费，这激起了贵族的反对。在市民的支持下，贵族逼迫国王于1215年签订了旨在限制王权的《大宪章》。《大宪章》规定，国王征收额外赋税，必须经过教会和贵族议会的同意，这初步取得了对国王的制约权。经过长达几百年的反复斗争，直到1688年的英国光荣革命，确立了现代的立宪君主制。英国立宪君主制虽然保留了国王，但议会取得了决定性的胜利，新国王登基必须服从议会，权力结构发生了根本变化。英国立宪君主制的建立，启发了英国政治思想家洛克，他鲜明地提出代议制民主。洛克在《政府论》中深刻批判了君权神授论，强调人民主权论，认为政府权力必须来自人民委托，当政府不能代表人民时，人民有权推翻它，"人民享有恢复他们原来自由的权利，并通过建立他们认为合适的新立法机关以谋求他们安全和保障"。[①] 代议制意味着要产生代表。英国早期的议会代表主要由贵族选出和国王指定的一些成员组成，代议制和民主还是两个相互独立没有交集的范畴。英国传统代议制是封建贵族为保护其自由而同王权相抗衡的产物，虽然在议会构成和规则上与现代英国议会相仿，但它实质上是一种封建等级代表机构，作用与现代议会也不可同日而语，至少在爱德华统治期间，议会主要还是一种实现国王意愿、协助他治理国家的工具。[②]

随着近代西方民主思想的复兴，人民主权理论的张扬，议会制与民主嫁接在一起，才形成了代议制民主。之所以称代议制民主，就在于它是建立在人民主权理论之上，而议员由人民选举产生，代替人民行使民主权利。这样，选举成为代议制民主的首要环节和基础，选举

① 〔英〕洛克:《政府论》(下篇)，叶启芳、瞿菊农译，北京：商务印书馆2009年，第80页。

② 〔美〕朱迪斯·M. 本内特、C. 沃伦·霍利斯特:《欧洲中世纪史》(第10版)，杨宁、李韵译，上海：上海社会科学院出版社2007年版，第298页。

和民主的关系变得越来越密不可分了。

第一个把代议制与民主制结合起来的政治思想家是潘恩，他把选举权看作是人民的基本权利，不受财产资格的限制，强调不仅立法者应该由选举产生，而且国王也应当由选举产生，“如果一个国家的第一任国王是由选举产生的，那也同样给下一任作出先例；要是第一批的选民不仅选举一个国王，而且选举一个世袭的王族，从而抛弃一切后代的权利，那么除了关于人类的自由意志都断送在亚当之手这一原罪的教义而外，查遍《圣经》也找不出同样的例子来”。[①] 在领土过大和人口过多而不适用于简单的直接民主形式之后，什么是管理国家公共事务最好的体制呢？潘恩指出，“把代议制同民主制结合起来，就可以获得一种能够容纳和联合一切不同利益和不同大小的领土与不同数量的人口的政府体制；而这种体制在效力方面也胜过世袭政府”。[②] 代议制民主思想的集大成者是英国政治思想家约翰·斯图亚特·密尔，他认为，在国家消亡之前，理想上最有利于社会进步的政府形式就是代议制政府。密尔在《代议制政府》中指出：“理想上最好的政府形式就是主权或作为最后手段的最高支配权力属于社会整个集体的那种政府；每个公民不仅对该最终的主权的行使有发言权，而且，至少是有时，被要求实际上参加政府，亲自担任某种地方的或一般的公共职务。”[③] 之所以代议制政府是最理想的政府形式，就在于它既克服了古典民主受地域和人口的限制，又发扬了民主制的优点。密尔指出：“显然能够充分满足社会所有要求的唯一政府是全体人民参加的政府；任何参加，即使是参加最小的公共职务也是有益的；这种参加的范围大小应到处和社会一般进步程度所允许的范围一样；只有容许所有的人在国家主权中都有一份才是终究可以想望的。但是，既然在面积和人口超过一

① 〔英〕潘恩：《潘恩选集》，马清槐等译，北京：商务印书馆1981年版，第15—16页。
② 同上，第247页。
③ 〔英〕约翰·密尔：《代议制政府》，王瑄译，北京：商务印书馆1982年版，第43页。

个小市镇的社会里除去公共事务的某些极次要的部分外所有的人亲自参加公共事务是不可能的，从而就可以得出结论说，一个完善政府的理想类型一定是代议制政府了。”①

代议制民主实现了民主与选举的联姻，而选举和民主真正紧密结合在一起是在精英民主理论兴起之后。代议制民主的理论基础仍将民主视为人民的统治或人民的权力，但19世纪末以来的民主实践，使一些政治思想家认为，人民的统治只是存在人类追求的理想状态中，现实政治中真正掌握政治权力的仍然是政治精英，代议制民主不过是精英统治的一种形式而已。马克斯·韦伯鲜明地提出了精英民主理论，他强调由理性而专业化的官僚处理繁杂事务的官僚制是社会理性化发展的结果，现代社会极大的复杂性和差异性，使得直接民主不可能实现。他批驳了那种认为民主就是普通民众直接统治的观点，认为人民主权是一个过于简单化的概念，社会的民主化与政治的精英化必须相结合。在所有大于农村小区的社区里，政治组织都必然是由那些对政治感兴趣的人来管理，国家事务只能由具备特殊才干的精英人物来担任，一般选民能够做的只是对政治人物进行选择。但官僚的专业化和封闭性使其具有理性自利的倾向，官僚权力有膨胀的趋势，这就需要大众民主来制约。“民主政府必须反对官僚体制，因为后者会逐渐让官吏形成一个封闭而排外的身份团体，其成员的专业训练、考试证书和确保衣食无虞的终身职务，使他们远离一般民众。”② 可以说，马克斯·韦伯的民主理论就是精英民主模式。

被公认为精英民主理论的集大成者是美籍奥地利政治思想家约瑟夫·熊彼特，他把17、18世纪形成的“人民主权”的民主理论称为古典民主理论。熊彼特指出古典民主的方法就是“实现共同福利作出政

① 〔英〕约翰·密尔:《代议制政府》，王瑄译，北京：商务印书馆1982年版，第55页。

② 〔德〕马克斯·韦伯:《学术与政治》，钱永祥等译，桂林：广西师范大学出版社2004年版，第26页。

治决定的制度安排，其方式是使人民通过选举选出一些人，让他们集合在一起来执行它的意志，决定重大问题。"[①] 对这一民主定义，他从两方面进行了批判：一是价值多元性和社会复杂性使得共同福利只是虚构的产物，并不存在；二是运用古斯塔夫·勒庞的群体心理分析原理指出"政治中的人性"，容易受到情绪支配，心理冲动更是受环境影响，不利于理智地独立作出决定。在批判古典民主基础上，熊彼特阐述了他的民主观："人民的首要任务是产生政府，或产生用以建立全国执行委员会或政府的一种中介体。我们规定，民主方法就是那种作出政治决定而实行的制度安排，在这种安排中，某些人通过争取人民选票取得作决定的权力。"[②] "为了简单起见，我们把说明民主政体的争取领导权的竞争只限于自由投票的自由竞争。这样做的理由是，民主政体看来是指导竞争的公认方法，而选举方法实际上是任何规模社会唯一可行的方法。"[③] 在这里可以看出，熊彼特只是把民主作为一种选举政治人物的方法，而不是目的。"这就意味着，民主对选民来说意义只在于参加选举，除此之外，便是精英统治这一亘古长存的铁律。在此意义上，我们可以将约瑟夫·熊彼特所提出的这种民主解释为'选举民主'。"[④]

熊彼特的民主理论提出之后，选举民主得到西方学者的广泛认可。以选举来界定民主或将选举作为民主的基本要素，甚至将民主等同于选举，成为第二次世界大战后现代西方民主理论的主流观点。1948年颁布的《世界人权宣言》强调，人民的意志是政府权力的基础；这一意志应以定期的和真正的选举予以表现，而选举应依据普遍和平等的投票权，并以不记名投票或相当的自由投票程序进行。美国著名政治

---

① 〔美〕约瑟夫·熊彼特:《资本主义、社会主义与民主》，吴良键译，北京：商务印书馆1999年版，第370页。

② 同上。

③ 同上，第397—398页。

④ 张国军:《西方民主的演变与反思》，北京：经济日报出版社2015年版，第137页。

学家詹姆斯·麦格雷戈·伯恩斯(James Mac Gregor Burns)曾明确指出:“一切真正得到民众拥护的政体,其关键的机制是一种自由的、公平的和公开的选举制度。”[①] 李普塞特强调,民主可以定义为一种政治系统,该系统为定期更换官员提供合乎宪法的机会;也可以定义为一种社会机制,该机制允许尽可能多的人通过在职位竞争者中做出选择,以影响重大决策。[②] 亨廷顿更是明确指出:“一个现代民族国家,如果其最强有力的决策者中多数是通过公平、诚实、定期的选举产生的,而且在这样的选举中候选人可以自由地竞争选票,并且实际上每个成年公民都有投票权,那么,这个国家就有了民主政体。”[③] 在西方这些学者和政府的宣扬鼓吹下,有无竞争性选举俨然成了衡量一个政体是否民主的标准。

(二)竞争性选举与民主的工具化

选举民主理论是在对古典民主理论修正和改造基础上发展起来的,它从民主的传统理想建构转向民主的现实分析,从传统的实质性民主转向程序性民主,关注的重心从民主的价值取向转向民主的工具取向。这种转向,是基于精英统治的社会现实,秉持现实主义的思维方式,对民主的理解由“人民的统治”转换为“人民选择领导人来统治”,公民的投票只不过是选举产生政治精英的工具。民主工具化的结果,就是民主成了精英争取人民选票的工具,这不仅远离了民主的价值目标,而且也是导致政治极化的重要原因。

精英与大众的两分法是选举民主的理论前提。选举本身意味着选

① 〔美〕詹姆斯·伯恩斯等:《美国式民主》,谭君久等译,北京:中国社会科学出版社1995年版,第13页。

② 〔美〕西摩·马丁·李普塞特:《政治人——政治的社会基础》,张绍宗译,上海:上海人民出版社1997年版,第253页。

③ 〔美〕亨廷顿:《第三波——20世纪后期民主化浪潮》,刘军宁译,上海:上海三联书店1998年版,第6页。

择，选择就要挑选优秀的人才或决策。在西方，选举（Election）和精英（Elite）本就有着密切关系，都具有同一个拉丁词源(Eligere)，意指择优选取。正如萨托利所说："选举应服膺于某种代表功能，这是个合理的要求；选举也应服从于某种择优功能，我认为这同样是个合理的要求。"[①] 择优的结果就是精英统治，事实上精英统治是选举民主理论分析的逻辑基础，竞争性选举只不过是对精英统治的确认。

精英统治理论者认为，在任何社会都存在着精英和大众的对立，少数精英具有创造意识和管理才能，是社会的中坚，代表着社会发展潮流，应当是社会的统治者；居于大多数的社会大众，具有顺从、懒惰的特性，不适于担任管理政府责任，应当是被统治者。意大利学者帕累托首先把精英运用到政治分析中，他指出："在历史上，除了偶尔的间断外，各民族始终是被精英统治着。"[②] 但他认为精英并不是固定不变的，"贵族并非永为贵族；无论何种原因，一定时期之后贵族销声匿迹是无可争辩的。历史是埋葬贵族的坟墓"。[③] 贵族的消亡并不是整个贵族的消亡，而是某些贵族的消亡，社会永远是精英所统治。同为意大利的学者莫斯卡也指出，所有社会都会出现统治阶级和被统治阶级，即使民主社会也是如此，所谓民主只不过是少数人将自己的意志强加给多数人的一种形式，"当我们说选民'选择'他们的代表时，我们的用语不很精确。事实是，代表使他们自己被选民选举，而且如果这种短语看来太僵硬，太粗糙，不能适用于所有情况，我们还可以把它限定为代表的朋友们使他被选举。在选举中，以及在社会生活的所有其他方面，那些意志坚定，并特别具有道德、知识和物质手段把他

① 〔美〕乔·萨托利:《民主新论》，冯克利、阎克文译，北京：东方出版社1998年版，第158页。

② 〔意〕威尔弗雷多·帕累托:《精英的兴衰》，刘北成译，上海：上海人民出版社2003年版，第13页。

③ 〔意〕威尔弗雷多·帕累托:《普通社会学纲要》，田时刚等译，北京：生活·读书·新知三联书店2001年版，第302页。

们的意志施加给他人的人，领导着其他人，并命令着他们”。[①] 把政治精英的作用推到极端的是德国学者米歇尔斯，他通过考察德国社会民主党，提出“寡头统治铁律”的理论，指出人类社会所有党派或其他政治组织都是受少数统治寡头控制的，民主不过是精英统治铁律的另一种花样而已。米歇尔斯指出，“面对追求民主的大众的强大声势，贵族制早已抛弃了其原初的形式，且欣然改头换面。今天它还是绝对专制体制，明天则摇身一变成为宪政体制，后天却成了议会体制。”[②] 在经过马克斯·韦伯、约瑟夫·熊彼特等学者的加工，民主被转化为争取人民选票的程序规则，产生政治精英的方式方法，成了少数精英争取人民选票的游戏。罗伯特·达尔指出：“竞争性的政党和非强制性的选举不仅是一个目标，而且是一个事实。”[③]

竞争性选举意味着民主的工具意义也就大于民主的价值意义，民主不再是人民的统治和治理，而是政治精英通过各种途径和手段争取人民支持的工具。竞争选举工具化的后果，就是政治精英把获得更多选票放在第一位，多得选票就是胜利。这样，民主不再是选贤任能，而是简化为统计意义上的选票，民主发生了异化和扭曲。

（三）竞争性选举与社会民粹化

民粹化是当今美国政治极化的一个重要特征和表现。作为民主的一种形式，选举民主以争取人民选票、赢得政治权力为根本目的。在大众民主时代，人民已经取代了君主或上帝，成为不可否定、不可轻蔑的“神”。各政党为了在选举中胜出，就要迎合民众、讨好民众、吸

① 〔意〕加塔诺·莫斯卡：《统治阶级》，贾鹤鹏译，南京：译林出版社2003年版，第212页。

② 〔德〕罗伯特·米歇尔斯：《寡头统治铁律——现代民主制度中的政党社会学》，任军锋等译，天津：天津人民出版社2002年版，第2页。

③ 〔美〕罗伯特·达尔：《多头政体——参与和反对》，刘惠荣、谭久君译，北京：商务印书馆2003年版，第57页。

引民众、动员民众，特别是一些不负责的政客打着人民代言人的旗帜，而把对方打造成人民的对立面，肆意煽动民众对立。社会的民粹化既是选举民主的副产品，也是对选举民主日益精英化作出的激烈抵制。社会民粹化，既表现为民众与精英的对立，也表现为大众之间的对立，是当今美国政治极化的重要特征。

民粹主义是个复杂的范畴，既表现为一种意识形态，也表现为一种社会政治运动，或表现为一种政治策略与政治风格，其核心特征是推崇人民大众，以及秉持“纯洁的人民对腐败的精英”近似于摩尼教式的善恶二元观。由于认为“腐败的精英”不能代表人民，因而民粹主义者鼓动“纯粹的人民”反对“腐败的精英”。民主和民粹有着内在的、不可分割的联系。首先，民主和民粹具有相同的根基，就是崇尚人民、民意至上。英国学者玛格丽特·卡诺婉（Margaret Canovan）指出：“民粹主义是民主自身投下的阴影。”[①] 可以说，民主本身孕育着民粹主义，民粹主义只不过是民主的极端形式而已。其次，民主和民粹的不同之处，在于“民”的指向范围有所不同。民主之“民”，既可以是平民大众，也可以是社会精英，还可以是大众和精英的集合。民粹之“民”，是与贵族或精英相对的平民大众，在社会结构中属于下层民众，在社会群体中是弱势群体等。社会大众的权利、利益、诉求等理应得到尊重，但民粹主义则是把平民大众身份神圣化、道德化，并推向一个不合理的极端。最后，民主具有朝向民粹发展的内在趋向。民主内在要求人们之间平等和个人主义。平等，意味着每个人都把其他人视为共同体中的一员，尊重别人。个人主义，意味着每个人都是独立的、自主的，都有能力和资格决定自己的事务。当平等主义不断扩展与泛化，由有限的平等走向无限的极端平等，形成“越平等越好的原则”，甚至形成逆向歧视；个人主义不断扩展其领域，直到突破各

① Margaret Canovan, *Trust the People! Populism and the Two Faces of Democracy,* Political Studies, 1999(47), p.3.

种限制，形成“越自由越好的原则”，由规范的（有限制的）个人主义走向放纵的个人主义；精英—大众平衡的民主走向大众民主，由民主有限（相对）的好走向民主绝对的好，直到形成“越民主越好的原则”，由追求政治权利的平等到追求政治影响力的平等、权力的平等分享，民主就逐渐滑向民粹。[①] 美国民粹主义的发展，也印证了这种发展趋势。

美国民粹主义的源头，可以追溯到19世纪后期的人民党运动。当今民粹主义（Populism）的英文单词首字母大写的Populism，直接指代人民党运动。在美国19世纪末20世纪初的“镀金时代”，共和、民主两党日益僵化保守，垄断资本控制着国家经济命脉，社会矛盾不断激化。广大农民特别是农场主对两党政治、垄断资本表现出强烈不满，展开了一系列斗争。人民党就是在农民运动基础上于1892年召开大会并发表“奥马哈纲领”，宣告成立的。“奥马哈纲领”提出以国家干预经济为核心，由国家管理货币，政府拥有铁路的所有权和管理权，土地不应受投机买卖和外商投资影响。这一纲领直接指向垄断资本，批判两党的保守和腐朽。可以说，人民党运动“实质上是一种以地域为基础，以捍卫土地所有制为目标的激进主义，它成为美国内战之后又一支反对北方的政治、经济强权和政党系统的独立政治力量”。[②] 人民党成立后就投入当时的美国总统大选，虽然作为人民党总统候选人的詹姆斯·韦弗未能胜出，但获得了104万张选票，极大震惊了两大政党，促进两党纷纷吸纳人民党的纲领。虽然后来人民党逐渐沉寂，但并没有终结民粹主义，它始终如影随形伴随着美国政治，渗透到美国政治文化的血脉之中，为美国政治文化中注入激进主义元素，持续为左的

① 丛日云:《从精英民主、大众民主到民粹化民主——论西方民主的民粹化趋向》,《探索与争鸣》2017年第9期。

② 〔美〕保罗·塔格特:《民粹主义》，袁明旭译，长春：吉林人民出版社2005年版，第41页。

或右的政治派别提供精神营养。美国学者迈克尔·卡津认为，在每一个选举季，不管是自由主义还是保守主义的政治家，都不约而同地发誓为“中间阶级的纳税者”而战，坚决地反对各种各样的“官僚”“肥猫”和“大人物”。[①] 这指出了民粹主义对美国政治的深远影响。20世纪前半期，美国民粹主义并没有广泛而频繁地出现。但20世纪60年代之后，随着民权运动的发展，“大众时代”的到来，人民的话语成为不可触碰的政治正确，美国民粹主义影响不断扩大。民粹之“民”的范围进一步扩大，它不仅意味着平民大众，而且意味着社会中的边缘群体。

民粹之“民”，按照共同体内外两个维度，可以分为与精英阶层对立的下层民众和与“非我族类”对应的“我们族群”。民粹主义在内部看具有阶级性，在外部看具有民族性。从这个角度来看，民粹主义的政治表达通常是阶级性的或者民族性的，前者倾向于左翼激进主义，后者倾向于右翼保守主义。[②] 在美国，“占领华尔街”运动、“桑德斯旋风”就表现为左翼民粹主义，特朗普则表现为右翼民粹主义。以桑德斯为代表的左翼民粹主义虽然得到年轻选民和女性选民的青睐，但右翼民粹主义的声势更为浩大，并在很大程度上是对左翼自由派在长期历史中地位不断上升的一种反弹。2016年特朗普在总统选举中的胜利，意味着右翼民粹主义压倒了左翼民粹主义。在美国，右翼民粹主义往往带有种族主义、民族主义和本土主义的色彩。在20世纪60年代以来民权运动的推动下，在全球化和多元化的影响下，生活在美国乡村社会中的中下阶层白人，他们的工作机会、生存权利受到少数族裔和外来人口的挤压，他们保守的家庭观念和宗教信仰受到“权利观念”、外来宗教、外来文化的侵蚀，而共和、民主两党在精英阶层的把控下都不能很好代表他们的利益，他们觉得受到“逆向歧视”，成为美国社会

---

① 林红：《民粹主义：概念、理论与实证》，北京：中央编译出版社2007年版，第225页。

② 林红：《当代民粹主义的两极化趋势及其制度根源》，《国际政治研究》2017年第1期。

中“沉默的大多数”，急需一个能勇敢表达他们政治立场的领导者，以发泄他们迫于“政治正确”的不满。所谓“政治正确”是指美国人为保护弱势、边缘化以及历史上受过伤害的群体，避免侮辱、激怒对方使之产生自卑的心理，而在各种公开场合不能表达的言行。比如，一些可能伤害涉及黑人、伊斯兰教信仰者、女性等言语，都是不能说的。同时，在教育、就业等方面给予弱势、边缘化群体以特殊的照顾。比如，在政策上对黑人实行配额制或定额制。白人群体特别是白人中下层群体认为，这一基于种族性的资源分配制度是不公平的，是对少数群体权利的过度保护，白人要面临更加激烈的竞争，只有付出更多的努力才能与少数群体获得同等的权利和机会，从而引发他们强烈的反弹。持极右翼保守主义立场的“政治素人”特朗普，在总统选举中以反建制派、反全球化、反移民的本土主义、孤立主义的姿态登上政治舞台，把移民问题、枪击事件、“伊斯兰国”、穆斯林、毒品、气候变化等所有争议的问题都与“政治正确”挂起钩来加以批判，特朗普说出了许多美国白人想说而不敢说的心里话，极大地动员了美国白人。“竞选中特朗普走强硬的民粹主义路线，利用政治正确的理念将美国选民一分为二，将早先政治正确主要定义于少数族裔平等权的原则抬升到‘美国优先’的国家主义原则，并同时在随机嵌入的五花八门的议题争论中，将政治正确的内涵与保守主义意识形态方方面面结合起来，使得政治正确原则前所未有地与选民手中的选票有了直接关联。”① 希拉里看似占据了道德的高地，却失去了“沉默的大多数”的支持，而特朗普在这些人的支持和拥簇下进入了白宫。

当然，右翼民粹主义和左翼民粹主义不是截然对立的，它们的共同点是诉求人民、反对精英。当今美国，这两种民粹主义也有一定的重合，中下层白人是他们共同的基础。无论是桑德斯还是特朗普，在

① 祁玲玲:《选举政治的逻辑——美国反政治正确的归因分析》,《世界经济与政治》2017年第10期。

大选中都打出“圈外人”的旗号，明确提出反对“建制派”。所谓“建制派”，就是包括整个官僚机构以及由媒体、学界、文化界、商界等精英分子构成的统治体系。“和其他所有国家一样，美国的民主政治活动也是由一小部分掌控，大多数的政治、经济和社会决策都由少数精英制定，而不是广大民众。”[①] 近些年来，由于美国阶层固化，下层民众上升空间被严重压缩，通过个人奋斗成就“美国梦”的理想越来越难实现。据有关学者研究，自20世纪70年代以来，美国经济不平等急剧恶化，社会流动的机会越来越少，绝大多数美国人终其一生都难以实现阶层地位上升，也难以为其子女实现阶层地位上升提供资源，越来越少的人能够通过个人努力奋斗跻身规模越来越狭窄的经济赢家行列，这与欧洲其他发达国家相比要低得多。[②] 美国一些政客正是看到这一点，他们打出反对“建制派”的旗号，迎合了底层民众“造反”的心理，因而得到他们的强烈支持。

民粹主义在美国的发生与蔓延，有其深刻的经济、政治与文化根源，既与社会出现重大危机有关，也与经济社会发展不公平有关，还与美国政治体制有关。从选举民主的角度来看，它为民粹主义的发展铺平了道路，起到推波助澜的作用。在选举政治中，人数优势就是胜选优势，而中下层民众或者“我们族群”占有明显的优势，这是少数政客尽力操作民粹、以中下层民众的代言人或者以保护本族群利益自居的重要原因。到目前为止，白人工人阶层仍然是美国的大多数。为此，“白人工人阶层”几乎成了人民的同义词。“在美国的民粹主义传统中，无论是早期的进步形态，还是后来的保守形式，人民都被界定为普通的白人工人阶层。”[③] 民众在集体行动中的非理性因素，也为民粹

① 〔美〕托马斯·戴伊、哈蒙·齐格勒、路易斯·舒伯特:《民主的反讽：美国精英政治是如何运作的》，林朝晖译，北京：新华出版社2016年版，第2页。

② Jacob Hacker and Paul Pierson, Abandoning the Middle: The Bush Tax Cuts and the Limits of Democratic Control, *Perspectives on Politics*, Vol.3, No.1, 2005, pp.33-53.

③ Francisco Pan, *Populism and Mirror of Democracy*, Landon: verso, 2005, p.6.

主义者在选举中煽动民粹提供了心理基础。如果说个人在独自行为中具有理性特征的话，那么在群体集会和集体行动中往往表现出盲从性、非理性，他们的感情和思想都转到同一个方向，他们的自觉个性都会消失，约束个人的道德和社会机制会在狂热的群众运动中丧失殆尽，变得冲动而狂暴。“孤立的个人很清楚，在独身一人时，他不能焚烧宫殿或洗劫商店，即使受到这样做的诱惑，他也很容易抵制这种诱惑。但是在成为群体一员时，他就会意识到人数赋予他的力量，这足以让他生出杀人劫掠的念头，并且会立刻屈从于这种诱惑。出乎意料的障碍会被狂暴地摧毁。”① 尽管民众的这种心理并不具有绝对性，但也是不容忽视的重要因素。在2016年美国大选中，无论是左翼的桑德斯还是右翼的特朗普都打着反对政治精英、反建制派的旗帜在群众集会中表现出强烈煽动性，以及在网络媒体的交流群里，都验证了民粹主义所具有的群众集体心理基础。

民粹主义的泛滥，彰显了选举民主的弊端。不可否认，民粹主义可以迫使政治精英走“群众路线”，更多了解民意，维护民众利益，这对于代议制、多党制能够起到纠偏作用。但民粹主义更多的是对民主制度、社会秩序、经济发展的破坏作用，它往往打着维护普通民众利益的旗帜，无视法治秩序，以极端的、激进的、非理性的方式煽动民众情绪，迎合民众诉求，乱开“空头支票”，甚至挑起激化民众对立、撕裂社会的议题，这使得不同群体之间的妥协、对话难以实现，剩下的只能是赤裸裸的冲突关系，带来严重的政治极化。

（四）竞争性选举与民众的对立化

选举民主以竞争为核心，竞争以获胜为目标，获胜又以击败对方为前提。要击败对方、赢得选举，就要宣传自己、打击对方。政党相

① 〔法〕古斯塔夫·勒庞：《乌合之众：大众心理研究》，冯克利译，北京：中央编译出版社2000年版，第53—54页。

互竞争就不可避免地导致族群的分裂、民众的对立、社会的冲突。

选举民主引发的民众对立和冲突，可以从两个方面来考察。一是社会存在分裂群体和族群的社会土壤。在当今社会，多元化是社会发展的常态，也是实行选举民主的前提。在一个由不同民族、种族、宗教、语言、地域、意识形态、文化等组成的多元社会中存在政治差异和分歧，是难以避免的。多元社会并不一定是分裂社会，有可能是多元融合社会。但如果多元社会分歧较大，则会导致群体严重分裂和对立，严重影响政治共同体的凝聚和巩固，甚至导致共同体的解体。戴维·米勒指出："现代国家的文化信仰的差异，使得社会变得分裂。在许多国家中，人们由于种族关系、宗教信仰、个人道德观、生活价值观、艺术品位、音乐口味的差异，其公民认同正在变得千差万别。在这些领域里，人们已经不像以前那样，存在着一致性了。"[①] 如何强化共同体的整合和团结，则成了多元社会面临的重大问题。美国是一个多元化的国家，存在着多元文化、多种宗教、众多族裔，号称是"大熔炉""万花筒"。但这种多元化也有着一个前提，那就是主流文化、主流价值和主流宗教。长期以来，美国是以白人为主体、以信仰基督教为主流的国家。近些年来，非基督教的崛起、少数族裔人数的激增、崇尚个性解放和个人自由的过度，严重冲击着美国主流群体的价值和信仰。按照当前美国社会结构变化趋势，在不远的将来以信仰基督教为主的白人将不再是美国人口的主体，如果不能有效融合少数族裔，美国社会矛盾和冲突将进一步加剧。

二是竞争性选举具有诱发民众对立的因素。分裂社会是否适合选举民主，是人们一直讨论的重大问题。密尔是较早认为分裂社会不适合民主体制的学者，他指出："在一个由不同的民族构成的国家，自由制度简直是不可能的。在一个缺乏共同情感，特别是语言不同的人民

① David Miller, Citizenship and Pluralism, *Political Studies*, 1999, XLIII, pp.432-450.

中，不可能存在实行代议制政府所必要的统一的舆论。"[①] 利普哈特和斯特奈认为："社会同质性与政治共识，是稳定的民主政体的先决条件，是最有利于民主政体的因素。与此相对，多元社会深刻的社会分歧与政治歧异，则是导致民主政体不稳定甚至瓦解的主要原因。"[②] 确实，选举民主的理念是承认社会差异，把不同群体的差异公开化，不但不利于共同体的团结，反而会助长共同体的分歧，影响共同体的发展。任何个人和组织为了自身发展，都有利益需求，都会尽力使自身利益最大化。个人和组织在实现自身利益的过程中，难免会与其他人和组织发生矛盾。为了共同体的延续和发展，个人和组织不仅要表达自身的利益需求，而且还要尊重他人的利益需求，这样才能避免因内部矛盾和冲突而不至于社会分裂。但选举民主理论承认个体利益的差异，而且在竞争条件下各种不同的利益诉求被公开释放出来，个体极力放大自己的声音，导致社会分裂和对立。"在当代美国政治生活实践中，当不同阶层、族裔，不同宗教信仰，不同价值立场和政策偏好的政客、选民纷纷涌入到政治竞技场，向人们呈现的并非政治共识的和谐画面，而是不胜其烦的时时事事的各类辩论、嘲讽和攻击，以至于政治竞争、分歧或冲突代替政治共识成为普遍的政治心理。这种竞争型政治文化状态实际上是支撑政治极化的社会文化基础。"[③] 选举民主理论表面上把是否有选举作为衡量民主的标准，实质上以是否有竞争作为判断民主的标尺，把民主看作争取人民选票的活动。竞争性选举是一种"赢者通吃"的零和博弈，结果具有垄断化、排他性。各政党在选举过程中，以获得竞选成功为最高和最根本的目标，因而都会尽最大努力、用一切手段争取选票，经常相互指责和攻击，有的政客发表许多带有

① 〔英〕约翰·密尔：《代议制政府》，王瑄译，北京：商务印书馆1982年版，第223页。

② Arend Lijphart, *Democracy in Plural Societies: A Comparative Exploration,* New Haven: Yale University Press, 1977, p.1.

③ 徐理响：《竞争型政治：美国政治极化的呈现与思考》，《社会科学研究》2019年第6期。

极端种族主义色彩的言论，这是在本来已经存在社会裂痕的“伤口上撒盐”。“当政治竞争变成一种放大了的工具理性的实践的时候，民主政治应有的道德和思想内涵便会荡然无存，而技术政治则因为对胜利的渴望和偏执而走向极端化。”① 社会分裂不同于国家分裂，国家分裂是国家的一部分群体将其居住的领土从现属国家脱离出来，而社会分裂是一个国家或地区内部不同群体之间产生的对立和冲突。选举民主不仅可以造成社会分裂，而且可能引发国家分裂。当今美国的选举民主主要激化了少数族裔与美国主流群体的矛盾，造成美国社会之间的撕裂和对立。但也存在引发国家分裂的可能。美国历史上林肯当选总统后引发的内战，就是先例。当代美国“红”“蓝”州对立的地理极化，就隐藏着国家分裂的危险。所以，选举民主不但不能弥合社会裂痕，反而会扩大社会矛盾，对社会对立和冲突起到推波助澜的作用。

三、多数裁定原则与美国政治极化

人民统治的理念最终要落实到实践中。达成一致同意，可以照顾每一个当事人的利益，达到帕累托最优，是公共决策的理想状态。事实上，由于人们的利益、观念、价值等不同，在大部分的公共决策中很难达成完全一致。在公共决策不能达成一致的情况下，通过选举投票来化解分歧、解决矛盾是有效的办法。少数服从多数也就是多数裁定，成了选举民主的基本选择。多数裁定原则具有一定的正当性、合理性和可行性，并被许多民主政治理论家所推崇。但也不能否认，多数裁定原则不是按照质量取胜，而是按照数量选择；不是以共同体的“公意”为取向，而是以群体“分割”为规则；不是合作共赢、权力共享，而是零和博弈、“赢者通吃”等。正因如此，多数裁定原则成为美

① 王希：《两党制与美国总统选举的“无选择困境”》，《史学理论研究》2018年第2期。

国政治极化的“助推力”。

（一）多数裁定是选举民主的基本原则

多数裁定原则，始终与选举民主相伴随，只不过不同时期有所变化而已。在古希腊城邦民主时期，已经开始实行多数裁决原则。对于一些公共议题的决定和一些官员的选举，希腊公民以投石子或贝壳的方式来表达自己的意见，通过统计数量以多的一方胜出。所谓的贝壳放逐法就是以多数裁决的原则来判决城邦犯人的。古希腊哲学家苏格拉底，就是通过在陪审法庭上以多数票被判处有罪并处死的。苏格拉底被指控反对城邦的旧神、试图引入新神和腐蚀青年等三项罪名，由公民抽签出任的500人组成的陪审法庭进行判决。在第一轮投票中，以60张的微弱多数票判决苏格拉底有罪。但他面对陪审团，声明自己无罪，态度更加挑衅，引起陪审团的反感，在第二轮投票中以压倒性的多数判处他死刑。在古希腊时期裁决之所以采用少数服从多数的形式，是因为当时认为多数代表着正义。亚里士多德在《政治学》一书中指出：“平民性质的正义不主张按照功勋为准的平等而要求数学（数量）平等。依从数学观念，则平民群众必须具有最高权力；政事裁决于大多数人的意志，大多数人的意志就是正义。”① 在民主政体下，人人平等是至上法则，多数人的判断也就比少数人的判断更加明智，多数人也比少数人更不易于腐败，正如大量的水比少量的水更不容易污染一样。因此，多数裁定原则更具有正当性，也就具有至上的权威。正是由于在民主决策过程中流行多数裁定的原则，因此，古希腊时期的民主一般被理解为人民的统治或多数的统治。

在欧洲中世纪，天主教教会的选举民主往往实行“多数加资历”的规则。这就意味着人与人之间具有不平等性。西方近代以来，随着

① 〔古希腊〕亚里士多德：《政治学》，吴寿彭译，北京：商务印书馆1965年版（2016年重印），第317页。

代议制民主的形成，多数裁定的原则越来越为人们所接受，并逐渐成为民主的基本原则。西方近代民主理论家大多从多数裁定的角度来理解民主。洛克以社会契约论为理论基础，认为政府虽然是社会全体成员意志的产物，但政府决策通常是多数人意志的体现，因为社会中意见和利害冲突使得决策不可能总是全体一致。所以，少数人的行动要服从多数人的意志。“当某些人基于每人的同意组成一个共同体时，他们就因此把这个共同体形成一个整体，具有作为一个整体而行动的权力，而这是只有经过大多数人的同意和决定才能办到的。要知道，任何共同体既然只能根据它的各个个人的同意而行动，而它作为一个整体又必须行动一致，这就有必要使整体的行动以较大的力量的意向为转移，这个较大的力量就是大多数人的同意。”[①] 托克维尔在《论美国的民主》一书中认为，民主政府的本质，就在于多数对政府的统治是绝对的，因为在民主制度下，谁也对抗不了多数。[②] 约翰·密尔受托克维尔影响，也认为多数具有公正性和必然性，他在《代议制民主》一书中强调：“由人数上的多数掌权比其他的人掌权较为公正也较少危害。”[③] 但他还认为，国家不仅仅是代表多数，而且少数也应有自己的代表，这是民主制不可缺少的部分。西方近代以来，多数裁定之所以得以广泛认可，在于它既保障了多数人的民主权利，还在于具有程序正当性，以及具有效率的优势。

美国立国先贤们对多数裁定原则进行了深刻思考，他们真正在宪政意义上提出并适用了少数服从多数的原则，杰斐逊等人虽然认为少数人的权利应当受到法律的保护，但是由于现代国家人数众多，在管理国家过程中不可避免会出现意见分歧，为防止意见分歧而导致无序，

---

① 〔英〕洛克：《政府论》（下篇），叶启芳、瞿菊农译，北京：商务印书馆2009年版，第59页。

② 〔法〕托克维尔：《论美国的民主》（上卷），董果良译，北京：商务印书馆2003年版，第282页。

③ 〔英〕约翰·密尔：《代议制政府》，王瑄译，北京：商务印书馆1982年版，第115页。

就必须实行少数服从多数的原则，按照多数人的意志行事。林肯非常认可美国立国先贤们关于多数裁定的思想，他在第一次就职演说中强调："完全一致是不可能的，把少数派统治作为永久安排是绝对不能容许的。因此，排斥了多数这一原则，剩下的就只有某种形式的无政府主义或专制主义了。"[①] 美国政治学者萨托利以美国民主制度为模式，指出了多数裁定原则的合理性，"任何社会都需要解决冲突和进行决策的程序化规则，多数原则是最适合民主要求的程序或方法。"[②] 否定了多数裁决原则，就无法对公共问题形成最终决定，只能由少数人或个别人自行其是。多数裁决原则也得到马克思主义者的认同。列宁强调："民主就是承认少数服从多数的国家。"[③] 民主是大多数人的统治，这是"民主制的一般的、基本的、起码的道理"。[④] 美国政治学者阿伦·利法特列举过政治观点处于两极的两个人却在多数裁定原则上达成一致的例子，一个是保守的美国专栏作家威廉·萨费尔认为，民主意味着真正的政治平等和"一人一票"，从而结论说"那就意味着多数裁定"；另一个是南非共产党领袖乔·斯洛沃指出"我们只知道一种民主，那就是多数裁定"。[⑤] 可见，古往今来，主流的政治思想家都是从多数统治的角度来理解和界定民主的，多数裁定原则一直是民主的基本原则。

当然，多数裁定原则还意味着尊重和保护少数的权利，是有限的多数，是充分考虑少数人权利后依据少数服从多数原则作出的安排。由于选举民主是自由主义民主的一种形式，保护个人自由是自由主义民主的根本目的。长期以来，自由主义对多数暴政心存忌惮，对打着

---

① 〔美〕亚伯拉罕·林肯:《林肯选集》，朱曾汶译，北京：商务印书馆2010年版（2013重印），第185页。

② 〔美〕乔·萨托利:《民主新论》，冯克利、阎克文译，北京：东方出版社1998年版，第156页。

③ 《列宁选集》，第三卷，北京：人民出版社2012年版，第184页。

④ 《列宁全集》，第22卷，北京：人民出版社1980年版，第53页。

⑤ 〔美〕阿伦·李法特:《多数裁定原则的理论和实践：不完善范例的顽强性》，载《民主的再思考》，北京：社会科学文献出版社2000年版，第210页。

多数人的名义侵犯少数人的权利保持着戒心。托克维尔虽然肯定多数裁定原则，但他认为无限权威是一个坏而危险的东西，担心多数暴政的可能性威胁。托克维尔指出："当我看到任何一个权威被授以决定一切的权利和能力时，不管人们把这个权威称作人民还是国王，或者称作民主政府还是贵族政府，或者这个权威是在君主国行使还是在共和国行使，我都要说：这是给暴政播下种子，而且我将设法离开那里，到别的法制下生活。"[①] 多数裁定原则并不等于多数的判断更加明智、更加正确，多数只是数量上的优势，并不一定是质量上的"最优选择"。萨托利指出，"自洛克之后，多数标准开始以我们今天知道的意义出现，即它是一个摆脱了质量特征的数量标准"。[②] 真理有时会掌握在少数人手里，但在多数裁定原则下，真理要服从数量。J.F.斯蒂芬指出："我们同意以点人头的方式（即投票的方式）而非砍头颅的方式来比较谁的力量强大。……最智慧的一方并不一定会赢，因为赢家往往是在一段时间中能显示其优势力量的一方（毋庸置疑，智慧当然是表现这种优势力量的一个因素），其方式是争取最大多数的同情和支持。少数只能让步，其原因并不是他们承认自己错了，而是他们经多数的说服而知道了自己是少数。"[③] 现实社会一再表明，一些具有雄辩演说口才的人能够误导民众，在选举中往往赢得更多的选票。"多数原则作为选择或者决策程序中的应用原则，其价值主要地在于这种选择或者符合大多数人的意志和愿望，并不在于保证这种选择或者决策的正确性，如果在选择或者决策的过程中，受到少数野心家的煽动则更难以保证其正

---

① 〔法〕托克维尔:《论美国的民主》(下卷)，董果良译，北京：商务印书馆2003年版，第289页。

② 〔美〕乔·萨托利:《民主新论》，冯克利、阎克文译，北京：东方出版社1998年版，第154页。

③ 〔美〕F.A.哈耶克:《自由秩序原理》，邓正来译，北京：生活·读书·新知三联书店1997年版，第355页。

确性。”[①] 同时，数量多少是相对的、流动的，是变动不居的，“民意如流水”，在一定范围内的多数在另一个范围内可能是少数，在一定时间内的多数在另一个时间内可能是少数。因此，多数裁定原则还要允许少数人在坚持多数决定的同时，坚持自己的看法和观点，在法定的范围内维护自己的权利。也就是说，“多数裁定中的多数是受到限制的多数，多数裁定中的少数是权利受到保护的少数。确切地说，这里的多数裁定指的是有限多数，即在充分考虑少数人利益后依据多数人的意见做出决定”。[②] 在采用多数决定的时候，如果没有对少数人权利的保障，那么就不能说是实行真正的民主决策。

（二）“众意”与政治极化

民主政治的要义是实现公共利益的最大化，也就是卢梭所说的“公意”而非“众意”。多数裁定实际上就是众多个人利益简单相加的“众意”。在卢梭之前，普遍用“公意”这一概念指全部个体意志的总和。但卢梭将“公意”改称为“众意”，并对两者进行区分，强调公意是集体的真实利益，旨在实现公共福祉，众意是公民个人利益的相加。“公意与众意之间经常总是有很大的差别；公意只着眼于公共的利益，而众意则着眼于私人的利益，众意只是个别意志的总和。但是除掉这些个别意志间正负相抵消的部分而外，则剩下的总和仍然是公意。”[③] 可见，立足于个体意志的“众意”，与立足于共同体利益的公意有着根本的区别。卢梭的公意是以公共利益为出发点和归宿的，它有赖于个别意志而形成，但它并不是个别意志的加总，而是每一位共同体成员的“更高的”和“真正的”利益。

① 孙永芬：《西方民主理论史纲》，北京：人民出版社2008年版，第30页。

② 吴雨欣：《选举民主的有效性与有限性》，北京：中国社会科学出版社2018年版，第181页。

③ 〔法〕让–雅克·卢梭：《社会契约论》，何兆武译，北京：商务印书馆2003年版，第35页。

共同体不是个体的简单集合，而是一个有生命和有意志的统一的“公共的大我”。这一方面说明公意的存在绝非与个别意志毫无关联，而是依赖个别意志；另一方面说明公意代表着公共利益，按照最有利于全体的方式来安排各部分。在选举民主拥趸者看来，经过公共选择产生的众意就足以代表公共利益。但卢梭认为，公共利益并不能通过任何程序上的选举和投票来界定。由于个体的偏私性，个别意志经常性地与公意相违背、相对立。当公民意见陷入分歧的时候，针对议题所进行的讨论越广泛，那么多数所囊括的公民数量就越多，也就越接近全体一致。所以，卢梭强调公意的形成要通过召开人民大会，并让人民公开讨论并自由投票。“每个人在投票时都说出自己对这个问题的意见，于是从票数的计数里就可以得出公意的宣告。”① 一些选举民主论者强调的多数裁决，是把不同的个别意志和偏好的简单相加，这不过是众意。政治共同体需要团结一致、有效整合，任何政治制度的实施都要有利于社会团结。美国政治学者科恩认为，“社会团结”是实行多数裁决的必要条件。他指出：“服从大多数的原则是民主习用的有力手段。除非大多数与少数真正构成一个整体，否则就不可能有大多数的统治。”② 因此，以多数裁决原则集合的“众意”，根源上仍然是“分”，而不是“合”，这就孕育着政治极化的因素。

（三）偏好聚合与政治极化

多数裁决的原则，实质上是对不同偏好的聚合。偏好（preference）原本是心理学上的一个概念，后来用在经济学领域描述消费者按照自己的意愿对可供选择的商品组合进行的排序。政治学用偏好这个概念是指公民对政策法规、治理方案、政治人物的喜爱与厌恶的态度倾向。

---

① 〔法〕让-雅克·卢梭：《社会契约论》，何兆武译，北京：商务印书馆2003年版，第136页。

② 〔美〕科恩：《论民主》，聂崇信、朱秀贤译，北京：商务印书馆1988版，第50页。

个人偏好是个人根据自身利益和价值对公共政策的排序和选择。选举民主论者认为每个人都是自我利益的最佳维护者和裁决者，没有人比自己更了解自身利益和需求，个人偏好不仅是社会多元化的反映，而且也是个人自由的体现。人们往往因身份地位的不同而有不同的偏好，具有相同或相近偏好的个人是形成群体的重要基础和依据。

那么，如何将个人偏好转化为社会偏好？尽管人们表现偏好的方式有多种形式，但公民自由平等投票被认为是能够最直观最简单地反映和解释个人偏好信息的方式，它“提供一种公平的决策程序或合计机制，以把这些事先存在的偏好转换成公共决策——要么涉及谁被选举，要么涉及如何立法”。[①] 由于民主强调人人平等原则，都有同等的机会影响政治议程，因而不能以权力、金钱、地位等作为公共决策的依据，只能以选票数量为依据成为公共决策的重要选择。

但如何计算选票，按照什么原则确定胜负，对选举结果的影响很大。在选举民主实践中，按照选举获胜原则的不同，可分为多数决制、比例代表制和混合代表制三种。多数决制，是按照得票数的多少决定多者获胜的制度。比例代表制，是按所得票数在总票数中所占的比例份数分配议席的制度。混合代表制，是将两种方法以一定方式结合起来的制度。多数决制，天然适合国家元首、行政首长等只选出一个当选者的选举制度。多数决定的“多数”，不仅有个胜负的“质”的问题，而且还有个多少的“量”的问题。由于“多数”这个概念既多变又模糊，首先就需要对“多数”细化。根据“多数”的“量”的多少，多数决定主要可分为相对多数、绝对多数等种类。相对多数，又称简单多数，是指在选举中获得最多选票（不必超过50%）即可胜出。“简单多数规则的一个基本的前提是，每一个投票人都与其他的投票人地位平等。因而，当争论发生时，由更多投票者告诉更少投票者应该做什么，

① 〔加〕威尔·金里卡:《当代政治哲学》，上海：上海译文出版社2011年版，第305页。

要比反过来更好。唯一能够实现这种结果的切实可行的安排就是简单多数规则。”[①] 绝对多数是指在选举中必须获得超过有效票数一半以上才可胜出。在一些选举中，还规定了特别多数，也就是所得选票必须达到规定选票数才算胜出，比如总数的三分之二、四分之三等。“在多数裁定原则这个标题下，常常至少可以分出3个量级：（1）合格的多数（常为2/3）；（2）简单或绝对多数（50.01%）；（3）相对多数或不过半数的最多票数，即最大的少数（少于50%中的多数）”。[②] 无论是相对多数或是绝对多数，都是按照少数服从多数的原则决定最后胜负，也就是多数裁决原则。事实上，在一定意义上，比例代表制也是遵循的多数裁决原则，只不过不是“赢者通吃”的逻辑而已。美国学者派帕·诺里斯（Pippa Norris）作过统计，到1997年为止，全球191个国家和地区中，有91个采取某种形式的多数裁决制选举国会议员，有64个使用比例代表制选出国会议员。[③] 多数裁决的优势就是通过一轮投票就可以产生结果，不仅有效节约了社会成本，而且还能避免相互冲突的决策得到轻易通过，这也是许多国家和地区采取多数裁决原则的重要原因。

多数裁决原则，就是以最大化个人偏好作为公共决策的依据。因此，选举民主有时又称为票决民主或聚合民主，他们只是在不同语境下表述的侧重点不同。选举民主主要表述的是公民与政治精英之间的关系，而票决民主或聚合民主主要表述的是民主运行的规则方式。投票的方式在程序上保证了每个人的偏好得到同等的对待，是公平的。所以，“民主政治仅仅是各种私人利益与偏好之间的竞争。”[④] “民主的

① 〔美〕塔洛克:《贫富与政治》，长春：长春出版社2006年版，第13页。

② 〔美〕阿伦·李法特:《多数裁定原则的理论和实践：不完善范例的顽强性》,《民主的再思考》，北京：社会科学文献出版社2000年版，第210页。

③ Pippa Norris, *Electoral Engineering: Voting Rules and Political Behavior,* Cambridge: Cambridge University Press, 2004, pp.41-42.

④ 〔美〕艾丽斯·M. 杨:《包容与民主》，彭斌 、刘民译，南京：江苏人民出版社2003年版，第26页。

目标就是将分散的个人偏好尽可能通过一种公正而有效的方式聚合成为集体的选择。”[①] 个人偏好反映出来之后，就要把个人偏好聚集起来，作为公共决策的依据。理想的公共决策是个人偏好转为“一致同意”的社会偏好，但“一致同意”会产生昂贵的成本，甚至是不可能，人们只好退而求其次，采用多数裁定的原则。这就实现了个人偏好到社会偏好的转化。

问题是，多数裁定能将个人偏好转化为社会偏好，进而达到公共善吗？公共选择理论认为，选举投票本身存在着“投票悖论”的逻辑困境。所谓“投票悖论”，就是指基于个体理性的个人选择与体现公共理性的公共选择之间存在着转化障碍或非传递性，也就是说个体理性与公共理性之间存在不一致和冲突，个人理性选择往往不能实现稳定有效的公共选择。[②] 18世纪法国思想家孔多塞发现，在存在三个或三个以上投票方案的情况下，多数裁定可以在两个投票方案中产生一个确定的过半数胜选者，同时能够出现多次两个方案之间的投票选择，但多个投票方案两两比较之后，可能会出现任何一个投票方案的得票数都会比其他投票方案多的情况。这就是孔多塞悖论或孔多塞循环。比如，张三、李四、王五三人打算一起去旅游，北京、上海、重庆三个备选方案（表2）。张三的偏好排序是北京、上海、重庆；李四的偏好排序是上海、重庆、北京；王五的偏好排序是重庆、北京、上海。由于三人偏好不同，决定用投票来解决问题。但三人的第一偏好不同，一次投票不可能解决问题。那么，就需要两轮投票，先在北京、上海之间进行表决，结果是2:1；然后在上海和重庆进行表决，结果是2:1；最后，在重庆和北京进行选择，结果还是2:1。也就是说公共偏好是北京>上海>重庆>北京。这就是循环悖论，个人偏好转化不成公共决

① 〔美〕戴维·米勒：《协商民主和社会选择》，载詹姆斯·菲什金、彼得·拉斯莱特：《协商民主论争》，北京：中央编译出版社2009年版，第196页。

② 张国军：《西方民主的演变与反思》，北京：经济日报出版社2015年版，第179页。

策。1951年，美国经济学家肯尼斯·阿罗在《社会选择与个人价值》中进一步证明了孔多塞循环，并发现出现的概率会随着投票人数和供选择方案的增加而上升。阿罗以严密的数学推理证明，通过多数裁决不可能完全保证投票结果符合多数人的意愿。这个结论，被学术界称为“阿罗不可能性定理”。此后，包括学术界虽然从不同角度对投票悖论提出质疑或者修正，但都没有动摇这一理论的根基。当然，在现实世界中，投票悖论是有条件的，但是个体偏好不能完全转化为社会偏好的情况是存在的。这也为选举投票过程中政治操作、内部交易等问题的产生提供了空间。

表2　投票人偏好排序列表

投票人	对三种投票方案的个人偏好排序		
张三	北京	上海	重庆
李四	上海	重庆	北京
王五	重庆	北京	上海

以多数裁定的原则把个人偏好进行简单加总，实际上仍然是把社会群体简单分开。事实上，社会共识并非是个体偏好的简单叠加，社会偏好也决不是个人偏好的简单汇集。作为主观的、相对的公民偏好并不是静态的、固定不变的。不可否认，有的个人偏好比较强，而有的个人偏好比较弱，这是可以通过与他人沟通、了解更多的信息而改变的。“公民在民主协商过程中接受到新的资讯（信息、他人立场的阐明、群体的利益需求、更好的政策建议），意识到比自己原有偏好更加合理的选择，就实现偏好转换（或者相反：通过个人立场表达说服他人进行相关的选择）。”[①] 民主的核心在于通过公民有效的沟通讨论形成最好的决策方案，而不仅仅在于投票。因此，通过了解更多、更

① 薛洁:《偏好转换的民主过程》，吉林大学博士论文2006年，第9页。

全面的信息实现偏好的改变（transformation）比简单的偏好聚合（aggregation）更重要，而公民缺乏有效沟通的直接简单地投票，无法实现公民有效地改变其个人偏好。只有让公民参与公共政策的讨论协商，形成卢梭所说的“公意”，才能避免多元社会分裂和对立。而一味地把社会群体简单分开、归类，拒斥公共利益的集体理性，否认人的社会属性，只会使社会更加分裂，造成政治极化。

（四）“赢者通吃”与政治极化

无论是实行相对多数还是实行绝对多数的多数裁定原则，共同特点是“赢者通吃”。“赢者通吃”，意味着赢者得到全部权力，输者一无所有。这样，不可避免加剧竞争者的激烈对抗程度，从而加剧社会矛盾和冲突，推动政治极化。

“赢者通吃”容易产生两大对立的政党。早在1945年，迪韦尔热就对选举制度和政党数量的因果关系进行了探讨，在波尔多大学的学术会议上他首次提出“三重社会学定律”：（1）比例代表制倾向于形成众多独立的政党；（2）绝对多数选举制倾向于形成众多相互结盟的政党；（3）相对多数选举制倾向于产生两党体系。[①] 后来，他在《政党概论》等著作中对选举制度与政党制度的相关性作了进一步阐述，把“相对多数选举制倾向于产生两党体系”看作最接近社会学定律的一个，并指出：“可以仿效马克思的提法，将促成政党的二元性发展视作相对多数选举制的‘铁律’”。[②] 学术界对他的第一点和第二点持质疑态度，对第三点认同较高。赖克把第一点和第二点称为“迪维尔热假设”（Duverger’s Hypothesis），把第三点称为“迪维尔热法则”（Duverger’s

① Duverger, Maurice: Duverger’s Law: Forty Years Later, In Grofman, Bernard and Arend Lijphart (ed.), *Electoral Laws and Their Political Consequences*, New York: Agathon Press, Inc., 1986. p.70.

② 〔法〕迪韦尔热：《政党概论》，雷竞璇译，香港：青文文化事业公司1991年，第198、第202—205页。

Law），表示相对确定性。[1] 迪维尔热认为，相对多数选举制之所以倾向于产生两党体系，主要由两个因素发挥作用。一是“机械性因素”（mechanical factor）。多数决制的核心特征是“赢者通吃”的逻辑，小党获得议席的比例要远远低于获得的选民投票率，为此，政党要想取得胜利就要进行某种意义的政治联合。政治人物为了自己的政治前途也会选择规模大、有实力的政党。二是“心理性因素”（psychological factor）。选民在投票时投第三党只具有“抗议”意义而无实际意义，因而不会把自己的选票浪费在一个没有可能赢得选举的第三党上，而是更愿意选择意识形态相近、最具实力获胜的政党。这两个因素，使政党进行分化组合，最终形成两大对立的政党。相对多数是多数裁决原则中最典型、最普遍的形式，虽然有着明显的优势，但其容易使社会成员聚拢为两部分，并比较有利于大党，造成两党体制。用理性选择理论来解释，多数裁决导致两党制是政党理性选择的结果。美国政治学家安东尼·唐斯（Anthony Downs）认为，为了使政党的成员当选，政党必须赢得比其他任何政党都多的选民，“这种安排促使那些不断失败的政党彼此合作，以谋求联合票数超过常胜政党的所得票数。当每个幸存的政党都赢得多数选票的合理机会时，这种联合就解散了。这种机会是政党肯定能获胜的唯一途径。因此，由获胜政党单独执政的多数票制趋向于把竞争范围缩小到只有两个竞争政党的范围中”。[2] 在形成两大政党情形下，选民也分化为两大对立的阵营，带来政治极化。

“赢者通吃”也导致政治的排斥性和对抗性。多数裁定原则，虽然尊重少数人的权利，但是不可否认的事实是，赢得多数也就是赢者。当代美国比较政治学家利普哈特通过对大量民主国家的实证研究、比

---

① William Riker, *Liberalism against Populism: A Confrontation between the Theory of Democracy and Theory of Social Choice,* San Francisco: W. H. Freeman, 1982, pp.753-766.

② 〔美〕安东尼·唐斯：《民主的经济理论》，姚洋等译，上海：上海人民出版社2017年版，第112—113页。

较分析，对民主等同于多数统治进行了批判，把少数服从多数的民主称为“多数民主”，意见一致的民主称为“共识民主”。利普哈特认为，多数民主模式是多数裁定原则的非比例性的选举制度，意味着全输全赢、赢者通吃，获得权力者就大权独揽，而竞争失败者被排斥在权力之外。因此，为了赢得选举胜利，参选者就会激烈竞争、对抗，而选举之后往往为了反对而反对，从而严重影响政治稳定。同时，在实行相对多数选举下，由于投票率的低下，有时只是微弱的多数，更有甚者也可能只是相对的多数、名义上的多数，而实际上的少数，这就降低了当选者的合法性，增强了失败者反抗的底气，特别是在异质多元化社会势必带来更大的混乱。“尤其是在多元社会中，社会按照宗教、意识形态、语言、文化、民族或种族的分界线高度分化，形成了拥有各自的政党、利益集团和传播媒介的实际上彼此分离的次级社会，导致了多数民主模式所必需的弹性缺失。在这种情况下，多数裁定原则不仅是不民主的，而且是危险的，其原因是长期被排除在政党之外的少数派或感到排斥、受歧视，因而失去了对体制的忠诚。”① 因此，多数裁定并没有解决矛盾、化解分歧。利普哈特提出的共识民主，强调在计票原则上实行比例代表制，各个政党按比例分配议会席位，也就是让尽可能多的人参与政府管理，让少数人也能分享权力，这就更接近民主的本质。“它承认多数人的统治优于少数人的统治，在这一点上与多数民主并无不同。但是，共识民主模式仅仅把多数裁定原则视为最低限度的要求：它努力使‘多数’的规模最大化，而不是满足于获得做出决策所需的狭隘多数。”② 因此，“多数民主模式是排他性的、竞争性和对抗性的，而共识民主模式则以包容、交易和妥协为特征。由

① 〔美〕阿伦·利普哈特：《民主的模式：36个国家的政府形式和政府绩效》，陈崎译，北京：北京大学出版社2006年版，第23页。

② 〔美〕阿伦·利普哈特：《民主的模式：36个国家的政府形式和政府绩效》，陈崎译，北京：北京大学出版社社2006年版，第1页。

于上述特征，共识民主也可以被定义为‘谈判式民主’”。[①] 可以说，多数裁定原则，不是寻求的最大多数，不是以包容协商为基本方式，不可避免地导致政治激烈对抗，加剧社会矛盾和冲突。美国大多数选举的获胜原则正是多数裁定原则，这就是美国比一些实行比例代表制的欧洲国家政治极化严重的重要原因。

① 〔美〕阿伦·利普哈特:《民主的模式：36个国家的政府形式和政府绩效》，陈崎译，北京：北京大学出版社社2006年版，第2页。

第三章
选举民主的制度设计与美国政治极化

选举民主是有一套政治制度为保障的。选举民主制度是选举国家代表机关的代表和国家公职人员的有关原则、程序和方法的制度规定，包括选举人资格、候选人资格、选区划分、候选人提名、计票规则、选举争议解决等内容。作为政治制度的重要组成，选举民主制度安排与国家的历史传统、政治文化、发展状况等密切相关。美国选举民主制度安排，深深打下美国传统政治文化的烙印，具有鲜明的美国特色。在美国，选举民主制度的制定权很大程度上属于州政府管辖，反映了美国“一切政治都是地方政治”的特征。独立建国时，为了说服各州同意加入联邦，组成统一的国家，联邦宪法起草者对各州代表做了许多妥协，在宪法中保留了许多州权，选举事务的权力就是之一。正因如此，美国选举制度地域差异非常之大。由于受历史条件的限制、政党和利益集团的影响，美国选举制度具有明显的局限性，是产生政治极化的重要制度根源。需要说明的是，本书论及的选举主要是美国总统和联邦国会议员的选举。

一、政党提名制度与美国政治极化

提名为候选人是选举政治的重要一步，是正式选举的前奏。美国宪法只规定议员和总统候选人的资格条件，并没有明确规定提名的方式方法。从理论和实践来看，一定数量的选民都可以提出自己的候选人。美国独立建国前，曾经比较流行候选人自己主动争取认可的“自荐”和经朋友推荐的“他荐”方式。但在政党政治兴起之后，政党组织几乎控制了候选人的提名。提名国家公职候选人，既是政党的基本功能，也是政党政治的重要特征。美国学者谢茨施耐德指出：“提名制度乃是现代政党最显著的标志，如果一个政党不能从事提名活动的话，它就不能再算是一个政党。”① 在当今选举中如果没有强大政党作后盾，一般公民很难被提名为候选人，更难以当选。因此，想要竞选公职，大都会参加政党初选，尽力获得政党提名。候选人获得政党提名之后，再展开公职的正式竞选。“每次的美国选举，都有两次选举行动、两部分的竞争：第一部分是在各自政党内部选举候选人，第二部分是两党候选人为谋求职位的对决。”② 政党提名候选人，首先要确保候选人对本党忠诚的“党性”，其次要候选人具备选民认可的“人民性”。在美国，这种“党性”与“人民性”并不完全一致。一般而言，候选人的“党性”越强，其“人民性”就越弱。随着直接初选在共和、民主两党越来越重要，候选人的“党性”越来越强，美国政治极化也越来越严重。

（一）政党提名制度的演变

提名候选人是政党决定由谁代表本党参加选举的行为。在美国，几乎所有开放的公共职位，政党都要提名候选人，特别是总统、联邦国会议员，以及各州的州长、州议员等职位。作为具有强大权力的职位，总统候选人的提名最受关注。因为美国的选举主要是单一职位选举，政党提名制度十分相似，并都积极向总统提名制度靠近。因此，本课题主要以总统候选人提名制度为例，来说明美国的政党提名制度。在美国，总统候选人的提名是一个复杂的过程。美国前副总统蒙代尔曾指出：“挑选总统候选人这一过程在我们整个政治制度中无疑是最重

① E. E. Schattschneider, *Party Government,* New York: Holt, Rinehart and Winston, 1942, p.64.

② James Bryce, *The American Commonwealth,* Vol.2, New York: Macmillan, 1891, p.170.

要的程序之一。在将近二百年期间，它已经无计划、无组织或无目的地发展成为熔合州法、党章和不成文惯例于一炉的大杂烩。"[①] 从历史来看，总统候选人的提名经历了从国会党团核心会议提名到政党全国代表大会提名，再到直接初选制度的长期演变过程。

美国独立后，华盛顿由于在独立战争中的卓著功绩，享有崇高威望，由来自各州的制宪者组成的所谓"选举人团"一致推举并连续当选两届总统。1796年华盛顿卸任总统之后，总统候选人改由国会提名。这时，美国政党已经形成，它们都积极提名本党的候选人。在政党形成后的早期，总统候选人提名是由国会党团会议（Caucus）决定。党团会议的原意就是政党选举候选人或决定政策的秘密会议。作为政党精英的议员在国会组成"国会党团"（Congressional Caucus），商量决定总统候选人人选，其中国会领袖在总统提名中发挥了重要作用。杰斐逊、亚当斯、麦迪逊、门罗等都是国会党团会议提名为总统候选人并当选的总统。在相当长的一段时期，不仅总统候选人，而且州长及其他行政官员的候选人，都是通过党团会议推选的。党团会议推荐候选人可以在相对了解人选资质的基础上作出决定，集中统一各自政党的意见和公众舆论，有利于政党的团结。"国会预选会提名制度有利于政党的团结、统一……从而避免了全党选票的分散。"[②] 但国会党团推荐的总统候选人当选后，很容易受同党议员的牵制，难以独立行使其职权，因而引起人们的质疑和反对，认为这种由立法机构成员决定行政领导人人选的做法不符合美国宪法所确立的权力制衡的宪政精神。同时，这种国会党团只有少数政党核心分子"在一间烟雾缭绕的房间里"讨价还价决定总统候选人的方式，不符合民主选举的原则，被讥

① 〔美〕瓦尔特·蒙代尔:《掌权者的责任》，曾越麟、汪暄译，北京：商务印书馆1978年版，第28—29页。

② 张定河:《美国政治制度的起源与演变》，北京：中国社会科学出版社1998年版，第237页。

讽为“国王党团”（King Caucus）。为消除国会党团提名方式的弊端，政党全国代表大会提名制度应运而生。

政党全国代表大会提名制度，是通过召开政党全国代表大会选举推荐总统候选人的制度。政党全国代表大会，是由各州的政党代表大会逐渐发展而来的。“新泽西州的民主和共和两党最先于1804年分别召开州代表大会以推定州内各种公职候选人，1830年起东北各州两党也分别召开州代表大会推举州长、副州长及州内各级公职候选人。全国性的民主党与共和党分别从1848年及1856年起先后采用代表大会制度，以策划总统候选人之提名事宜。”① 政党全国代表大会代表的产生，在不同的州产生方式有所不同，有的是由州长或州政党组织指派任命，有的是通过地方各级政党组织层层推荐产生等。对于代表大会的提名方式，美国各政党往往采取多轮投票的合议方式，但共和党是简单多数，民主党是三分之二多数。政党全国代表大会的提名方式，改变了国会政党核心分子掌握总统候选人提名的情形，实现了政党权力从联邦立法机构向各州政党组织的分散和下沉，提高了党员在选举产生代表权方面的作用，增强了总统候选人的代表性和权威性。政党全国代表大会提名方式，毕竟是一种间接提名方式，政党对代表的挑选和总统候选人的提名有决定性的作用，并且逐渐沦为州和地方党魁及政党机器操纵总统选举和地方选举的工具。“间接选举代表、对代表行为的约束不足、合议过程的混乱，以及对参选人缺乏了解，这些缺陷都为暗箱操作、控制提名结果预留了空间。”② “从地方各级公职人员直到正副总统的提名、竞选和选举，都成了党魁和政党机器的手中玩物，引起各党内改革派和人民群众的强烈不满。”③ 到19世纪末20世纪初，在进

① 王雅琴:《选举及其相关权利研究》，济南：山东人民出版社2004年版，第15—16页。

② Thomas E. Patterson, *We The People: A Concise Introduction to American Politics,* 2nd ed.NY: McGraw-Hill, 1998, p.379.

③ 张兹暑:《美国两党制发展史》，石家庄：河北教育出版社2003年版，第379页。

步主义运动的推动下，为了顺应更多公民参与提名的要求，并削弱政党领袖提名候选人的权力，出现了直接初选提名候选人的制度。

直接初选制度（The System of Direct Primary），又称公民表决制或直接预选制，是由党员或选民直接选举产生政党候选人和代表参加正式选举的制度。之所以说“直接”，就是初选不再通过州政党代表大会选出而是由党员或选民直接选出出席全国政党代表大会的代表，而且党员或选民选出的代表要遵从民意选出总统候选人。最早在1824年，直接初选方式曾在宾夕法尼亚州较低层次的地方官员选举提名方式中被采用，在南北战争之后也曾在南方昙花一现。[①] 1899年，明尼苏达州制定了实行直接初选的法律，率先在美国实行初选。首先采取初选制度提名总统候选人的是佛罗里达州，1901年，该州允许民主党采取选民投票方式决定全国代表大会代表，但没有要求代表申明支持哪位总统参选人。1905年，在进步主义领袖、威斯康星州州长罗伯特·拉福莱特（Robert M. La Follete）的支持下，该州通过了更为完整的总统初选法律，规定在该州实行由公民投票直接选举全国代表大会代表的制度。1910年，俄勒冈州通过的法律规定，选民投票需说明支持的总统候选人，并要求本州两党初选产生的代表必须在两党全国代表大会上遵从选民在初选中表达的民意。这一模式，得到其他许多州的纷纷效仿。此后，直接初选制度便广泛流行起来。到1917年，在美国48个州中，有44个州在各种职位的选举中采用了某种形式的直接初选制。[②] 然而，第一次世界大战后，由于进步主义运动的衰败、总统候选人竞选费用的增加等多种原因，直接初选制度出现倒退，取消这种制度的州比采用这种制度的州要多。到20世纪60年代，大概只有16到17个州坚持在总统候选人提名上采用初选制。一些州即使仍然采用初选提

① 余志森、王春来:《崛起和扩展的年代1898—1929》，北京：人民出版社2005年版，第584页。

② 杨明:《美国总统及其选举》，北京：中国社会科学出版社1985年版，第97页。

名制度，也只是所谓的“咨询性初选”，就是把民众的投票结果仅当作参考。

20世纪60年代之后，在民权运动等各种因素的影响推动下，民主、共和两大政党都进行了政治改革，总统选举的直接初选开始回潮。1968年总统大选，民主党明尼苏达州联邦参议员尤金·麦卡锡在初选中大获全胜，但民主党全国代表大会却提名了当时没有参加初选的副总统休伯特·汉弗莱。在当年的总统大选中，民主党败给了共和党。这引起了民主党支持者的强烈反弹，认为党的高层操纵政党机器提名汉弗莱是败选的关键因素。在内外压力下，民主党党内进步势力和基层支持者希望改革提名制度，以确保党的候选人能够回应民意。随后民主党全国代表大会任命国会参议员麦戈文和国会众议员唐纳德·弗雷泽为联席主席的“政党结构与代表遴选委员会”（又称麦戈文–弗雷泽委员会）起草代表遴选规则，旨在保证提名有竞争力的候选人。该委员会于1969年发布一份建议报告，其中包括要求各州各层次政党会议向基层民众开放，按得票比例分配代表，严格限制各州政党组织指定的代表人数，参会代表应宣誓支持某位候选人，增加女性、青年、少数族裔代表比例等建议。在民主党的影响下，共和党也进行了初选提名制度改革，推进各层政党会议更加开放、废止当然代表（ex-officio delegate）等。随着两党初选制度改革的推进，直接初选制度逐步成为总统候选人提名的主导制度。除哥伦比亚特区外，1972年有23个州实行了初选，1976年实行初选的州增加到30个，1980年又发展到35个。[①] 1980年之后的6次大选中，民主党、共和党分别在34个和37个州以及哥伦比亚特区举行了初选，初选的代表产生率分别为71.9%和80.5%。2008年，民主党、共和党分别在38个和39个州以及哥伦比亚特区采取初选，初选的代表产生率分别为68.9%和79.8%。直接初选提

① 杨明:《美国总统及其选举》，北京：中国社会科学出版社1985年版，第98页。

名制度，虽然仍保留了政党全国代表大会，但参加政党代表大会的大部分代表都是根据初选结果决定的，他们的投票取向要体现初选中选民的投票取向，政党全国代表大会完全丧失了提名的功能，实际上只是起到批准和认可初选结果的作用，已经沦为“橡皮图章”。正如有学者指出：“在党代表提名制下，代表由各州政党领袖指派，未经本党选民的选举，也不代表普通选民的诉求。而初选则将总统提名权下放给党内的普通选民，打破了党内精英的垄断，相对来说，是‘党内民主化’的一个进步”。[①]

（二）直接初选制度与美国政治极化

1. 直接初选制度基本概况

直接初选制度是当今美国政党提名候选人的主导方式。“美国是广泛以初选而不是通过政党组织选出政党提名人的唯一国家”。[②] 经过长期发展，美国初选制度形成了广为普遍、富有特色的选举方式。由于美国联邦没有统一的初选法律，各州初选法律由各州议会制定，州政府主持和管理。但各州初选的实质性工作由各州党部负责，在不违背政党全国委员会规定的情况下，各州政党有很大的灵活性，不同的州、不同政党的直接初选是不同的。因而，美国直接初选的制度非常复杂，五花八门，令人眼花缭乱。

（1）直接初选的时间规定

在初选时间上，美国各州分别进行，由各州法律规定在一定时间内自行安排。通常情况下，总统候选人初选提名在大选年的上半年完成。

自1916年起，新罕布什尔州最早进行初选投票，拉开了总统初选

① 王希：《2000年美国总统大选述评》，《美国研究》2001年第1期。

② 〔美〕托马斯·帕特森：《美国政治文化》，顾肃、吕建高译，北京：东方出版社2007年版，第66页。

的"揭幕战"。1968年民主党全国代表大会之后，决定改变全国初选程序。由于艾奥瓦州党团会议比较复杂冗长，1972年该州民主党决定把党团会议提前到1月举行。自此，艾奥瓦州成为比直接初选的新罕布什尔州还早的州。由于提名方式不同，作为最早举行党内提名的这两个州，具有"风向标"地位，对于候选人能否最后胜出影响也比较大。

艾奥瓦州位于美国中西部，是一个传统的农业州，面积只有14.5万平方公里，人口仅有300万。由于是全美第一个进行初选的州，艾奥瓦州的初选具有先声夺人的效应，也被赋予独特的"前哨站"作用，因而成为媒体关注的焦点。如果不是媒体的原因，艾奥瓦州政党会议和新罕布什尔州的预选结果对于总统提名的意义，就跟棒球比赛开幕日的得分对于一场锦标赛的意义没有多大差别。[①] 能够在艾奥瓦州赢得初选胜利的候选人，往往会获得重要的"大选首战"的象征性胜利。在全国媒体的聚焦下，胜出者或表现抢眼的党内候选人，迅速为全国人民所知晓。1976年，名不见经传的吉米·卡特在艾奥瓦州率先取得初选胜利，一路过关斩将，最后入住白宫。因而，艾奥瓦州一直是兵家必争之地，各政党参选人为赢得该州的提名，都会投入大量资金、时间和精力。

大多数州是在2月或3月举行初选，甚至许多州会在同一天举行，出现"超级星期二"现象。这一天会产生众多初选代表，甚至会决定哪位候选人胜出。2020年3月3日，美国民主党初选迎来了关键的"超级星期二"，美国前副总统拜登一举扭转了此前落后的局面，超过了最有可能获胜的领先者桑德斯，奠定了其代表民主党挑战共和党总统特朗普的基础。初选代表选出后，等候参加两党全国代表大会。共和、民主两党全国代表大会召开时间和地点，由两党全国委员会决定，一般在下半年的8月份左右召开，确定本党总统候选人。全国代表大会的

① 〔美〕帕雷兹:《美国政治中的媒体：内容和影响》，宋韵雅、王璐译，南京：南京大学出版社2010年版，第241页。

召开，标志着初选的结束。

（2）直接初选的方式类型

作为党内提名制度的一种形式，初选并不是所有人都能够参加投票的。对选民资格的界定，是初选与大选的最大区别。根据参加政党初选的选民资格的限定情况，可以把美国直接初选大致分为三种主要方式和类型：

一是封闭式初选（Closed Primary），也叫关门初选。这是一种严格的党内直接初选。它规定选民必须属于本党党员，只能投本党的初选票，不能跨党参加投票。选民只有宣布和证明自己的党籍，才能领取本党的初选选票。选民证明党籍的方式，在不同的州有不同的方式。大多数州采取初选前编制选民名册，进行选民登记。有些州是选民在投票前向选举主持人公开宣布自己的党籍，实际上是确认自己的政党倾向；有些州要求选民因政党观察员的质疑而宣誓对该党忠诚；有些州要求选民声明过去投了该党的票；还有一些州要求选民同情和认同该党候选人和该党的原则，等等。[①] 封闭式初选，符合党内提名的基本原则，有利于整合党内意见，但这种选举最容易选出“党性”强、“人民性”弱的候选人，“党性”越强越难以在大选中获胜。目前，美国大多数州采用封闭式初选。

二是开放式初选（Open Primary），也叫开门初选。初选向任何选民开放，不受任何党派限制，不需要登记党派归属，不要求选民申明关于党派的任何信息，只要申明不在其他政党的初选中投票，就可以参加本党的初选投票。目前，爱达荷州、明尼苏达州、蒙大拿州、北达科他州、犹他州、佛蒙特州、威斯康星州等，采用这种方式初选。

三是半封闭式初选（Semi-Closed Primary）。这种初选介于封闭式和开放式两者之间，它规定已经登记为某党选民的只能参加此政党的

① 李道揆：《美国政府和美国政治》（上册），北京：商务印书馆1999年版，第219页。

初选，未登记的独立选民则可以选择参加任何一个政党的初选。

此外，还有允许任何选民可以任意多次参与不同党派初选的无限制初选（Blanket Primary）。华盛顿州和加利福尼亚州都曾经实行过这种模式。1996年之前，加利福尼亚州实行的是封闭式初选，1996年3月，该州通过全民公决实行无限制初选。但2000年联邦最高法院以无限制初选侵犯结社自由为由宣布其违宪，主要是因为这种选举方法允许“那些显然加入某一对立”政党的人可以投票选择另一个政党的候选人。2010年，加利福尼亚州再次通过全民公决决定实行“头两名初选”，即所有候选人在同一张选票上同时参加初选，得票前两名者获得参加大选的资格，前两名既可以是同一政党，也可以是不同政党。如果为同一个政党的两位候选人入选，也不得不相互厮杀。

在当今美国总统直接初选中，封闭式初选是最主要的选民资格认定方式，大概占40%到60%左右的州；其次是开放式初选，占40%左右的州；以及最多20%的州采用半封闭式初选。①

（3）直接初选的当选代表

在总统选举中，各州初选选出的全国代表大会代表具体数量，由各政党全国委员会决定。一般情况下，每个州选出的代表人数是根据该州的人口数量和政党忠诚度来确定的。人口越多的州，选出的代表名额就会越多。同时，在先前的几次选举中对本党的支持度高，会多分一些代表名额，被称为“奖励代表”。原则上由初选选出的代表，要按照选民的意愿投票给总统候选人，因而这些代表被称为“承诺代表”或“宣誓代表”。除各州初选选出的代表外，参加两党全国代表大会的还包括少数“超级代表”，也称“未承诺代表”或“未绑定代表”。他们并非经由初选表决推举，也不同于一般初选投票或党团会议产生的代表那样服从民意，而是可以根据自己的意愿投票给哪位候选人。这

① 刁大明:《美国总统候选人提名制度的演进及争论》,《美国研究》2016年第2期。

些代表由各州政党组织任意挑选的当选官员或党内知名人士，如国会议员、州长、全国委员会委员等来担任。2008年大选时，民主党的4049名全国代表大会代表名额中，初选产生的代表3253名，其中“超级代表”796名，占代表总数的19.3%；2016年大选时，民主党4764名全国代表大会代表名额中，初选产生的代表4051名，其中“超级代表”716名，占代表总数的17.6%。相对而言，共和党的“超级代表”少一些。2016年大选时，共和党全国代表大会代表为2472名，其中“超级代表”144名，占代表总数的5.8%。

美国共和党、民主党总统候选人需赢得过半代表支持，才能获得提名。由于“承诺代表”人数占绝大多数，在候选人的选择方面发挥着决定性的作用。但如果候选人的“承诺代表”数量比较接近，“超级代表”就能发挥关键性作用。2016年的民主党初选中，比较激进的桑德斯和希拉里的“承诺代表”数量相差不大，但“超级代表”却大部分支持希拉里。这是2016年美国大选中，民主党能够遏制左翼自由主义的桑德斯，而共和党却无法限制右翼保守主义特朗普的重要原因。相对“承诺代表”,“超级代表”具有专业化的特征，比较理性，受激进选民影响较少，能够利用他们的经验和资源做“同行评价”，评估参选人的获胜可能性以及未来执政的能力。美国政党设立“超级代表”的初衷之一，就是影响候选人的政策和竞选，防止出现极端意识形态政治人物，以推出温和理性的政治人物，获得中间选民支持。民主党1972年提名了意识形态过于偏激的麦考文，无法获得中间选民的接受而败选；1976年提名缺乏华盛顿政治经验的吉米·卡特，无法融入华府政治圈，很快陷入内政外交矛盾重重的困境而最终连任失败。这使民主党内部再次出现质疑初选制度和普通选民政治判断能力的声音。为了纠正选民“热情冲动且没有远见”的偏好，民主党组建“亨特委员会”，进一步推动党内初选改革，重新采纳了由政府官员、政党领袖以“超级代表”的身份直接参与全国代表大会的做法，以调节初选可能出现的意识形态极端化的趋势。曾作为民主党副总统候选人的杰拉尔丁·费雷罗在2008年撰文指出，“超级代表”存在的两个理由：一是鉴于初选的低投票率，其结果未必能反映民主党政党利益；二是由于各州的“开门初选”或“半开门初选”，初选结果可能受到中间选民甚至共和党选民的左右。[①] 同时，如果在全国代表大会上第一轮投票中没有候选人过半，就意味着第一轮投票将流选，则需要多轮投票。那么，在其后的多轮投票中，“承诺代表”被“释放”或“解除”，就可以不用考虑民意，而是根据自己的意愿进行投票。

2. 直接初选制度对美国政治极化的影响

美国直接初选制度扩大了“党内民主”，增强了选举透明性，削弱了政党精英和职业政客对候选人的影响，从而吸引更多的人参与总统竞选活动，有利于“新鲜血液”充实到政治体制中。同时，长达数月的初选是一个大浪淘沙的过程，通过媒体的大量关注和对候选人的智力、体力、判断力、管理能力、公众形象、道德品行的曝光，最后胜出的候选人都是经过民众全方位检视、充分了解的候选人。但直接初选制度，延长了总统选举时间，再加上正式选举，长达近一年的时间，如果算上“隐形初选”，时间更长，浪费了大量社会资源，以及直接初选制度本身的弊端，产生严重了消极作用。近些年来，随着直接初选选出的候选人“党性”的增强，使美国政治极化越来越严重。

一是直接初选投票率低，参加投票的大部分是政党意识形态强烈的选民，助推候选人更加激进。在美国，选举投票活动较多，而且选举大都在工作日内进行，人们政治热情不高。总统大选是美国选民关注最高、投票积极性最高的选举，即使在最高投票率记录的1876年也就81.8%，进入20世纪之后投票率更是长期低迷，一般就保持在百分之五六十上下的水平。而作为党内提名的初选投票率更低，远远低于

① 刁大明:《美国总统候选人提名制度的演进及争论》,《美国研究》2016年第2期。

全国大选，一般占合格选民的20%—25%。虽然总统候选人提名的初选向广大普通选民开放，但这毕竟是党内选举，而且大多数州属于封闭式初选，要求选民提前进行党员登记。这在一定程度上增加了选民参与投票的成本，导致初选投票率低。低投票率，很大程度上不能有效反映所有选民的样本。参加投票的大多数是政治热情高、本党意识形态强的积极分子。“忠实的党员构成了规模庞大的活跃选民，而普通党员和独立分子成为一少部分，这就使得现在的选举比上一代的选举更加意识形态化。”① 有什么样的选民，就会选出什么样的候选人。“参加投票的是政党的积极分子，比较重视‘意识形态’，由他们选出的出席全国代表大会的代表，重视观点的人所占比例较大，对一些问题的立场不像过去那样易于妥协。”② 政党候选人只有迎合本党选民的理念，尽力向本党基本意识形态靠拢、得到多数本党选民认可，才可能在初选中胜出。在这种情况下，初选产生的党内候选人往往是具有浓厚政党色彩的政治人物，其极端的政策主张也一定偏向党内传统的支持者。③ 2008年，在共和党党内初选中，党内保守右翼力量对多位参选人都不认可，觉得他们都“不够保守”。在共和党初选后期，极端右翼的保守力量对即将出线的亚利桑那州联邦参议员麦凯恩发起攻击，指责麦凯恩是“披着共和党外衣的自由派”，声称如果他从党内胜出会毁掉共和党，甚至有些人扬言要另推举共和党外的其他保守派总统候选人。这逼迫麦凯恩不得不向党内保守势力“示好”。在直接初选过程中，分别代表保守和自由两大党的民主党和共和党，往往会受到极端保守派和极端自由派的牵制，越是极端的越能够引起大多数选民的注意和“死忠”选民的认可。2016年总统初选中，特朗普从右翼、桑德

① Pietro S. Nivola and David W. Brady, (eds.), *Red and Blue Nation: Characteristics and Causes of America's Polarized Politics,* The Brookings Institution Press, 2006, p.114.

② 李道揆:《美国政府和美国政治》(上册)，北京：商务印书馆1999年版，第230页。

③ Nelson W. Polsby & Aaron Wildavsky, *Presidential Elections: Strategies Of American Electoral Politics,* 6th ed., NY: Charles Scribner's Son, 1984, pp.104-105.

斯从左翼的“逆势崛起”，就足以说明直接初选对政治极化所起的“推波助澜”作用。在国会议员初选中，特别是封闭式党内初选更容易选出极端人物。目前，在国会议员初选中，民主党在17个州实行封闭式初选，在20个州实行开放式初选，在10个州实行半封闭式初选，在14个州实行其他类型的初选；共和党则在21个州实行封闭式初选，在19个州实行开放式初选，在8个州实行半封闭式初选，在3个州实行其他类型初选。①

二是直接初选制度压缩了小党存在空间，强化了两党制度体系，使政党意识形态更加分化。美国是典型的两党制国家，虽然也存在其他小党，但到目前为止还没有执过政。在多元社会，代表部分群体利益的小党的诉求如果长期得不到尊重，有可能引发社会不稳定，甚至会改变两党体制。美国直接初选制度可以使小党小派在初选中表达利益诉求、发挥影响，在一定程度上实现自己的目标。这一方面不同理念的候选人可以参与同一个政党的初选，为代表部分群体利益的派别提供表达机会，有利于巩固美国两党制。与其他多党制国家相比，美国政党组织比较松散，这种普选式的直接初选程序可以吸纳包容党内反对派，使他们能够通过努力获得提名，而无须组建第三党参选。两大政党及其候选人也往往会调整选举策略，吸纳党内反对派的意见和政策，以吸引更多选民。“那些潜在的少数党通过预选体系发挥自己在主要政党内部的影响”，而这些美国选举制度和预选体系使得“两党制被保留了下来”。② 但另一方面，正是这种初选体制把相对温和理性的小党“扼杀”在两党体制中。同时，在选举经费支持上，要求第三党必须获得一定门槛的选票率，而对共和、民主两大党则没有这样的要求；在初选辩论的安排和时间分配上也偏向两大政党。这就使得第三

① 节大磊：《美国的政治极化与美国民主》，《美国研究》2016年第2期。

② James Q. Wilson, *American Government: Institutions and Polities,* D.C. Health and Company, Lexington, Massachusetts, US 1980, p.163.

党发展更加困难。两党制并不一定必然带来政治极化，但两党制确实是产生政治极化的基础。在政党政治下，要想参选重要公职，没有政党的加持，当选的可能性很小。要获得政党提名，就要经过共和、民主两大政党初选这一关，而初选容易选出极端人物，造成政治极化。

三是直接初选制度实现了“以政党为中心”转向“以候选人为中心”，为极端政治人物提供了平台。直接初选的普及，候选人的产生由选民直接投票决定，政党组织和政党领袖失去了对候选人的决定权和控制力，政党组织的功能被大大削弱。这就使美国选举政治实现了从“以政党为中心”向“以候选人为中心”的转变。“以候选人为中心”是指选举活动聚焦在候选人的行动和策略上，而不是政党上。虽然初选仍为党内选举，政党候选人仍要在本党的规则内参与竞选，但是政党组织和政党领袖的影响力与过去不可同日而语，他们在初选中的作用变为辅助和帮助候选人，而候选人自己组织的竞选组织逐渐发挥了重要作用。“不管是初选前阶段，还是初选阶段，总统候选人要想获得政党提名，必须也只能依靠自身的竞选资源来进行；不管是在政党代表大会上，还是大选最后冲刺，总统候选人及其竞选组织始终发挥着主导作用。”① 这样，候选人可以贴着政党的标签，但政党组织却失去了主导选举的提名，这很难约束和控制候选人的言行。一些候选人为了在初选中胜出，往往作出一些过激言行，甚至批评本党的“建制派”以博眼球，不需考虑政党领袖的意见。可以说，初选为极端候选人的胜出提供了平台、创造了条件。

（二）党团会议与政治极化

在当今美国政党提名候选人方式中，除大多数州采用直接初选制度外，还有部分州保留党团会议的初选方式。党团会议是由州的政党

① 林宏宇：《白宫的诱惑——美国总统选举政治研究》，天津：天津人民出版社2017年版，第51—52页。

组织开会协商或投票产生该州的代表或候选人的制度。事实上，现在的党团会议产生代表与过去各州政党组织产生代表，有着很大不同。现在的党团会议一般对所有基层党员开放，选民能够比较自由参与，党员还可以面对面同候选人交流，这与直接初选已无实质差别。但不可否认，党团会议最大的问题是只能由少数比较核心的积极党员参加。积极党员就意味着意识形态比较强的党员，他们更偏爱意识形态比较强的候选人。这也成为助推政治极化的重要因素。

现今，美国最早进行初选的艾奥瓦州就是采用党团会议推选总统候选人的州。自20世纪70年代以来的每次总统提名过程中，一般都会有20%到30%的州采取党团会议方式，2016年初选中，民主党、共和党分别有18个和16个州、哥伦比亚特区及属地采取党团会议方式。① 相比直接初选的简单投票，党团会议要复杂得多，各州的程序不尽相同，而且民主党和共和党程序也各有特色。一般是从选举点（社区中心、学校、图书馆、教会等）、县、选区到州逐级召开代表会议，逐层协商产生参加全国代表大会的代表。作为最早举行总统初选的州，艾奥瓦州党团会议程序备受关注。1846年，艾奥瓦州的政党决定采用党团会议方式进行总统初选。民主党的党团会议是以分组的形式参加会议，每个选民在进入投票现场时要明确自己支持的候选人，集中在提前分好的某个候选人区域，拿不定主意的被分在“未定区”。会议开始之后，直接统计人头数，如果一位候选人的支持者超过与会选民的15%，那么他就会成为有效候选人；如果低于15%，那么他就成为无效候选人，丧失候选人资格。经过第一轮计票之后，选民可以讨论交流，说服那些没有拿定主意的选民和支持无效候选人的选民支持自己的候选人。然后，选民可以用脚投票，再次决定支持哪位候选人，走到自己认可的候选人区域，或者干脆弃权离开。在重新洗牌之后，会议组

① 转引自刁大明:《美国总统候选人提名制度的演进及争论》,《美国研究》2016年第2期。

织者再次计票。这次计票结果就是候选人的得票率。各选区党团会议把每位候选人的得票结果上报到选举机构。共和党的党团会议相对简单一些，选民只要在各自选区的党团会议中，直接投下自己的不记名选票即可。由于共和党在该州大多数情况下是采用赢者通吃的规则，在选区内获胜就赢得该选区所有参加县大会的代表票，在全州层面获胜者就赢得州所有参加全国代表大会的代表票。在美国，多数采用党团会议的州，与艾奥瓦州的情形基本相同。

由于党团会议方式比较复杂，往往需要花费参与者更多的时间和精力，因而参与投票率更低。有研究统计结果表明，在有资格选民中只有2%的人会参与各层次的党团会议，即便备受关注的艾奥瓦州的党团会议也只能吸引14%到20%的选民。"高门槛"的党团会议往往能够吸引党内热衷政治、意识形态强的选民参加，这样候选人就容易被积极党员所绑架，也更有利于激进的候选人胜出。2008年，在民主党的初选中，有哥伦比亚特区和12个州采取党团会议方式初选，相对持中间立场的候选人希拉里只赢得两个州，其他州全部输给了立场更为激进且受年轻选民青睐的候选人奥巴马。①

二、选举人团制度与美国政治极化

美国总统并非由人民直接选举产生，而是由各州人民选举产生的选举人（elector）组成选举人团（electoral college）选出的。选举人团制度，是富有美国特色的选举制度。该制度自确立以来，对于美国宪政的发展、政局的稳定发挥了重要作用。但随着美国政党的形成、普选的实现、"赢者通吃"计票规则的运用，使选举人团制度发生重大变化，缺陷和弊端日益出现，越来越偏离制宪者的初衷。总统选举的白

① 转引自刁大明：《美国总统候选人提名制度的演进及争论》，《美国研究》2016年第2期。

热化竞争、“红州”和“蓝州”的分裂等政治极化问题，正是选举人团制度缺陷和弊端的重要体现。

（一）选举人团制度的基本概况

独立战争之后，美国并没有一个有效的全国性行政和司法机构，中央政府十分松散，权力有限，不利于国家的治理。1787年美国制宪会议决定，在组建联邦制的同时，建立一个强有力的中央行政机关。会议期间，与会代表对如何产生行政官的问题进行了激烈讨论，有的主张由联邦议会选举产生，有的主张由全国人民选举产生等。经过多轮讨论和协商，最后达成妥协，行政官（制宪会议初期使用Executive，直到最后才用President的头衔来称呼新政府的首长）由各州议会选派的选举人组成选举人团选举产生。联邦宪法对选举人团的人员组成、产生方式、运作方式等作出了规定，为选举人团制度奠定了宪法基础。

关于选举人团的人员组成，联邦宪法明确规定，行政权属于美利坚合众国总统，总统任期四年，副总统任期相同，总统和副总统按照以下方式选举：每州依照该州议会所定方式选派选举人若干人，其人数同该州在国会应有的参议员和众议员总数相等，但参议员、众议员以及在合众国政府任职或有薪金职务的人不得被选派为选举人。选举人团类似于罗马天主教中地位崇高、具有选举教皇权利的红衣主教。之所以通过选举人团而不是由联邦议会选举总统，美国制宪者的考虑是总统地位重要，如果由联邦议会选举，总统可能丧失独立性，成为议会的附庸。为此，宪法不仅规定议员和政府任职或有薪金职务的人不能担任选举人，而且选举人团是专门为选举总统而组成、达到目的之后即行结束的临时性组成的团体。同时，制宪者对人民的理性能力持怀疑态度，他们认为应该让人民的意志起作用，但人民缺乏足够的信息、知识和理性，不能正确地判断复杂的政治事务，容易受他人操纵，也不能让人民直接选举总统。有制宪代表指出，将一个适合担任行政首脑的选择权交给人民，犹如将确认颜色的任务交给一个盲人一样，是不合常理的。[①] 汉密尔顿指出，直接选出的选举人“最善于辨别适宜这一职位需要的品质，可以在有利于慎重审议的条件下行动，并使一切理由和主张都能适当地结合在一起，以便作出选择。由人民群众普遍从本地同胞中选出的少数个人，最有可能具有进行如此复杂的审查工作所必需的见闻和眼力”。[②] 制宪者设想的选举人团制度是基于这样的信念：既能够听取人民意见，并对人民的意见起到过滤作用；又避免受现成机构的影响干扰，不直接承受民意压力，不受区域与党派偏见的影响，以确保独立、理性、审慎的判断选出最优秀的人当选总统。因此，有学者指出，选举人团制度是满足两方面需要的哲学和战略的妥协——建立一个稳定的共和国政权和保障行政机关的独立性。[③]

关于选举人团的产生方式，宪法把选择选举人的权力赋予各州议会，由各州议会自行决定产生选举人的方式。最初，美国大部分州是由议会直接指定选举人，只有两个州采取州普选制。有些州对选举人的产生方式曾作过多次改变。比如，马萨诸塞州在前10次总统选举中不下7次改变选举人的产生方法，并且常常是为了迎合党派的短期利益。[④] 19世纪之后，随着美国民主化的推进、选举权的普及，议会选择选举人做法越来越不适应，各州逐渐改为由选民直接选举选举人。到1836年，除南卡罗来纳州之外，美国其他州都采用全州范围的选民直接投票的方式产生选举人。1864年，南卡罗来纳州也改为普选方式。

---

① Max Farrand，*Records of the Federal Convention of 1787*, vol.2. New Haven: Yale University Press, 1966, p.30.

② 〔美〕汉密尔顿、杰伊、麦迪逊:《联邦党人文集》，程逢如等译，北京：商务印书馆1980年版（2015年重印），第399—400页。

③ Timothy S.Boylan, *A Constitution Defense of the Electoral College and the Election of the American resident,* The Open Political Science Journal, 2008, 1, p.51.

④ 〔美〕罗伯特·达尔:《美国宪法的民主批判》(第二版)，北京：中国人民大学出版社2015年版，第56页。

此后，加入的州也都在建州之初就实施了普选制度。

关于选举人团的运作方式，联邦宪法规定：选举人在本州选举，投票选举两人，其中至少一人不是本州居民。选举人制作一份名单，列出全体得票人和所得票数，签名后名单生效，密封送往联邦政府所在地，交给参议院议长。参议院议长当着参议员和众议员的面，启封名单，然后点票。得票最多并且超过选举人半数者为总统。如果一人以上获得半数，且得票相等，众议院立即投票从中选出一人为总统；如果无人得票数过半，众议院以同样的方法，从得票最多的五人中选出一人为总统。但选举总统时，按州为单位投票，每州一票；选举总统时需要三分之二的州的一名或几名议员在场，并以取得过半数州的票数为当选。在上述各种情况下选出总统后，得选举人票最多者为副总统；但若两人以上获得相等票数，由参议院投票选出副总统。美国宪法颁布之后，选举人团制度在选举总统中被付诸实施。1789年，美国举行第一届总统选举，华盛顿被各州一致提名为候选人，在选举人投票中也获得全体支持。1792年，华盛顿连任总统时，同样得到选举人团的全体支持。这时期的选举人认为他们的利益与联邦政府的利益是连接在一起的，他们从联邦利益出发作出独立判断。美国制宪者认为，尽管选举人团制度还存在很多需要完善的地方，却是非常美好的方式。选举人团制度的不完善，随着政党的形成，很快在总统选举中得以暴露。

1796年，华盛顿不再谋求连任第三届总统。这时，美国基本形成的联邦党和民主共和党两大党派，都分别推荐各自的总统候选人，杰斐逊和伯尔被民主共和党推为候选人，亚当斯和平尼克被联邦党推为候选人。各政党都希望选举人选出本党推荐的总统候选人，而最简单的办法就是由政党任命选举人。这样，政党控制了选举人的产生和投票，使选举人由基于州的考虑投票转向以政党的立场投票，选举人制度安排初衷发生改变。

美国宪法规定选举人要投票选举两人，但并没要求区分总统和副总统人选，而是根据最终得票情况，得票最多的为总统，次多的为副总统。这样规定，目的是防止选举人只把票投给属于自己州的总统候选人，但这就可能出现当选的正副总统不是一个政党所提名的候选人，还可能出现票数相等的情况。政党控制选举人后，各州的选举人往往按照政党的意思进行整体投票。虽然宪法也对候选人同等选票的情况作了规定，但还是出现了总统“难产”的情况，使选举人团制度遇到前所未有的挑战。在第三届总统选举中，联邦党虽然占有明显优势，本应该能够从总统选举人那里获得多数票，但由于党内分裂，选举人票比较分散，最后亚当斯获71票，以区区三张选举人票的优势当选总统，而让获得68票的对手杰斐逊当选副总统。这种尴尬的结果，是两党都不愿看到的。

选举人团制度确立之后，面临的最大挑战是在第四届总统选举中。1800年，杰斐逊和伯尔作为民主党候选人，同联邦党的亚当斯竞选。统计选票的结果，同为民主共和党的杰斐逊和伯尔得票相等，各获得73 张选举人票，而总统亚当斯获得65张选举人票。这样，只能由众议院进行投票决定总统人选。美国当时有16个州，每州一票，要想当选总统意味着至少获得9张选票。而民主共和党只控制8个州。联邦党打算阻止杰斐逊和伯尔两人都不能当选总统，他们通过鼓动其余8个州不投杰斐逊和伯尔的票，使两人的选票都不过半，一直处在僵局状态，直到总统宣誓就职那一天。这样，就可以通过联邦党人控制的国会重新修订法律，将总统权力继续掌握在本党手中。在这种情况下，经过反反复复35次投票都未能产生总统，这是美国独立以来遇到的前所未有的宪政危机。这时，作为立宪者的联邦党人汉密尔顿，出于对国家整体利益考量以及因政见不同而对伯尔的反感，进行了斡旋。在第36次投票中，两个州改变投票意向，最终杰斐逊获得10票而当选第四届美国总统。这次宪政危机的出现，在于选举人团制度的“漏洞”。为了避免这样的危机再次出现，1804年，第八届国会通过了宪法第十二条修正案。该修正案规定，选举人必须对总统和副总统候选人分别投票；将每位总统选举人所投的两票改为一票投给总统，另一票投给副总统。这就要求政党提名候选人时必须对总统和副总统作出区分，这就弥补了宪法的缺陷，有效避免了同一政党候选人在选举中的撞车，对于总统选举制度的稳定发挥了重要作用。

可以说，政党的形成、普选的实现，选举人团的讨论和审议转到政党内部的决定，使得选举人团制度发生了根本性的改变，已经不是不受任何机关或个人的制约的“独立的政治机构”，而是成为政党的代理人。总统选举人的自主性完全丧失，不仅成为人民意志的“传声筒”，而且沦为政党意志的“奴仆”，选举人选举成为走过场的“游戏”，背离了当初立宪者设计宪法的初衷。

在选票印制方面，就能够反映出总统选举人地位和作用的变化。美国早期的总统选举，选票要列选举人的名单，由选民投票。但随着政党控制选举人提名之后，选举人的名单是否出现在选票上已不再重要，往往取决于各州的法律规定。大多数的州的选票上只写“支持（总统和副总统候选人）的选举人”字样，不列出选举人；有的州还把选举人的名单印在选票上，但在总统候选人的名字后面；有的州甚至根本不把选举人的名字印在选票上，选民要想了解选举人则要到州政府或是州选举委员会的网站去查阅。现在，在总统选举实务操作中，州议会一般允许参与本州总统选举的各政党在选举之前提出一份忠于其政党的选举人名单，选民给某一政党选举人整体投票，如果该党能够赢得州的相对多数选票，就意味着该党赢得州全部选举人票，州政府就会派出该党提名的那一组总统选举人代表本州参与选举人团投票。各州还针对不按照州选民选票意愿投票的“失信选举人”，制定了相关的惩罚措施。有些州的法律明确规定，选举人必须投票给赢得普选票的总统候选人；有些州让选举人选前签下承诺书，如果违背承诺将被处以罚金。虽然在美国总统选举历史上有“失信选举人”，比如2016年大选就有7名“失信选举人”，5名本该投给希拉里的选举人改投他人，2名本该投给特朗普的人改投他人，但是他们少数人改投他人并没有影响到大选结果，并且他们改变偏好也与立宪者所设想的经过审议而改变偏好的情况有所不同。这样，立宪者希望选举人团作为一个能够独立地、不带感情地、公平地选举最适合总统的审慎性团体，就转变为表达选民意见和政党投票行为的工具。正如1892年美国最高法院在一个案例判决中指出，毫无疑问，选举人在最高行政长官的选举中，应当理性地做出独立的并且公平的判断，但是现实经验很快显示出，无论选举人是由州议会选举，或者是通过选民选举，还是由区域制度选举，选举人只是在传达倾向于某一特定候选人的命令性的意志而已。①2016年美国大选结束之后，在选举人投票之前，一部分民主党支持者希望选举人团制度能够回归制宪者设计的初衷，他们组织几百万人的请愿活动，要求特朗普胜选州的选举人团能够理性投票，改投希拉里。希拉里胜出的科罗拉多等州的几位选举人，甚至组织了“汉密尔顿选举人团”，上诉联邦法院，挑战29州和华盛顿特区惩处失信选举人、维护党派绑定的立法的合宪性。但这一诉求，被联邦法院以阻碍行政权力和平交接的政治图谋为由而驳回。

由于选举人团制度存在的局限和问题在美国政治实践中不断显现，要求修改和废除选举人团制度的呼声不断出现。在美国历史上，先后有几百个议案要求修改或取消选举人团制度，但由于历史和制度安排等原因，除1804年生效的宪法第十二条修正案外，一直没有发生较大的改变。

（二）选举人团制度的名额分配与政治极化

美国是一个联邦制国家，各州掌握着强大的权力和资源。立宪者

① John R. Koza, Barry Fadem & Mark Grueskin, *Every Vote Equal,* National Popular Vote Press, 2011, p. 44.

在制定联邦宪法时，为了建立联邦向各州作了妥协和让步，选举人团制度就是这种妥协和让步的产物。一定历史时代的产物，如果不随着时代的发展作出与时俱进的调整，必然会带来问题。“选举人团制是制宪会议的一个妥协，准确地说，它是美国从州主权为核心的政体向联邦与州主权共存的政体转换过程中的产物。正因为如此，它的设计和运作带有明显的时代局限性。”① 虽然美国总统是在联邦层面经由选举人团投票产生的，但是总统选举是以州为单位进行的，组成选举人团的总统选举人都是在各州产生的。总统选举人在各州产生后，实际上已经确定了总统人选，最后选举人团投票只不过是对州内选举结果的确认。美国大选年11月的第一个星期一后的第一个星期二是总统大选日，选举产生的是代表选民的选举人，而12月第二个星期三之后的第一个星期一选举人投票选举，最终在法律意义上正式确定总统当选。所以，总统大选的核心阶段是在各州内部决定选举人票归属的选举，通常大选结果在大选投票日当天便可根据各州选举结果算出来。可以说，美国总统选举人团制度，实际上是以州为基础，而不是以选民个人为基础的。按照联邦宪法的规定，各州选举人的数量同该州在国会应有的参议员和众议员总数相等，且当出现没有候选人赢得选举人团过半数票的情况时，人口大州和人口小州有平等的权利选择总统。这一名额分配制度，既包含了北部自由州与南部蓄奴州之间的妥协，因为在计算南部各州人口总数时将奴隶人口按五分之三算入自由人口总数；又包含了人口大州与人口小州之间的妥协，特别是照顾了人口小州的利益。这种妥协，在当时具有一定的必要性，但却造成了州与州之间的不平等，为不同州之间矛盾和对立的地理极化埋下了伏笔。

选举人团制度的名额分配，首先导致不同州选举人票价值的不平等。由于选举人与各州议员数相等，那就意味着每个州至少有3名选

① 王希：《2000年美国总统大选述评》，《美国研究》2001年第1期。

举人（2名参议员和至少1名众议员）。美国独立建国之初，人口不到300万，每个州的人口相差很少，在小州至少3张选举人票的保证下，每张选举人票所代表的人口数量相差也不是很大。随着美国州数量的增多和人口流动变化，选举人票数虽然也在不断调整，但是各州选举人票所代表的人口数量不平等更加凸显。美国也是存在地区差距的国家，东西海岸比较发达，而中部比较落后。由于美国人口是自由流动的，越来越多的人口往东西部沿海迁移，导致中部地区人口越来越少，这就造成中部州的选举人票“含金量”越来越高。自1961年以来，首都华盛顿所在的哥伦比亚特区也获得3个选举人票，相当于一个小州，美国总统选举人票数固定为538张，若总统候选人获得过半数选举人票（270张或以上），便能当选总统。根据2010年人口普查后选举人票的分配，人口最多的加利福尼亚州有55张选举人票，人口较少的阿拉斯加州3张选举人票（如表3）。这一名额分配，使得不同州选举人票所代表的人口数量严重不平等。比如加利福尼亚州虽然选举人票最多，但人口有3700万人，也是美国人口最多的州，每张选举人票代表69万人口；而人口最少的怀俄明州，有56万人，3张选举人票，每张选举人票代表18万人口。这就意味着加利福尼亚州每张选举人票所代表的人口数量是怀俄明州的4倍。可以看出，选举人团制度这一名额分配方式，对人口小州来说是有利的，小州的每张选举人票的“含金量”偏高，具有了超额代表权。在制宪期间，一些人口大州就主张总统由人民选举产生，但遭到人口小州代表的强烈反对，他们认为自己在人口上处于劣势，相应地选举影响力也比不上人口大州，这必然会使小州的利益得不到像大州那样的满足。为建立和巩固联邦，更好照顾人口小州和偏远地区的利益，最后人口大州的代表不得不妥协采用选举人团制度模式。这是符合美国当时政治需要的。但随着美国民主化程度的深入，一人一票、等票等值原则的确立，选举人团制度的名额分配原则对同样生活在美国的选民来说，是明显不公平的。

表3　美国各州选举人票分配一览表

州	选举人票数（张）	州	选举人票数（张）	州	选举人票数（张）
阿拉斯加州	3	阿肯色州	6	爱达荷州	4
北卡罗来纳州	15	北达科他州	3	宾夕法尼亚州	21
得克萨斯州	34	俄亥俄州	20	俄克拉荷马州	7
俄勒冈州	7	佛罗里达州	27	佛蒙特州	3
弗吉尼亚州	13	加利福尼亚州	55	科罗拉多州	9
华盛顿州	11	怀俄明州	3	肯塔基州	8
康涅狄格州	7	堪萨斯州	6	缅因州	4
路易斯安那州	9	罗得岛州	4	密歇根州	17
马里兰州	10	马萨诸塞州	12	密苏里州	11
明尼苏达州	10	密西西比州	6	内华达州	5
蒙大拿州	3	内布拉斯加州	5	南达科他州	3
纽约州	31	南卡罗来纳州	8	威斯康星州	10
特拉华州	3	田纳西州	11	新墨西哥州	5
新罕布什尔州	4	新泽西州	15	亚利桑那州	10
西弗吉尼亚州	5	亚拉巴马州	9	艾奥瓦州	7
伊利诺伊州	21	印第安纳州	11	佐治亚州	15
犹他州	5	夏威夷州	4	哥伦比亚特区	3

如果说，选举人团制度的名额分配虽然有利于人口小州，但人口大州选举人票总数比较多，也就平衡了这种不公平。那么，若没有总统候选人赢得过半选举人票，在众议院再次投票时，无论人口大州还是人口小州选举总统都只有一票的权利，这虽然体现了州权的平等，但却违背了一人一票、等票等值的原则，导致州与州之间的矛盾。杰斐逊曾经指出：我把宪法中将最后选举总统的权利，通过一州一票的原则交给立法机构当作我们宪法中最危险的污点，总有一天它会带来一些不幸的事。[①] 杰斐逊作出这样的论断，不是没有道理的。美国历

① Neal R.Peirce and Lawrence D. Longley, *The People's President: the Electoral Collegein American History and the Direct Vote Alternative,* p.107.

史上在众议院以一州一票选举总统的情况不止出现过一次，都造成了美国宪政的危机，除1800年的总统大选外，还有1824年的总统大选。在1824年总统大选中，有4名候选人角逐总统大位，第一次投票结果获得的选举人票数分别是：参议员安德鲁·杰克逊99票，国务卿约翰·昆西·亚当斯84票，财政部长威廉·克劳福特41票，众议院议长亨利·克莱37票。当时共261张选举人票，没有一个人达到131张的半数。这样，必须进入众议院进行再次选举。在众议院选举，主要是在杰克逊和亚当斯两人之间进行选择。克莱虽然在4人中获得选举票最少，但其众议院议长的位置，却偏偏掌握了谁当选总统的大权。亚当斯通过和克莱进行私下交易，答应克莱如果支持他，就在当选后任命克莱为国务卿。这样，投票的结果是亚当斯获得多数州的支持当选总统，而获得普选票和选举人票最多的杰克逊败选。这次总统选举，再次显示出选举人团制度的问题。杰克逊宣布亚当斯当选总统非法，并第一次公开主张废除选举人团制度。选举人团制度的安排，偏离了人与人之间平等的民主原则，同时造成州与州的矛盾和对立，引发美国地理上的政治极化。这也是近些年来越来越多的人特别是人口大州的人反对和抵制选举人团制度的重要原因。

（三）选举人团制度的计票规则与政治极化

计票规则对选举结果十分重要。当今，美国总统选举人团制度的计票规则，除缅因州和内布拉斯加州从全州范围投票选举两名选举人、其他的选举人通过每个国会选区投票产生外，其他48个州和哥伦比亚特区都是采用了“赢者通吃”规则。所谓“赢者通吃”，就是赢得一个州相对多数选民票的总统候选人也就赢得该州的所有选举人票，排在第二的候选人得不到一张选举人票。然而，这种规则不论是在制宪会议期间还是在美国宪法中都没有被提及。美国独立建国初期大多数州都不是采用“赢者通吃”制度。在筹备1789年第一次总统大选时，有的州是分选区选举选举人，有的州是在全州范围内普选产生选举人，只有宾夕法尼亚州、新罕布什尔州和马里兰州采用“赢者通吃”制度。[①] 1800年，弗吉尼亚州州长詹姆斯·门罗为了确保民主共和党在该州的利益，将分区选举制度改为“赢者通吃”，开启了在全美国实行“赢者通吃”计票规则的大门。在共和、民主两大政党推动下，“赢者通吃”计票规则在美国逐渐推开。这种以州为单位、按照“赢者通吃”规则的美国总统选举人制度，相当于单一选区制的“团体票制”，即政党提出本党的选举人团的捆绑名单，由选民来投票选举决定。美国各州之所以采取“赢者通吃”的计票规则，是因为这样把选举人票捆绑起来，可以加强本州选举人在选举人团中的力量。如果分散投票的话，本州选举人票的影响会相互抵消，在全国的影响力就会削弱，不能引起总统候选人应有的重视。“赢者通吃”的计票规则，强化了胜者优势，加剧了美国政治极化的趋势。

一是使“蓝州”更蓝、“红州”更红，形成美国“红州”“蓝州”僵化对峙的政治版图。“赢者通吃”的计票规则，使候选人即便获得一个州微弱多数，也就赢得该州全部选举人票，这进一步强化了某政党在某个州的优势，使得大多数州长期被某一政党控制，而且其他政党在这些州很难翻盘，加剧地理极化。结果是，决定美国总统选举的往往是几个关键的“摇摆州”（Battleground States）。从政策的角度来看，选举人团制度鼓励候选人对人口多、工业化程度高和有众多未定的选举人票的有竞争力的州投入更多的精力。[②] 在美国总统选举过程中，至少有三分之二的“红州”“蓝州”几乎成为“旁观者”，等候佛罗里达、俄亥俄等几个“摇摆州”的投票结果决定谁当选。正因如此，总统候

① 游天龙、华建平、林垚：《总统是怎么选出来的——美国总统选举通识读本》，北京：台海出版社2016年版，第43页。

② Stephen E. Frantzich and Stephen L. Percy, *American Government: The Political Game*, Wisconsin: Wm. C. Brown Communications, Inc., 1994, p.285.

选人主要的时间、精力、资金既不会投到毫无希望的州，也不会投到完全有把握的州，而往往投入到选举结果不确定的“摇摆州”或“战场州”，导致“摇摆州”的利益诉求得到更大的回应，而其他州的利益诉求难以纳入相应的考量，这就造成州与州之间的不平等，出现了“摇摆州利益挟持国家政策”的情况。2005年美国布鲁斯金学会在发表的“政治两极化的思考”报告中指出，选举人团制度会在全国很大的范围内挫伤选民选举的积极性。总体来看，在2004年的秋季选举中，投票率比2000年增加了5%。但其中绝大多数的增加值是来自“摇摆州”。这是因为选举人团制度将每4年一次的选举局限在那少数的几个州，其他州的人认为他们的选票并不重要。① 1992年总统大选，克林顿赖以成功的选民瞄准战略的基础，是把全国划分为三大目标地区，即“稳获成功的州”“需要苦斗的州”，以及“极难取胜的州”，后两个地区被克林顿竞选团队称为“战场州”。于是，克林顿阵营把竞选广告主要投到竞争最激烈的20个州，在这些州的广告费都超过了对手老布什阵营。为此，克林顿竞选团队选择32个州而放弃19个州，结果选择的32个州赢得31个，放弃的19个州赢得1个。② 2016年特朗普在大选中能够胜出，在选情地图上来看，关键是赢得了俄亥俄、艾奥瓦、北卡罗来纳等大多数“摇摆州”。“更多的州在‘赢家通吃’制度的促进作用之下早早地确定了自己的阵营归属，导致摇摆州的数量进一步减少，等于是‘赢家通吃’制度把更多的州从大选中剥离，结果出现五分之四的选民只能选择‘强势围观’这一窘境。”③ 在美国大多数“红州”“蓝州”固

---

① Pietro S. Nivola, *Thinking About Political Polarization,* Washington, DC: The Brookings Institution. Policy Brief 139. January 2005.转引自王九龙：《美国总统选举人团制度及其改革的分析》，2013年暨南大学硕士学位论文，第29页。

② 〔美〕布鲁斯·埃·纽曼：《营销总统：选战中的政治营销》，张哲馨译，上海：上海人民出版社2007年版，第69页。

③ 游天龙、华建平、林垚：《总统是怎么选出来的——美国总统选举通识读本》，北京：台海出版社2016年版，第50页。

化的形势下，政党候选人很少光顾他们，广大选民从心理上也感到投不投票无太大意义，这使得这些州的投票率不断下降，选举事务往往为少数热衷政治的极端分子所把持，不可避免地鼓励极端人物的崛起。同时，如果选民的利益在一个选区内长期得不到支持，就会搬到能够代表自己利益的其他选区。现在，美国民众居住也越来越看重居住区其他人的政党倾向。一篇发表于2004年题为“美国政治分裂起始于家园”的研究发现，从1976年到2000年，以县为分析单位测量，美国居民的政治态度区隔水平上升47%，其结果是：“今天，选民们比‘二战’以来任何时候都更少机会生活在一个共和党和民主党选民各占一半的社区里。他们与一个持有不同政治观点的人家为邻的可能变得更少，他们更有可能生活在一个或者是共和党称雄，或者是民主党占优的政治氛围当中。”① 这样，在长期的选民迁徙流动中就会形成选民以政治理念而居住在一起的区域，不断加剧地理极化，甚至有导致国家分裂的危险。“这一方面加剧了两党的极端化趋势，导致两党在各个政治层面的剧斗；另一方面也加剧了各州内部政治极端的趋势，导致这些州更容易变成两党各自稳定的基本盘，最后反过来进一步恶化了整个大选的生态。”②

二是导致选民票与选举人票的不一致，甚至会出现严重的分裂。普选票反映的是整个美国人的选择，而选举人票是以州为基础的美国人的选择。以州为单位、按照“赢者通吃”计票规则的选举人团制度，由于各州选举人所代表人口的不均等，有时会放大普选票的结果，获胜者的选举人票的比例高于普选票的比例。比如，2008年，民主党候选人奥巴马获得普选票69456897张、得票率52.9%，共和党候选人麦

① Bill Bishop, *The Schism in U.S. Begins at Home*, Austin American Statesman. com, Apr.4, 2004. 转引自张光、刁大明：《结构国会山——美国国会政治与议员涉华行为》，北京：时事出版社2013年版，第84页。

② 游天龙、华建平、林垚：《总统是怎么选出来的——美国总统选举通识读本》，北京：台海出版社2016年版，第51—52页。

凯恩获得普选票59934814张、得票率是45.7%，而他们的选举人票分别是365票、得票率67.8%和173票、得票率32.2%。选举人团制度的魔力就是将微弱的胜利放大成一个巨大的成功。有时还会出现当选总统不一定是全国普选中的赢家，而是赢得选举人团多数票的候选人。在美国总统选举历史上曾5次出现赢得选举人团票，却落后于对手普选票的所谓“少数票总统”。1824年，在总统大选中获胜的约翰·昆西·亚当斯只获得30.5%的普选票，而赢得43.1%普选票的杰克逊惨遭落败；1876年，总统大选中民主党人蒂尔顿比共和党人海斯多得25万张普选票，却以一张选举人票之差与总统宝座失之交臂；1888年，民主党总统候选人克里夫兰比共和党总统候选人哈里森多得近10万张普选票，但后者以233张选举人票的明显优势击败前者168张的选举人票而当选总统；2000年，总统当选人的共和党人乔治·布什，但比民主党人戈尔少获得50多万张普选票；2016年，唐纳德·特朗普虽然获得306张选举人票当选美国总统，但是普选票却比希拉里·克林顿少得约290万张。可见，决定美国总统胜负的是选举人票，而不是普选票，这也引发了人们对于选举结果的分歧和争议。至今美国已经产生45任总统，选民票与选举人票不一致的情况占九分之一，这是很大的概率。有鉴于此，许多选民特别是中间选民不愿去投票，而意识形态越强的选民投票积极性越高，而这部分人投票积极性越高越推动政治极化。

三是有利于巩固两党制，限制第三党的发展空间。在共和、民主两大党夹击下，“赢者通吃”的计票规则不仅使第三党在议会选举中难以获得席位，而且使第三党在总统选举中更难以赢得选举人票，也就基本上无胜选的可能性。每次总统大选，基本上都有第三党候选人参选，但没有一人胜出。1912年曾经当过两届总统的西奥多·罗斯福因不满塔夫脱的政策参加党内初选，尽管他赢得了初选，但共和党全国代表大会却提名塔夫脱为总统候选人，罗斯福愤而创建进步党，参加总统大选。在总统选举中，民主党的威尔逊、共和党的塔夫脱、第三党的罗斯福三强竞争，结果威尔逊胜出。但罗斯福获得88张选举人票和27%普通票，压倒了共和党，成为美国历史上唯一一次打破共和、民主两党格局的大选。但大选结束之后，进步党就瓦解了。1968年以“美国独立党”身份参加总统大选的华莱士，知名度非常高，结果获得45张选举人票和13%的普通票。1992年总统大选，得克萨斯州的亿万富翁佩罗以“第三党”黑马姿态参选，在全国范围内获得近19%的选民票，且在30个选区得票率都超过20%，但结果他没有赢得一张选举人票。除这几次有影响的第三党总统候选人参选外，更多的第三党候选人参选的影响很小。2016年总统大选中，绿党、自由至上党等第三党候选人共获得700多万张普选票，更无从转化为选举人票。可见，在选举人团制度下，第三党很难获得选举人票，从而撼动美国两党格局。这就构成美国总统选举制度的一种事实上的“无选择困境”(no-choice dilemma)①，也就是说，选民只能在共和党、民主党两党候选人中作出选择。事实上，在美国两党制下，无论是总统选举、国会议员选举，还是州长选举、州议员选举，都面临着只能在共和、民主两党中作出选择的无奈。共和、民主两大政党难以有效反映美国社会各方面的意见，不能代表的中间选民不愿再去投票，这也就造成两个政党、两个群体之间的竞争和对立。

三、选区划分制度与美国政治极化

如何选择具有代表性的代表，是选举民主的关键性问题。代表产生的方式可以根据功能、地域、职业、宗教、种族、政党等多种标准。一般情况而言，以地域为单位选举代表的方法称为地域代表制，以职业或者行业为单位选举代表的方法称为职业代表制。当今世界，采用

① 王希:《两党制与美国总统选举的“无选择困境”》,《史学理论研究》2018年第2期。

职业代表制的国家只是极少数，而以地域为基础划分选区选举代表是最普遍、最基本的方式。选区是选民开展选举活动、选举产生代议机关代表的基本单位。选区划分与选举民主密切相关，是选举民主的重要前提。在美国，大多数公职竞选都是以选区为基本单位进行的。受英国议会制和殖民地时期选举传统的影响，美国从建国之初就按地域划分选区。“在19世纪，地域划分意义可谓重大。人们的利益——特别是在与当时规模非常有限的政府相关的利益的范围内——往往主要是由他们的居住地规定的。交通和通讯手段仍然是如此原始，以至于政治竞争和投票不得不建立在地域的基础之上。”① 根据美国宪政精神，美国选区划分制度坚持“一人一票、等票等值”（one person, one vote）原则。但在实践中美国选区划分往往违背这些原则，造成选举不公，带来政治极化等弊端。

（一）美国选区划分制度的历史沿革

美国国会由参议院和众议院构成。参议员名额是考虑到各州的平等代表权，各州无论大小都是2名。目前，参议院共100名议员。最初，联邦参议员是由各州议会选举产生。20世纪初，随着民主运动的发展，人们强烈要求直接选举参议员。1912年，美国国会通过的宪法修正案规定，参议员也改由各州的选民直接选举产生。由于参议员是以州为单位进行选举的，一个州就相当于一个选区。美国参议员被均分为三组，每两年换届其中的一组，每次选举中每州只选出一名参议员，因而不涉及选区重新划分的问题，即使划分也相对简单得多。与参议员不同，众议员是按照各州人口比例分配的。美国宪法规定，众议院由各州人民每两年选举产生的众议员组成，众议员人数可以随人口的增加而增加，名额应按各州人口比例进行分配。全国和各州的人

① Pamala Karlan, A Bigger Picture, in Joshua Cohen and Joel Rogers (eds.), *Reflecting All of Us: The Case for Proportional Representation,* Boston: Beacon Press, 1999, p.76.

口是不断变化的，这就涉及到选区重新划分的制度问题。

美国建国先贤对众议院人数、选区划分、众议员和人口的比例等问题曾进行过深入探讨和辩论。“在一切情况下，为了保障自由协商和讨论的益处，以及防止人们为不适当目的而轻易地联合起来，看来至少需要一定的数目；另一方面，为了避免人数众多造成的混乱和过激，人数也应该有个最大限度。”① “议会这个部门应包括的人数，在政府成立初期，将是六十五人。在三年内要调查全国户口，届时此数可以增加到每三万居民一人；以后每十年重新调查户口一次，根据上述限度，可以继续增加。”② 美国宪法虽然没有对选区划分作出具体的规定，但个别条款涉及这一问题。宪法第一条第二款规定，人口的实际统计在合众国国会第一次会议后三年和此后十年内，依法律规定的方式进行，每三万人选出的众议员人数不得超过一名。第四款也规定，举行参议员和众议员选举的时间、地点和方式，在每个州由该州议会规定，但除选举参议员的地点外，国会得随时以法律制定或改变这类规定。这些条款对众议员选区划分提供了宪法依据。建国后的第一届国会有65名众议员，到1790年第一次全国人口普查后增加到105人，1910年增加到435名。考虑到众议员的继续增加会影响议事效率，1929年，美国通过《席位分配法》规定，众议员的人数固定为435名，各州按照人口比例分配议员的名额，每个州至少可分配一名。自20世纪60年代以来，美国众议院按照每10年人口普查结果，依据各州人口的变化重新分配众议员名额，至今已经进行了6次众议院选区划分。根据2010年人口普查结果，原则上是平均709759个选民产生一个国会众议员。

选区划分作为各州内部的事务，大多数州由州议会负责，州议会多数党和州长起着决定性作用。现今，美国大部分州实行小选区制。

---

① 〔美〕汉密尔顿、杰伊、麦迪逊：《联邦党人文集》，程逢如等译，北京：商务印书馆1980年版，第326页。

② 同上，第327页。

所谓小选区制，又称单选区制，就是每个选区只选举产生一名议员，选民只能投一次票，在投票时只能选择一名候选人。美国独立之后，各州选区划分方式很不统一，有的州实行每个选区只选一人的小选区制，有的州实行每个选区选出两人以上的大选区制，有的州甚至不划分选区，统一在全州选举议员。比如，一些州采用全额连记法，就是大选区制。这种方法就是在一个选区可以产生两名以上的代表，选民可以选择的候选人数量等于该选区应选的代表数量，最后按照得票多少排序决定胜负，也就是所谓的多席位大选区制。这种以全州或大选区方式选举众议员的方法，结果是在某一党占优势的州或选区，该党获得全部国会席位，这使一部分州形成了一党独大或垄断的局面。为改变这一情形，1842年，美国国会首次通过法律要求各州改变大选区制，规定众议员应当由地理上连续、与该州所拥有的众议员数相等的选区选出，每个选区只选出一名议员，只有一名议员的州则全州为一个选区。1967年，国会最终通过立法，废除各州在联邦众议员选举中的多席位大选区制。从而，美国确立了以小选区选举产生众议院议员的制度。现在，少数的市议会议员选举实行在全市范围内统一选举，众议院议员以及州和地方议会议员选举都实行小选区制。

（二）美国选区划分制度的基本原则

民主意味着所有公民具有同等的身份和政治权利。正如列宁所说，“民主意味着承认公民一律平等，承认大家都有决定国家制度和管理国家的无差别的权利”。[①] 罗伯特·达尔指出，在一种理想的民主理念下，当制定一项决策时，每个成员都应当有同等的、有效的投票机会，而且，所有的选票都应当被等价地计算。[②] 从形式上说，平等政治权利要体现到一人一票上；从实质上说，每张选票要具有同等价值。在美国，

---

① 《列宁选集》第31卷，北京：人民出版社1985年版，第96页。

② Robert Dahl, *On Democracy,* Yale University Press, 2000, p.37.

人人平等是《独立宣言》和宪法的基本精神。1868年，美国国会通过的宪法第14条修正案规定："所有在合众国出生或归化合众国并受其管辖的人，都是合众国的和他们居住州的公民。任何一州，都不得制定或实施限制合众国公民的特权或豁免权的任何法律；不经正当法律程序，不得剥夺任何人的生命、自由或财产；在州管辖范围内，也不得拒绝给予任何人以平等法律保护。"这就是美国宪法的"平等保护"条款。但平等政治权利的理念落实到实际中，需要经过长期过程。

美国人为实现一人一票经历了漫长的斗争过程，直到20世纪60年代才真正实现。在殖民地时期，美国公民的选举权受到包括财产资格限制、宗教资格限制、种族限制、性别限制、年龄限制、居住地和居住时间限制、甚至品行限制等种种限制，实际上只有白人成年男性有产者才有投票资格。1789年，美国第一次总统选举时，只有约4%的成年人投票。[①] 19世纪上半叶，美国各州成年白人男性选举权得到重大推进，西部一些州相继废除了对选民的财产资格限制，使选举权从少部分白人享有的特权转变为成年男性白人普遍享有的权利。1861年至1865年的南北战争结束奴隶制，推动了黑人实现公民身份和选举权的进程。《1866年民权法》以及联邦宪法第14条修正案，正式在法律上赋予黑人公民身份。但事实上，美国南部各州却通过制定"人头税条款""文化测验条款""白人预选条款"等变相手段剥夺黑人的选举权利。1919年，国会通过了联邦宪法第19条修正案，规定不得以性别为由剥夺妇女的选举权。1920年，这一修正案获得法定州数通过生效，美国妇女正式获得了选举权。1964年，美国宪法第24条修正案作出规定，合众国公民在总统或副总统、总统或副总统选举人、国会参议员或众议员的任何预选或其他选举中的选举权，不得因未缴纳任何人头税或其他税而被合众国或任何一州加以否定或剥夺。美国平等和普遍的选举权真正实现，是在

① 王绍光:《民主四讲》，北京：生活·读书·新知三联书店2008年版，第62页。

1965年《选举权法》的通过，限制公民选举权的各种藩篱彻底瓦解。而实现等票等值更为困难，至今仍在不断争取之中。

作为选举民主的重要环节，选区划分制度要体现人人平等的基本原则。相当的人口数量选举成比例的代表，是等票等值的基本要求。选区是按照人口数量划分的区域，是人口数量与土地面积相结合的单位。只有合理划分选区，才能体现人人平等的原则，准确反映社会各个群体的利益。《不列颠百科全书》指出："选举中的代议制问题取决于代表什么内容的问题。在这点上，选区的职能和决定选区划分的问题变得相互关联。中心问题是：选区作为一种地理区域，在其界域内也许包含着形形色色的，有时也许是互不相容的、社会的、经济的、宗教的或种族的利益，所有这些利益都要求予以反映。"① 可以说，合理划分选区，关键是要体现人人平等的原则，每个议员所代表的人口大体相等。随着人口的变化，再分配众议员名额、重新划分选区是"平等保护"条款的内在要求。但是在美国，多数党为了维护自身利益，往往违背"平等保护"条款，极力作出对自己最有利的选区安排，造成选区的不公正分配，各议席所代表的人口数目相差很大。

"一人一票、等票等值"的原则，起源于英国。在英国，最初是以郡、城市为选举单位产生下议院议员，但工业革命使英国人口流动频繁，而地区代表人数却长期固定不变。这样就导致了所谓的"衰败选区"，也就是人口很少的选区。曾经出现一个村住着3户人家、15口人，却选出2名下议院议员的情况。而在曼彻斯特、伯明翰等新兴工业城市，成千上万户居民却没有一名议会代表。② 英国《1832年改革法》，实行了以人口数量为标准产生议员的新选区划分法，它强调以人口数量为依据划分选区，并使每个代表所代表的人口数量相同。

① 湖北省社会科学院政治学研究所编：《政治学参考资料》1982年第3期，第25页。

② 〔美〕道格拉斯·史密斯：《民主之门：最高法院如何将"一人一票"制带到美国》，胡晓进、李丹译，上海：上海社会科学院出版社2016年版，第19—20页。

美国早期议员的产生也是更看重区域，而非人口数量。美国人口的流动同样经历了从农村到城市的过程。从殖民地时期到19世纪中期，大多数美国人生活在农村，是一个典型的乡村社会。19世纪后半期，美国工业化和城市化的迅速发展，人口大量迁往城市，导致城市人口快速增长，到1920年城市人口已经超过农村人口。城市人口虽然增加了，但由农村地区主导的立法机构仍拒绝随之调整，这就出现了各州众议院选区的人口数量严重失衡以及各选区在州议会和联邦众议院代表性的扭曲和不公正问题。在1940年人口普查之后，全美48个州中只有18个州根据人口普查结果重新划分了选区，俄勒冈州1907年之后整整半个世纪没有调整过选区，伊利诺伊州1910年划分的选区一直沿用到1955年，宾夕法尼亚州和印第安纳州在20世纪20年代重新划分选区后三四十年没有再次调整，亚拉巴马州和田纳西州在1901年划定选区之后60多年没有改变选区。[①] 田纳西州占全州人口总数60%以上的城市选民，只能选举99个州众议院中的36席和33个州参议院议席中的13席，从而造成了富有美国特色的“城乡差别”。[②] 最大选区与最小选区选出的议员，所代表的选民可能相差几倍、几十倍，甚至上百倍。在佛蒙特州，一个38人的小镇选出1名州议员，而该州最大的城市伯灵顿拥有33000人也选出1名州议员，相差868倍。20世纪60年代之后，随着民权运动的高涨，民众平等权利意识的提高，城市人强烈要求重新划分选区，以解决选区划分的不公正问题。

由于选区划分属于州的事务，1959年，田纳西州的查尔斯·贝克和一些公民向法院提起诉讼，控告当时的州务卿乔·卡尔，要求法院强迫州政府重新分配议席。联邦地方法院虽然承认田纳西州应当纠正

---

① 〔美〕道格拉斯·史密斯：《民主之门：最高法院如何将“一人一票”制带到美国》，胡晓进、李丹译，上海：上海社会科学院出版社2016年版，第23页。

② 任东来等：《美国宪政历程：影响美国的25个司法大案》，北京：中国法制出版社2013年版，第222页。

议席分配存在的弊端，但是却认为根据美国的宪政传统，只有州议会和州法院才有权解决选区划分争议，联邦法院不能踏入这样的“政治荆棘”。但贝克等人对联邦地方法院的判决并不甘心，他们仍向联邦最高法院提出诉讼。1962年，联邦最高法院在巨大民意压力下，受理了贝克案，勇敢闯进这一充满危险的“政治荆棘”，并根据“平等保护”条款作出贝克等人胜诉的判决。联邦最高法院最后判决，田纳西州必须根据联邦政府最新公布的人口统计数据公正平等地分配州议会席位，切实保证每一位公民在事实上都能享有与其他人一样的平等代表权。① 这一次判决在美国民主史上具有重要意义，它第一次有效制止和更正了长期以来存在的众议员议席分配不公正的现象。1964年，最高法院在“维斯伯利诉桑德斯案”的判决中，裁定各州国会众议员选区划分时必须保证各选区拥有尽可能相近的人口数量，并由该州选民选举产生。多数大法官认为，制宪者“不会允许各地因人口数量不同而出现选票价值差异的现象。也就是说，如果某一地区的选票比其他地区的选票更有价值，不但违背了民主政府的基本理念，也抛弃了众议院代表由‘民众选举产生’的基本原则”②。同年，联邦最高法院又在“雷诺兹诉西姆斯案”判决中，要求各州重新划分选区，按照宪法平等保护条款确保各选区拥有大致相同的人口规模（相差不得超过10%）。联邦最高法院这一系列的判决，极大纠正了众议员代表的不平等问题。时任联邦最高法院首席大法官厄尔·沃伦自认为，重划选区案是他任职期间判决的最重要案件。经过联邦最高法院的判决，美国大部分州按照“一人一票、等票等值”的原则重划了选区。“到1968年底，通过立法行动和司法干涉，美国50个州中，已经有49个重划了选区；在全国99个州议院中（内布拉斯加州议会是一院制），有93个已经改划了

① 黄湘:《美国裂变》，北京：中信出版社2016年版，第89页。

② 〔美〕道格拉斯·史密斯:《民主之门：最高法院如何将“一人一票”制带到美国》，胡晓进、李丹译，上海：上海社会科学院出版社2016年版，第264页。

选区；全国435个国会选区中，也有395个选区改划了边界。”[①] 后来，“一人一票、等票等值”原则又被联邦最高法院引申到包括市议会、县议会议员以及学区委员会委员等选区划分中。

（三）不规则选区与政治极化

选区划分是一个复杂的政治过程，涉及到在任议员的利益、党派利益、少数族裔权利等各个方面。美国联邦最高法院的判决虽然要求各州按照平等保护的“一人一票、等票等值”原则合理划分选区，但是对于怎样划分选区，宪法和联邦最高法院判决都没有作出具体的规定。各州议会多数党和掌握行政权的政党往往出于本党利益的考量，根据选民中党派人数的分布，通过划分环形、夹心形等奇形怪状的不规则选区，以使本党候选人在选民投票中处于更有利的地位。不规则划分选区，是指以某一党或投票群体以席位最大化为目标的选区划分。[②] 不规则选区特别是安全选区的增多，不仅扭曲了民意，降低了民主质量，而且容易产生意识形态强的议员，是导致美国政治极化的重要因素。

“选举地理学”上的“格里蝾螈”（Gerrymander），就是不规则选区划分的典型。1812年，马萨诸塞州州长埃尔布里奇·格里（Elbridge Gerry）为确保自己的党派在州议会选举中赢得更多议席，不顾自然的和传统的选区划分界限，授意自己所在的党派把支持同党的选民集中到一些地方，把反对党的选民摊分到其他各个选区，将选区划分得很不规整，其中一个选区形状怪异，形似蝾螈（salamander）（如图3）。《波士顿公报》借题发挥，将“格里”和“蝾螈”两字组合成“格里蝾

① 〔美〕道格拉斯·史密斯:《民主之门：最高法院如何将“一人一票”制带到美国》，胡晓进、李丹译，上海：上海社会科学院出版社2016年版，第373页。

② 〔美〕戴维森等:《美国国会：代议政治与议员行为》（第十四版），刁大明译，北京：社会科学文献出版社2016年版，第54页。

螈”，讽刺这种不公正选区划分的做法。

图3 “格里蝾螈”

“格里蝾螈”核心要义是通过“增加废票”和“分散选票”的策略打压反对党。“增加废票”就是把对方的支持者集中到一个或几个选区，虽然在这些选区能够使对方高票获胜，但却浪费掉大量选票，从而在其他大多数选区因得票不足而不能获胜，己方在整体上赢得多数席位、取得胜利。2001年，在密歇根州的选区重划中，共和党把民主党的选民集中到5个选区里，以确保其在另外10个选区获胜。[①]“分散选票”就是把对方的支持者尽可能多地分散到多个选区，以稀释对方选票，使其在这些选区中所获得的支持票都不足以赢得选举，反而使己方在大多数选区中以微弱多数赢得选举。

① 严海兵:《选举操纵的技术与实践——以选区划分为例》,《华中科技大学学报（社会科学版）》第2009年第4期。

图4很清楚地展现了不同的选区划分，产生不同的结果。假如○×分别代表支持共和党和民主党的选民，两者各有6位支持者，力量势均力敌。在4个选区划分中，各选区人数依然一样，但由于选区划分不同，结果却出现不同的结果。第一种划分方式，共和党、民主党各站2个席位，与选民分布相一致。第二种划分方式，共和党赢得3个席位，民主党赢得1个席位。第三种划分方式，民主党赢得3个席位，共和党赢得1个席位。后两种都是对选区进行操纵，而不能客观反映选民的政党倾向。这种策略的使用与中国“田忌赛马”的故事如出一辙，虽然支持的选民没变，但是使用策略而赢得了选举。2012年的北卡罗来纳州，尽管民主党的得票率（50.6%）超过共和党（48.8%），但由于选区的不合理划分，民主党只拿到4个众议院席位，剩下9个全被共和党包揽。[①] 可以看出，故意不公正地划分选区，加剧了民主的不平等。

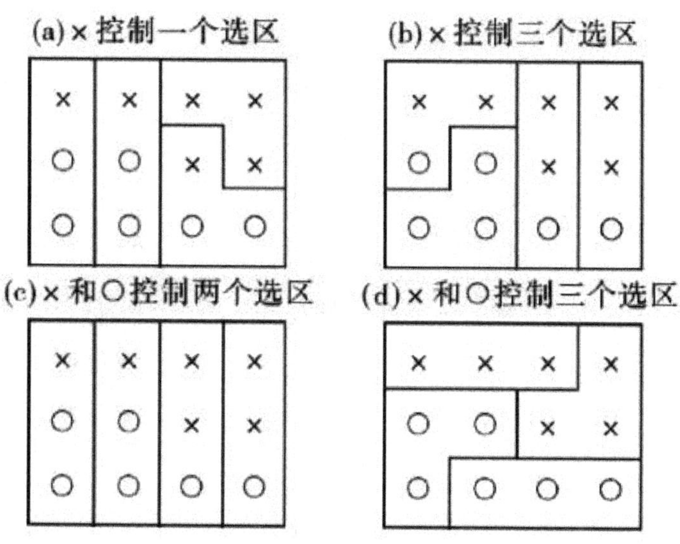

图4　不同选区划分与投票结果[②]

① 《州界横平竖直的美国，选区为什么划得古怪曲折?》,《澎湃新闻》2016年11月3日。

② Arthur Getis, Judith Getis, Jerome D.Fellmann, *Introduction to Geography,* New York MCgraw-Hill 2006, 332.

美国“格里蝾螈”式选区划分，长期以来备受批判指责，但由于选举民主制度本身存在的缺陷，这一现象始终无法根除，在众议员选区划分中不断上演。根据阿兰·亚伯拉罕·莫威茨的研究，在1982年的中期选举中，民主党在所有其主导划分的选区都获得了胜利。[①] 2002年，共和党在得克萨斯州参众两院选举中都取得了超过半数的胜利，而且担任州长的克里·佩利还是共和党人。2003年，在众议院议长汤姆·德雷（Tom DeLay）策划和推动下，共和党人利用全面掌握州政权的机会，强行重新划分选区。这次划分选区，距离2000年人口普查后选区重划只有2年时间，极其不寻常。这次划分出几个“蝾螈选区”，使共和党在2004年联邦众议员选举中斩获匪浅，获得21席，民主党只赢得11席，一举改变共和党原来的劣势地位。而2002年联邦众议员选举结果，民主党获得17席，共和党获得15席。可以说，这次选区划分是一场赤裸裸的党派利益之争。

除基于党派利益划分的不规则选区外，还有一种基于种族划分的不规则选区，这就是“少数族裔占多数的选区”（Majority-Minority District）。这种选区是为了确保少数族裔能够选择自己的政治代表，而在少数族裔占多数的地区所划分的选区。20世纪60年代之后，随着少数族裔对代表权的诉求不断强烈，维护少数族裔的代表权成为选区重划的重要因素。1965年通过的《选举权利法案》要求各州划分选区时，不得否认或削减任何美国公民根据种族或肤色进行投票的权利。1982年《选举权利法案》通过修正案，进一步强化了禁止种族歧视效应的选区划分。这一法案极大推动了少数族裔权利的保障。在1990年人口普查后的选区重划中，为保护少数族裔的代表权，各州都出现了“少数族裔占多数的选区”。这样划分选区确实选出了一些少数族裔的议员，“1990年的人口普查之后，美国国会新增加了来自南方的12名黑人

① Abramowitz, Alan I, *Partisan Redistricting and the 1982 Congressional Elections,* Journal of Politics 54, 1992, pp.565-572.

议员，其中的北卡罗来纳、南卡罗来纳、阿拉巴马、佛罗里达以及弗吉尼亚等还是历史上第一次向国会输送黑人议员”。① 但事实上，划分“少数族裔占多数的选区”对共和党是有利的。因为少数族裔大部分是支持民主党的，把少数族裔集中到单独选区，就是用“打包”的方式，增加民主党的过剩选票。同时，也成为阻挠少数族裔参政的重要形式。早在1870年代，密西西比州的重建反对者们将该州大量黑人集中在一个沿密西西比河而划的狭长的国会众议院选区之中，以确保另外5个选区全部由白人占据多数，而亚拉巴马州的立法者们则是将黑人选民分散在6个不同的国会众议院选区中，以稀释其影响力。② 1990年之后的许多“少数族裔占多数的选区”，是通过把众多选区中的少数族裔聚居的社区挑选出来拼凑而成的，同时满足地理上的连续性，因而出现了各种稀奇古怪的选区。最典型的是1991年北卡罗来纳州形如鞋带般的第12选区（图5），该选区呈长条状，长达160公里，沿着85号洲际公路，最狭窄处仅为一辆车加上两侧门同时开启的宽度，很多地方还不及两车道的高速公路宽，将公路两边的黑人聚集区串联成一个选区，黑人人口在该选区中达到57%。1993年，最高法院在“肖诉雷诺案”判决中以分歧巨大的结果认定该选区是“种族意义的不规则划分选区”，认定该方案违背宪法第14条修正案的“平等保护条款”。经过多次重新划分，该选区仍然存在法律争议。划分“少数族裔占多数的选区”，虽然能确保少数族裔候选人当选，但这不仅使这一选区成为安全选区，而且周边选区因少数族裔的减少也成为了安全选区。

---

① Hanes Walton, Jr. & Robert C. Smith, *American Politics and the African American Quest for Universal Freedom,* Addison-Wesley Longman, Inc., 2000, pp.225-226.

② 〔美〕戴维森等:《美国国会：代议政治与议员行为》(第十四版)，刁大明译，北京：社会科学文献出版社2016年版，第60页。

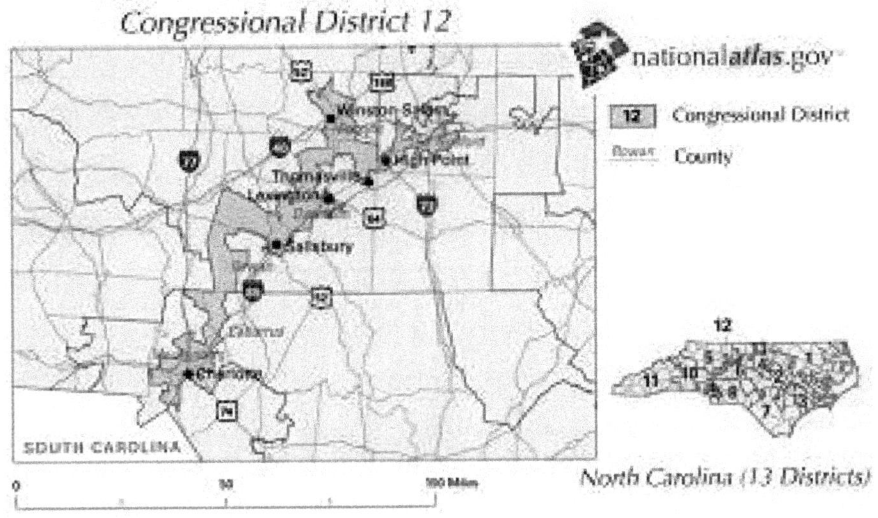

图5　1991年北卡罗来纳州第12选区

2013年，联邦最高法院以5比4裁定《选举权利法案》不再要求相关的州或县市在改变投票规则时必须预先通过联邦司法部的审批。联邦最高法院虽然没有否定司法部的审批权，但认为只有司法部在国会找到新的种族歧视衡量标准后才能继续运用其审批权。这显示了当今美国联邦最高法院在消除种族歧视方面的立场明显退步，不可避免地助长不规则选区的划分。

公正的选区划分，能够像镜子一样，成为映照整个社会的缩影；而不规则选区就像一面哈哈镜，会扭曲社会现状。为了减少暗箱操作，维护选区划分的公正性、增加透明性，加利福尼亚、亚利桑那、爱达荷、华盛顿等州成立了由无党派或跨党派组成的相对独立的国会选区委员会，负责选区重划工作。但大部分州的选区划分方案，还是由州议会和州长批准通过，这就很难避免政党操纵。政党操纵划分不规则选区的目的，是划出安全选区，使本党议员能够以较大把握获胜，以及尽可能多地选出本党议席。“为政党利益重划选区便利于所有其他的议席（大约十分之九）都被这个或那个政党划归为安全选区。”[①] 安全选区所谓的“安全”，就在于它减少了潜在的竞争性，一是使在任议员连任的概率大大增加，当选更加容易，二是即使在任者因退休等原因不再参选，同党的候选人也能轻易当选。可以说，在选区重划过程中，是政治人物挑选选民，不是选民挑选政治人物。美国选区划分是美国选举民主制度的一大污点，严重影响了议员的代表性，它从多个方面影响着美国政治极化。

首先，安全选区使同党竞争性加强。为了确保本党或议员个人的席位，共和、民主两党在任议员在选区重划上往往私下交易或者达成默契，把各自所在选区划分为安全选区，制造所谓“跨党派格里蝾螈”，实现“政治分肥”，也就是所谓的共和党选区和民主党选区。在美国，只有个别州规定众议员要获得绝对多数票才能当选，大部分州只要获得相对多数选票就能当选，因而习惯上把这种制度称为“领先者当选”（First-Past-the-Post）制度或“胜者全拿”（Winner-Takes-All）。在这种计票规则下，一党占优势的选区，反对党一般很难撼动其地位，使该选区成为传统的共和党或民主党的牢固“根据地”。在该选区赢得了党内初选，也就基本上意味着赢得了该议员席位。所以，在党内初选中胜出的国会议员候选人，时常能够在正式选举中当选。自20世纪50年代以来，美国众议员连选连任率高达90%以上（如表4）。特别是在“深红”和“深蓝”选区，其他政党候选人越来越难以挑战这些议员席位。根据国会研究学者的测算，一个选区的共和、民主两党候选人中的当选者对败选者的得票率比在55%对45%，也就是胜负差在10个百分点之间，即可视作竞争性强的选区。据统计，2000年选举当选的众议员中，仅有42个选区的两党得票率比在这个区间，而在1976年

① 〔美〕达尔：《美国宪法的民主批判》，钱镇译，北京：中国人民大学出版社2015年版，第114页。

和1960年的国会选举中，这一纪录分别为65和85。[①] 这显示美国众议员选举的安全选区越来越多。安全选区的增多，摇摆选区的减少，使得其他政党的候选人更难以胜出，只要占优势政党推出的候选人不是太差就能够当选，因而主要的竞争对手是党内，这就加剧了党内竞争。在同党竞争中，越极端的候选人越容易获得党内核心选民的支持，也就越容易胜出，“因为比普通选民在意识形态方面更极端的政党积极分子可以提名一个在意识形态上与他们更接近的极端候选人，而不必担心中间选民的态度”。[②] 这样强化了党派分歧，共和党变得越来越右倾，民主党越来越左倾，也就造成“两个美国”的政治极化。

表4　美国国会参众两院议员的连选连任率

（20世纪50年代至21世纪头10年，以及2012年）[③]

年代	众议院					参议院				
	谋求连任	无竞争对手	初选失败	正式选举失败	连任率（%）	谋求连任	无竞争对手	初选失败	正式选举失败	连任率（%）
1950	402	85	6	25	93.2	30	4	1	6	77.3
1960	404	52	8	26	91.5	32	1	2	4	80.8
1970	389	57	2	23	92.3	27	1	2	6	67.7
1980	403	67	13	15	95.7	29	1	0	3	88.0
1990	385	36	8	18	93.6	26	0	0	3	87.4
2000	395	40	3	24	93.2	28	1	1	4	87.9
2012	393	10	13	26	90.0	23	0	1	1	91.0

（注：每个年代的统计是根据当时国会众议院席位分配情况的五次选举的平均水平。连任率将初选失败和正式选举失败同时计算在内。无竞争对手意味着没有主要政党的竞争挑战者。）

① 张光、刁大明主编:《美国国会研究手册2007—2008》，上海：复旦大学出版社2008年版，第32页。

② 马耕:《日益扩大的鸿沟？——1970年以来美国政党政治极化现象及其影响初探》，上海国际问题研究院2010年硕士论文，第26页。

③ 〔美〕戴维森等:《美国国会：代议政治与议员行为》（第十四版），刁大明译，北京：社会科学文献出版社2016年版，第112页。

其次，安全选区选出的议员比较极端，他们进入国会，更不愿和反对党合作，以彰显他们意识形态上的“坚定性”，造成跨党合作的更加困难。议员毕竟由选区选举产生，为了获得连任，他们必然奉行选区利益至上的原则，其政治主张要体现所在选区选民的利益和观点。持极端立场的议员候选人当选后，出于担心与反对党合作或妥协会受到批评，他们往往与本党观点、自己选区大多数选民的观点保持一致，而对反对党持更加强硬的立场，结果毒害了政治环境，导致美国政治体系运作的困难。田纳西州民主党国会议员约翰·坦纳（John Tanner）曾指出：“由于国会议员来自这些被不规则划出的（政党属性的）选区，他们毫无动机去真正跨党合作、寻求对策。事实上，他们面临着抑制因素，因为如果他们的选区严重倒向某一边，进而选举其实就成了党内初选，即高度掌控着的民主党或者共和党主导了一切。这样，如果有人来这里想越雷池一步的话，那么他就不得不如履薄冰了，因为大权在握的政党并不乐见于此。”①

再次，安全选区削弱了意识形态比较温和选民的作用和参政意识，使选举投票意愿降低，导致候选人的意识形态更加偏激。相对总统选举，国会议员的选举投票率要低得多，尤其是中期选举的投票率，一般要比大选年的投票率低10—20个百分点。参加国会议员选举的选民大多数是党派有关的投票人，他们获得的信息相对较多，比起一般选民更有热情。安全选区的选举，使中间选民和支持反对党的选民更不愿去投票，投票的大都是意识形态强的选民，几乎成了初选的延续。这也是造成持意识形态偏激的候选人更容易胜出的原因。

虽然对于安全选区导致政治极化的程度也存在争议，一些学者认为不规则选区划分不是导致政治极化的根本原因，“极化从根本上说并不是一种关于选民如何被分配到选区的现象，而主要是民主、共和两

① 〔美〕戴维森等：《美国国会：代议政治与议员行为》（第十四版），刁大明译，北京：社会科学文献出版社2016年版，第58页。

党代表相同选区时采取不同方式的结果”。① 但是事实上，不规则选区对政治极化的影响是确定的，这也是许多人希望尽可能减少不规则选区，确保选举公正的重要考量。

四、选票列名制度与美国政治极化

选票列名法（Ballot Access Laws）就是把有关政党和候选人的名字印在选票上的法律制度。选票上列名和排序，对一般选民选择候选人有着重要影响。美国许多州通过制定出台一系列涉及候选人选票列名的规定，限制小党或独立参选人参选，以及防止政党成员在党内选举落败后“出走”他党或独立参选，这造成了美国两党体制更加稳定，加剧了美国政治极化。

（一）选票与选票列名法

2008年美国上映的《选票风波》（Recount）电影，生动地展现了2000年美国总统大选阶段闹得天翻地覆的佛罗里达州计票风波。在美国，各州甚至各县都可以自行设计选票，连总统大选这样的全国性的选举都没有要求实行统一选票。2000年总统大选，在佛罗里达州的67个县中，约有15个县仍然使用20世纪60年代的打孔式投票机。② 引发佛罗里达州计票风波的“罪魁祸首”就是该州的“蝶形选票”。这种像蝴蝶的选票分左右两列，各党候选人按数字顺序，分别印在选票两侧的对折页，所有圈选栏则集中成一行，列在选票中央（如图6）。按规定，选民要在被选人的名字旁打孔，但圈选栏过于密集，两列候选人呈交错分布，选民很容易打错孔，而一旦打错孔再打孔就为废票。在佛罗

① Nolan McCarty, Keith T. Poole, and Howard Rosenthal, *Does Gerrymandering Cause Polarization?* American Journal of Political Science 53 (2009), p.678.

② 王希：《2000年美国总统大选述评》，《美国研究》2001年第1期。

里达州的棕榈滩县，由于很多选民打了两个孔，由此造成至少19000张废票。经媒体调查，很多选民本想投票给民主党候选人戈尔却打错了孔，阴差阳错投给了改革党的布坎南，更多的是发现打错了孔而又在戈尔名字旁边打更大的孔却成了废票。而佛罗里达州小布什只领先戈尔300多张选票。可想而知，如果2000年佛罗里达州选票设计便于选民辨认，美国历史可能改写。这引发人们对美国选举制度和选票设计问题的进一步反思。

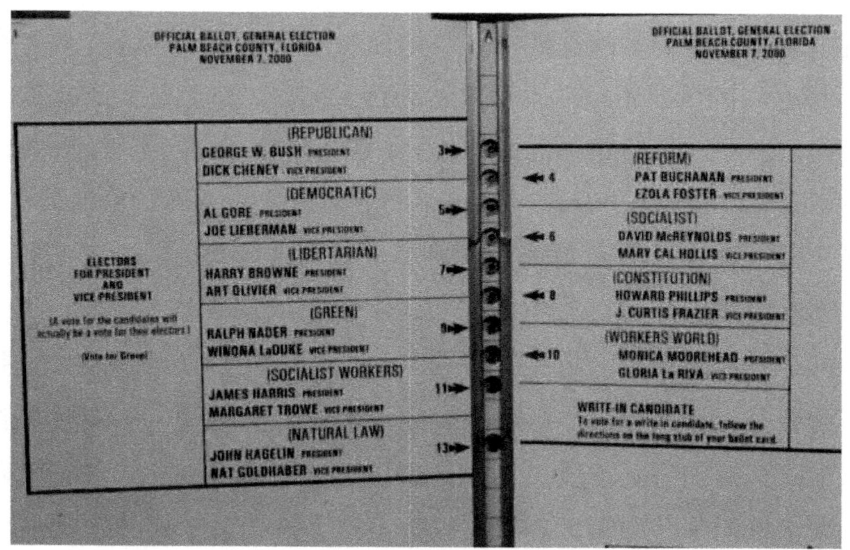

图6　佛罗里达州的“蝶形选票”

选票（ballot）是选民行使选举权利的有效必备载体，选票设计是选举制度的关键环节。在古希腊和古罗马，选举不是使用今天这样的选票，而是小石球或小金属球之类的东西，白色小球表示赞成，黑色表示反对。此类小球意大利语为ballotta，英文ballot便是源于该词。经过长时间演化，ballot已转化为“选票”。当今采用的无记名投票是由澳大利亚首先使用的。早在1856年澳洲南部举行的选举中，就出现了印有候选人名字的选票，供选民圈选。

美国选举投票也经历了一个不断调整变化的过程。美国早期的选举并没有选票，而是采用公开喊票或举手表决的方式。在选举活动中，通常就是把大家召集起来，通过喊票和举手等简单粗暴的方式进行表决，也就是拉丁文称之为“viva voce”，这是古希腊罗马时期流传下来的“土方法”①。由于这种原始方式弊端很大，随后被各州逐步取消，而改用选举投票。最初，由选民自己找纸写上候选人的名字，相当于选票。但当时美国民众识字率并不高，许多选民很难写出候选人的名字。于是，各政党自行印制选票，把本党候选人的名字写在选票上，分发给选民。为了争取选票，各政党都积极向选民“推销”本党的选票。“那时候的投票站可以说是混乱的代名词，门口经常上演或真或假的全武行，吓得那些胆小的或年长的选民根本不敢靠近。投票站周围聚集了各党‘票贩子’，如果遇到中间派选民就跟苍蝇逐臭般扑上去，并展开激烈的‘争夺’。这样‘惨烈’的投票现场能让哪怕对民主最向往的欧洲移民回归君主制的怀抱。”②

只有公正的选票机制才能使选民的意愿得以充分表达，使民主精神得到充分彰显。为解决各政党肆意干预选举的问题，在人们的强烈要求下，美国引进了“澳大利亚选票”（Australian Ballot），也就是由官方选举机构统一印制，并印有候选人姓名的选票。这种选票，选民只需秘密标记自己赞成的候选人，减少了政党和候选人干扰选民投票的行为。1888年，肯塔基州的路易维尔市和马萨诸塞州率先在选举中使用这种新型的官方选票，随后在各州推广，至1892年总统大选时，50%左右的选票是各州的选举管理机构统一制作的，到1900年总统大选时，这种新型选票增加到90%左右。③

---

① 游天龙、华建平、林垚：《总统是怎么选出来的——美国总统选举通识读本》，北京：台海出版社2016年版，第77页。

② 同上，第78页。

③ 秦远好：《论美国第三党竞选总统失败的决定性原因》，《西南师范大学学报》1999年第3期。

任何选票不可能把所有候选人的名字都印上，这就有一个把谁的名字印在选票上、如何排序等问题。政府掌握着选票印制权，也就掌握着把谁的名字印上去的权力。“政府对选票印刷的介入还赋予了政府一系列附带的权力，政府可以就候选人名字的排序、印刷使用的字体、文字的组织方式、党派的入围资格等各方面进行规范。”[①] 从19世纪后期开始，美国各州逐渐建立了候选人在选票上列名的法律制度。

（二）选票列名法与美国两党制

美国之所以是两党体制的国家，除“单一席位选区制”和“赢者通吃”计票原则外，选票列名法也起着重要作用。候选人在选票上列名的选票列名法，造成候选人之间的不公平，提高了第三党或独立参选人胜选的门槛，为共和、民主两大政党减少了竞争对手，固化了美国两党体制。

选票列名法要求竞选公职候选人必须在规定的时间内，向各州选举委员会提交支持自己的合格选民签名的请愿书，不同的职位对签名数量有着不同的要求。如果不能提供规定要求的数量签名，就无法在选票上印上自己的名字。美国共和、民主两大政党掌握着联邦和各州的大部分权力，两大政党的候选人比较容易获得列名的资格，一般经过党内初选就能获得州选举委员会的认可而列名在选票上，而第三党候选人或独立候选人要在选票上获得列名，必须在各州规定的时间内提交竞选申请、缴纳各种费用、得到一定数量选民签名或者需要在上次选举中获得一定比例的选票，而且各州之间的要求各不相同，设定的时间期限也不同。比如，1980年，乔治亚州规定申请者须获得57500名合格选民的签名，加利福尼亚州规定必须有10万合格选民签名方能申请合法竞选资格，一个第三党候选人要想在51个选区都取得合法

① 游天龙、华建平、林垚:《总统是怎么选出来的——美国总统选举通识读本》，北京：台海出版社2016年版，第80页。

竞选资格，必须累计获得120万以上的合格选民的签名。[1] 纽约州列名“请愿签名数”的标准更高，要求某党派的候选人必须得到15000名本党注册选民或本党注册选民人数5%（两个数字中较小的一个）的支持，且这些签名者分散居住在本州一半以上国会选区，每个选区的支持者不得少于100人或占该选区本党注册选民数的5%（两个数字中较小的一个）。弗吉尼亚州规定，参选人必须在本州的11个选区征集到10000个签名，并且每个选区至少要400个。路易斯安那州规定，只有在前两次州选中，至少有一次在某个州一级职位的选举中普选得票在10%以上的政党才有资格把候选人名字列在选票上。宾夕法尼亚州也曾要求第三党或独立候选人要在选举前14周内收集到近10万选民的签名后才能获得选票列名。可见，第三党或独立候选人要争取到所有州的选票列名，就需要动用大量的人力和财力。这对于本来资金、资源捉襟见肘的第三党或独立候选人来说，无疑增加了制度障碍、放置了“绊脚石”。

在政党政治背景下，政党存在的根本目的就是夺取或参与国家政权。如果一个政党在竞争中长期无法获胜，就无法获取政治资源，也就难以生存。美国政党选票列名法，使第三党和独立候选人还没开跑就输在了起跑线上。他们难以在选票上列名，选民也就难以选举他们。即使在选票上可以“另选他人”，无形中给选民增添了麻烦，第三党候选人当选的概率就大大降低。“在美国，不仅各州候选人获得提名所需要签名的数量有所不同，而且两党制正是为了不给任何第三党的候选人以任何机会——难怪佩罗在开始的时候宣称：只要能让我的名字出现在50个州的选票上，我就决心竞选总统。有一些州甚至规定，选民

① 秦远好:《论美国第三党竞选总统失败的决定性原因》,《西南师范大学学报》1999年第3期。

签名信必须使用特殊的纸张并以一定方式装订起来。”[①] 在实行选票列名法之前，一些第三党或独立候选人还能够通过自制选票对选民施加影响、争取支持。实行选票列名法之后，第三党或独立候选人的影响力、竞争力大大降低，得票率和当选公职的可能性进一步下降。这也是在美国主要由共和、民主两大政党候选人当选的重要原因。

（三）输不起法与美国政治极化

选票列名法不仅限制第三党和独立候选人在选票上列名，甚至限制党内提名失败者脱党参选或投靠其他政党参选，这就是输不起法（Sore Loser Laws）的规定限制。[②] 在某种程度上，输不起法起到了限制温和中道的候选人、助长党内意识形态极端的候选人参选的作用，在两党体制下也就加剧了政治极化。

从理论上说，在一个正常的橄榄型社会中，由于中间选民占多数，温和中道的候选人更容易获得多数选民的认可，能够在正式选举中胜出。但要想在正式选举中胜出，参选人列名选票上是重要前提，而列名选票又必须在党内初选中胜出。在美国两党初选中，由于政党意识形态强的人投票积极性高，候选人的理念越靠近本党意识形态，越意味着“党性”强、对党的忠诚度高，也就越容易胜出。相反，越趋向中间选民的意识形态，也就越偏离本党的意识形态，越难以得到本党选民的认可，也就越难以胜出。当然，越偏向本党意识形态的候选人，越难以在正式选举中当选，而输不起法又限制初选落败者脱党参选或

① 〔美〕布鲁斯·埃·纽曼:《营销总统：选战中的政治营销》，张哲馨译，上海：上海人民出版社2007年版，第38页。

② 在美国，有15个州在法律上明文规定党内初选落败者不能列名选票；25个州虽没有明文禁止党内初选落败者列名选票，但通过其他法律限制参选；还有华盛顿和路易斯安纳两个州规定，所有党派或无党派的候选人参加同一场初选，由得票前两名进入正式选举。游天龙、华建平、林垚:《总统是怎么选出来的——美国总统选举通识读本》，北京：台海出版社2016年版，第85—86页。

“出走”其他政党参选。由于输不起法限制比较温和的候选人参选，那么对于中间选民只能“选边站”，进行“含泪投票”。长此以往，对两党候选人都不满意的中间选民，选择不参加投票。一般而言，如果是本党选出意识形态强的候选人，而对方政党推出比较温和中道的候选人，对方政党就相对容易在正式选举中胜出，但美国越来越多的中间选民变得政治冷漠，参加投票的大都是意识形态强的选民，这进一步加剧了美国政治极化。

从实际情况看，自20世纪70年代以来美国政治极化越来越严重，与输不起法在美国各州的大量通过几乎同步。“在1967年以前，全美只有15个州制定了限制初选落败者列名选票的法律；而目前存在相关规定的州已经达到47个，其中半数是70、80年代制定的，恰与此后两党极端化的趋势同步。”① 这在某种程度上证明了输不起法对政治极化起到“催化”作用。

五、选民资格制度与美国政治极化

在美国，虽然宪法规定公民的选举权不得因种族、肤色、性别或以前是奴隶而被合众国或任何一州加以拒绝或限制，但是一些州试图通过选民身份识别法为选民投票设置障碍，来影响选民投票。顾名思义，选民身份识别法是指美国州法律规定公民获准登记投票、接受选举投票或选举日现场投票之前必须提供某种形式的官方身份证明以保障选举的公正性和可信度，最基本的身份识别形式是公民在投票日出示本人身份证件。② 从一定意义上说，规定公民参加投票的资格条件，

① 游天龙、华建平、林垚:《总统是怎么选出来的——美国总统选举通识读本》，北京：台海出版社2016年版，第84页。

② 严海兵、鲁小晔:《美国选民身份识别法对选举参与的影响——基于2016年美国大选的分析》,《经济社会体制比较》2020年第2期。

在程序上具有合法性、合理性。但出于赢得选举的目的，而为公民投票设置障碍，以影响一些公民投票意愿，就具有不合理性。要想在竞争性选举中胜出，一是增加自己的选民数量，二是削弱对方的选民数量。长期以来，美国共和党和民主党围绕选民证件法问题展开斗争的实质，就是增加自己的选民数量，同时减少对方的选民数量。一般而言，民主党控制的州往往放宽选民资格，来扩大自己的选民群体；而共和党控制的州往往限制选民资格，以减少民主党的选民群体。这样斗争的结果，往往造成“红州”越来越红、“蓝州”越来越蓝。

由于美国没有统一的身份证，多数州只要求选民提供出生证明或社会保障卡（Social Security Card）证明是美国公民，就可以自主申报在哪个州居住和投票。社会保障卡，在公民出生或入籍的时候颁发，终身有效。但社会保障卡没有照片，近些年来越来越多共和党控制的州通过了严格的选民身份识别法，社会保障卡不能算作投票时的有效证件，公民只有提供驾照、护照、州居住卡等带有照片的官方证件，才能在该州进行投票。由于办理这些证件都需要一定的条件和费用，一些低收入阶层、少数族裔、学生等群体往往没有资格或者不愿办理，这些人在选举投票时期就容易失去选举的权利。选民身份识别法明显地限制了那些没有合规身份证件的少数族裔、年轻选民、社会经济弱势群体的选举投票权利。[①] 一般而言，中下阶层、少数族裔、学生等大都是支持民主党的选民。严格的选民资格限制，势必削弱民主党的选民基础。“2012—2016年，在美国新通过严格的选民身份识别法的几个州，选民投票率平均下降了1.7%，威斯康星州为3.4%，几乎是降幅最大的一个州，其中近半数是少数族裔选民，而黑人选民投票率更是从

① Hajnal, Z., N.Lajevardi, and L. Nielson, Voter Identification Laws and the Suppression of Minority Votes, The Journal of Politics, 2017(79), p.2.

74%跌至55%。”[①] 下降的选民投票率，大部分是少数族裔失去投票资格造成的，这样就有利于共和党在选举中胜出。

近几十年来，随着美国人口结构的变化，少数族裔人口的增加，白人人口相对下降，共和党的危机感进一步增强，在共和党控制的州会加快进行选举制度改革，尽力通过严格的选民身份识别法，以减少民主党的选民。“截至2019年4月，美国已有7个州通过了严格的选民身份识别法，19个州引入禁止工会从集体谈判中获益的‘工作权利法’，随着少数族裔、中下阶层群体投票难度的增加和工会实力的下降，民主党的选民基础被进一步削弱。”[②] 事实上，选民身份识别法的实施不仅起到了阻碍选民投票的效应，而且还分化了少数族裔和白人群体，也相应分化了民主党选民和共和党选民。在选举竞争越来越激烈的美国，民主党控制的州也不会善罢甘休，他们通过放宽选民资格限制，以增加本党选民。这不可避免地使得对选民身份识别立法主导权的争夺成为关乎共和、民主两党执政地位的重要“战场”，引发两党之间的“立法战争”，加剧党派的极化和对立。[③] 从结果来看，选民身份识别法也会造成共和党控制的“红州”越来越“红”，民主党控制的“蓝州”越来越“蓝”。

---

① 周淑真、郭馨怡:《美国总统选举中“摇摆州”的两党斗争——以威斯康星州为例》,《当代世界与社会主义》2019年第6期。

② 同上。

③ 严海兵、鲁小晔:《美国选民身份识别法对选举参与的影响——基于2016年美国大选的分析》,《经济社会体制比较》2020年第2期。

第四章

选举民主的运作过程与美国政治极化

选举民主的理念和制度，最终都要落实到实际运作中。许多学者把选举民主看作一种发动起来的选举工程（electioneering），充分说明选举民主的关键是能够运转起来。选举民主的运作过程，是参加选举的政党和候选人依法争取选民支持，以获得公共职位的竞选活动，主要涵盖竞选策略策划、经费筹集、组织协调、媒体宣传、选民动员等环节。在竞选过程中，各政党和候选人为赢得选举的胜利，都会制定分化选民策略，发动组织战、宣传战，制造民众对立，加深了社会和政治冲突的政治极化。

一、选举策略与政治极化

选举策略是为赢得选举胜利而制定的战略战术。"各党派为赢得选举而制定政策，而不是为了制定政策而去赢得选举。"① 政党和候选人正像企业家追求利润一样，要赢得选举的胜利，就必须争取选民投自己的票。选民对政党和候选人的支持受多种因素影响。一般认为，政党认同、候选人形象、议题取向是影响选民投票行为的重要变量。政党和候选人在竞选过程中往往通过政党认同切割和分化选民、定位与其他候选人不同的个性特质、推出有争议的重大议题等选举策略，以

① 〔美〕安东尼·唐斯:《民主的经济理论》，姚洋等译，上海：上海人民出版社2017年版，第26页。

赢得更多选民认同。这种分化区隔策略，既区分政党和候选人，又区隔选民，不可避免地带来政治极化。

（一）选民切割与政治极化

毛泽东在《中国社会各阶级的分析》一文中开篇说道："谁是我们的敌人？谁是我们的朋友？这个问题是革命的首要问题。"[①] 革命是这样，选举也是这样。"选战"一词广泛应用于西方选举过程之中，形象说明了选举与革命的相似性：都是为赢得人民支持、获得政权，只不过革命是暴力夺权，选举是和平夺权。在选举过程中，也要对选民进行分析，哪些是自己的坚定选民，哪些是中间选民，哪些是对方选民。政治营销学专家纽曼指出："候选人首先应该知道自己永远无法获得所有选民的支持，因而在竞选中的每一阶段都必须搞清最有可能争取到哪些选民。"[②] 因此，在区分选民基础上，通过巩固坚定选民、争取中间选民、拉拢对方选民，以赢得更多选民的认同和支持。正如有学者指出："基于'候选人不可能赢得所有选票'的假设，基于可能的支持基础，在竞选战略中需要将选民区隔为三个部分，即强化那些已经有的支持者，说服那些还没有做决定的选民，转化那些潜在的反对者。"[③] 至于究竟如何团结选民、如何切割分裂选民，是政党和候选人的一个重要的策略、战略和道义问题。

事实上，各政党和候选人在选举中首先是巩固基本盘，也就是对本政党认同的基础选民。尽管从20世纪60年代以来，美国总统选举已从以政党为中心转向以候选人为中心，但政党因素仍然以其独特的"竞选标签"与"政党认同"效应在选举中发挥着重要作用。这种标签作用，

① 毛泽东：《毛泽东选集》第一卷，北京：人民出版社1991年版，第1页。

② 〔美〕布鲁斯·埃·纽曼：《营销总统：选战中的政治营销》，张哲馨译，上海：上海人民出版社2007年版，第51页。

③ 何俊志：《选举政治学》，上海：复旦大学出版社2009年版，第186页。

就像商标一样，是候选人的一种无形的资产，为候选人提供稳定的选民群体。有研究表明："在几乎所有的选举中，绝大多数认同民主党的投票给民主党候选人，而绝大多数认同共和党的则投票给共和党的候选人。"① 因此，在共和、民主两党竞选过程中，以政党认同对选民进行区分并进行切割是制定选举策略的基础。

政党认同是美国学者安古斯·坎贝尔在《美国选民》一书中首次提出的概念，他认为政党认同是选民对某一政党在心理上的归属感和忠诚感，几乎所有选民都有政党归属意识，而且选民的政党归属具有较大的稳定性。② 不同于对具体议题、候选人形象认可的多变性，政党认同具有相对稳定性、长期性的特征。"按照政党的路线去投票比较容易，政党认同使得区分复杂的美国选票成为一件容易的事情。认同提供了做出投票决定的捷径——一个'长期不变的决定'。无论意识到与否，那些自称民主党的人会自觉倾向于民主党的候选人。"③

但是，政党认同并不是一成不变的。在美国历史上，共和党和民主党的选民，经历多次重组。当今两党选民基础是自20世纪60年代以来选民重新组合而形成的。20世纪30年代罗斯福新政形成了主要包括南方白人基督徒、天主教徒、非南方白人基督徒的工会成员、黑人、犹太人等选民团体的"新政联盟"，其中前三个团体的成年选民是20世纪30、40年代民主党的强烈认同选民的最重要来源。④ 共和党主要包括中西部的保守共和党人、东北部和西岸接近自由派的共和党人。20世纪60年代以后，在肯尼迪和约翰逊总统的领导下民主党采取了进步

---

① Bartels, Larry M.2000, "Partisanship and Voting Behavior, 1952-1996," American Journal of Political Science 44(1, January): 35-50.

② Angus Campbell, ect. *The American Voter,* Unabridged Edition. Chicago: The University of Chicago Press, 1960, p.67.

③〔美〕迈克尔·罗金斯等《政治科学》，林震等译，北京：华夏出版社2001年版，第243页。

④ Everett Carll Ladd, Jr., and Charles D. Hadley, *Transformations of the American Party System,* New York: Norton, 1978, p.86.

主义立场，在赢得黑人支持的同时却引发南方白人的不满，失去了南方地盘，“新政联盟”逐步瓦解。与此同时，共和党发起“南方战略”，即改变自内战以来一直把东北部自由派视为核心的选举战略，把重点转移到南方，利用南方民主党对北方民主党在种族问题上的不满，拉拢其加入共和党。同时，也因为南部白人几乎都是基督教原教旨主义者，他们不满民主党的民权政策以及在堕胎、同性恋等议题上持相对宽容的态度，从而从认同民主党转向认同共和党。随着南方大批保守民主党加入共和党，共和党逐渐占领了南方地盘。这是民主党和共和党的一次重要重组，基本上形成了当今美国两党的“势力范围”。“自20世纪60年代，南部政党选民重组所导致的两党选民结构和选举基地的持续变化是当今美国两党政治极化最直接的原因。”[①] 1944年，南方选民投给罗斯福总统的票占该区域的69%，较之于西部的55%，东北部的52%以及中西部的49%，要高得多，但到1968年和1972年的大选，南方白人基督教徒支持民主党总统候选人均降至20%以下。[②] 1992年总统大选时，民主党候选人克林顿只获得30%的南方白人选票，而共和党候选人乔治·布什获得53%的南方白人选票。1994年的中期选举，共和党在国会选举中赢得大多数南方的选票，这是自重建以来的第一次。[③] 20世纪80年代后，天主教徒因反对堕胎等而逐步认同与其宗教信仰和道德价值相近的共和党。1960年支持民主党的天主教徒高达78%，到1984年降至39%最低点，1988年和1992年大选虽有所回升，但总体上呈下降趋势。目前，民主党在天主教徒中的选民优势和稳定持久的支持主要来自年长者，特别是60岁以上的人群。[④] 此外，有组织

① 张业亮：《“极化”的美国政治：神话还是现实？》，《美国研究》2008年第3期。

② Everett Carll Ladd, Jr., and Charles D. Hadley, *Transformations of the American Party System,* New York:Norton, 1978, p.135, 158.

③ 张业亮：《“关键性选举”与美国选举政治的变化》，《美国研究》2004年第3期。

④ Stephen J. Wayne, *The road to the White House: the Politics of Presidential Elections,* New York: St. Martin’s Press, Inc.1996, p.80.

的劳工阶层对民主党的支持也有所减少。只有非裔、犹太裔、拉美裔、亚裔等少数族裔仍然保持并强化对民主党强烈的政党认同。20世纪50年代中期，大约25%的非裔美国人自认为共和党人，但1964年以后却有85%—90%非裔投给民主党的总统候选人，90年代中期约75%以上的非裔支持民主党，认同共和党的不足10%。[①] 自20世纪80年代以来，性别对选民的党派忠诚和投票方式的影响日益明显，产生所谓的“性别沟”，民主党得到妇女特别是劳动妇女的支持。[②] 现今，民主党的选民基础主要是少数族裔、工薪阶层、女性、天主教徒等各种不同选民组成的“大杂烩”，少数民族和种族是其核心选民队伍。

伴随着民主党“新政联盟”的削弱，共和党的选民基础也发生了重大变化，其选民基础不仅增加了南方白人，而且部分白人工薪阶层也转向支持共和党。长期以来，民主党被认为是穷人的党、弱势群体的党。但随着全球化的深入推进和经济危机的持续影响，作为身处全球化和自由市场体系失意一端的南部以外的白人蓝领，对素有“工会之党”的民主党的经济政策、移民政策、环保政策等越来越不满，导致他们“改换门庭”，逐渐认同共和党。美国民主党代表的左翼在政治上从早先对劳工阶层的关照，转向对日益扩大的少数边缘群体的关照，可以说传统工人阶级被民主党左翼抛弃了。你抛弃工人阶级，工人阶级就不支持你。20世纪80年代以来，作为一个整体，白人对民主党的认同更呈现不断下降的趋势，其中高收入白人对民主党的认同一直低于共和党，而中低收入白人相对共和党的认同，对民主党的认同从高于20%骤降到高于5%。[③] 因共和党在与宗教相关的社会事务立场上认同传统保守价值观，而得到更多原教旨主义和福音派白人基督徒的认

① 张业亮：《“关键性选举”与美国选举政治的变化》，《美国研究》2004年第3期。

② Bruce Miroff, Raymond Sidelman &Todd Wanstrom, *The Democratic Debate: An Introduction to American Politics,* New York: Houghton Mifflin Company, 2002, 3rd edition, p.194.

③ Larry M. Barles, *Unequal Democracy: The Political Economy of the New Gilded Age,* New York: Russell Sage Foundation, 2008, p.112.

同。为迎合基督教原教旨主义的偏好，共和党候选人也纷纷打“上帝牌”，在堕胎、同性恋等问题上表现出强烈的反对态度。原教旨主义和福音派白人基督徒在美国人口中的数量不断增多，而且他们有基督教联盟等组织的协调，基督教右翼成为共和党选民中最有力量和最有组织的选举团体。基督教右翼致力于恢复传统宗教道德价值观念，通过鼓动福音派新教徒等宗教保守势力参与政治达到影响政治的目的。“目前共和党由种族和宗教团体的多数、经济社会地位较高的阶层、专业人士和经理阶层组成；共和党作为一个政党业已成为一个白人的、中产阶级的、郊区居民的党；白人新教徒则成为共和党选举联盟的核心团体。”①

当今，美国民主党的选民优势已经不在，共和党完全能够与其分庭抗礼，两大政党的基本盘旗鼓相当。与原来美国共和、民主两大政党相互包容持相反意识形态者不同，现在两大政党都“净化了”意识形态，自由派几乎都投向民主党，保守派几乎都转向共和党，鲜明地表现出强烈的政治极化。同时，原来美国社会中有相当一部分中间选民，最多时占全国选民的1/3，现在中间选民大大减少，2003年中间选民只有15%。② 选民基本盘的强化和中间选民的减少，使得政党和候选人更容易切割选民，他们首先必须把基础选民调动出来，“唤醒基本盘”。“在某种意义上，选举活动的市场营销构成了选举策略的基本内涵，因为它涉及识别特定的和带持续性的选民以及如何吸引他们。”③为此，各候选人在选举中首先要护住“基本盘”，在激烈的选举中候选人往往基于文化价值符号强打意识形态议题，一些中间选民会循着意识形态归队，选民被截然分为两大对立阵营。2000年美国大选，民主

---

① 张业亮：《“关键性选举”与美国选举政治的变化》，《美国研究》2004年第3期。

② 周琪主编：《意识形态与美国外交》，上海：上海人民出版社2006年版，第234页。

③〔美〕斯克尔：《现代美国政治竞选：美国政治中的诽谤、大话和活力》，张荣建译，重庆：重庆出版社2001年版，第13页。

党的优势非常明显，小布什在共和党内都不看好的情况下，接受竞选顾问卡尔·罗夫的“极化”战略，将美国选民划分为截然对立的“红色美国”和“蓝色美国”，把吸纳选票的重点放在共和党基本盘和草根阶层上，最终赢得总统选战。2004年，小布什如法炮制，深化选民差异，激活保守派的根基，使其顺利连任。2012年，共和党总统候选人罗姆尼在一次私人捐款餐会上提到，无论如何，47%的民众都会把选票投给奥巴马，这些人依靠政府生活，他们相信自己是受害者，他的任务是说服5%到10%处于中间的独立选民。这些极具分裂的言论，说出了美国竞争选举的内在本质。

除意识形态外，种族问题也是政党、候选人切割选民的重要依据。2008年总统大选期间，由于奥巴马作为黑人候选人，为了吸引绝大多数黑人选民的支持，并能够吸引温和白人选民的认同，他实施了“去种族化”的策略，刻意淡化种族身份和种族问题，把自己塑造成不是狭隘地追求黑人和少数族裔利益的黑人政治人物形象，而是更多地宣扬种族与政治和解理念，这样有效应对了对手的攻击。这一策略，曾在1966年被马萨诸塞州候选人爱德华·布鲁克（Edward W. Brooke）运用，并赢得了美国首位民选产生的黑人参议员。他通过民意测验发现，由于他是黑人身份，却没有在竞选中鲜明地提出黑人的权利和城市暴乱等问题。于是，他改变竞选策略，频繁地在电视上公开表明自己的温和种族立场，对黑人和白人中的激进分子同时表示谴责，从而赢得了选民的普遍认同，成功当选联邦参议员。但在种族问题突出的情况下，对于白人候选人来说，打“种族牌”更能调动基础选民。长期以来，白人特别是白人新教徒的投票率比较高，但近些年来白人的投票率明显下降，2008年和2012年大选白人的投票率分别是64.7%和64.1%，比非洲裔低2%左右。[①] 2016年的总统大选，特朗普毫无忌惮多

① 强舸：《“奥巴马选民”vs“特朗普选民”：关键性选举与美国政党选民联盟重组》，《复旦学报》2018年第1期。

次发表极具有争议的种族主义言论，如将墨西哥移民形容为“强奸犯”和“毒贩”，“禁止穆斯林入境”等，将民主党妖魔化为一个“从白人手中夺走工作机会并增加税收，用来宠溺少数族裔”的政党，甚至利用“阴谋论”指责奥巴马和希拉里背后支持“伊斯兰国”。特朗普的言论，自然遭到民主党的强烈批评。希拉里阵营将特朗普描绘成敌视晚近移民，尤其是拉美裔移民的偏执狂。桑德斯也批评特朗普说，历史上的煽动家都是企图根据种族、性别、性倾向或来源国造成分裂，特朗普等人要我们仇恨所有穆斯林。“特朗普的竞选策略和施政纲领无论目标如何，其政治后果必然造成社会结构的高度裂化、意识形态的直接对立、极端立场的深度蔓延。借助浅白、直接甚至略显偏执的话语，特朗普成功激发了美国中下层白人群体心底潜藏已久的怀疑、愤怒和恐惧等负面情绪，使他们越来越相信：正是全球化进程削弱了他们的既得利益，正是外来移民抢夺了他们的工作机会，因此必须坚决抵制全球化、外来移民和穆斯林的扩张。”① 为获得支持选民的认同，特朗普上台执政伊始，就颁布禁穆令，禁止伊朗、伊拉克、利比亚等7个国家的穆斯林进入美国。随后，特朗普政府又停止奥巴马政府时期的不驱逐年轻非法移民的行政命令。特朗普政府在移民问题方面的一系列政策，具有“白人至上主义”的色彩，引发了少数族裔的恐慌，激化了美国族群矛盾。

过去，由于受政治正确的影响，如果被扣上种族主义者的帽子，对候选人的形象影响较大。为此，候选人往往使用“狗哨政治”（dog—whistle politics）伪装术来掩盖种族主义言行。“狗哨”一词来源于澳大利亚，是澳大利亚牧羊人呼叫牧羊犬使用的一种高频口哨，狗能听得到，但无法被人耳听得到。后来用“狗哨政治”比喻政客们利用“代码”或“隐语”说的话，背后的真实含义只有少数目标人群才能领会，

① 庞金友:《政治学理论前沿十八讲》，北京：中国社会科学出版社2019年版，第128页。

而非目标人群可能听不出隐含意思。在美国，通过政客的操纵，在人们潜意识中已经形成了固定的思维习惯。例如，提起黑人就和“毒犯”“小偷”等犯罪分子挂起钩来，提起穆斯林就联想起“难民”，等等。一些共和党候选人擅长运用“狗哨政治”来宣扬种族主义，动员选民。比如，1980年里根成为共和党候选人，在一次集会上，对在场的1万多名白人高喊：“我相信州权”。在美国，“州权”是一个充满种族意味的词，常用来为维护南部种族现状辩护。再比如，2012年的美国总统大选，在共和党候选人罗姆尼的一次集会上，他的支持者身穿白色T恤，寓意把黑人总统奥巴马赶下台。美国政客的“狗哨政治”和种族主义倾向的竞选言论，强化了白人的政党认同。这种突出族群分界和强化族群意识的行为，制造族群对立，非常不利于社会团结与和谐。在美国经济复苏乏力的大环境下，就业岗位明显减少，因外来新移民、少数族裔与白人中下层之间的竞争关系，加剧了他们之间的矛盾。虽然特朗普的种族主义的言论，遭到少数族裔的强烈反对，但重振制造业、“美国优先”以及“让美国再次伟大”等主张和言论却得到了大多数白人中下层的支持。

选民切割的选战策略，就是在选举中进一步标明己方与对方的差异，攻击对方的短板，选民更容易甄别两党候选人的区别，以便选民为本党候选人投票。“为了降低投票成本，选民往往将其注意力集中于政党意识形态之间的区别，根据意识形态而不是政党的政策纲领和执政记录来决定投哪个政党或候选人的票。”[①] 为此，各政党候选人为了赢得基本盘的支持，往往在议题设置、话语选择等方面走向极端，突出不同群体的价值和利益区别。这就是在一个共同体内人为制造“非敌即友”的对抗逻辑，理性的竞选策略让位于鲜明的政治立场。选民切割和分化策略，对于不同选民之间的裂痕，不仅无助于有效弥合，

① 〔美〕安东尼·唐斯：《民主的经济理论》，姚洋等译，上海：上海人民出版社2017年版，第91页。

而且是刻意制造社会分裂，甚至在伤口上撒盐，不可避免地酿成严重的政治冲突，固化乃至加剧族群歧视和对立，进一步加剧美国选民的分裂。因此，现在一些人把“美利坚合众国”形容为“美利坚分裂国”。

（二）候选人形象定位与政治极化

候选人个人形象，主要涉及候选人的个人经历、出生背景、政治操守、领导能力、形象外表、从政经验、宗教信仰、意识形态、政治态度和价值取向（自由主义还是保守主义、温和还是极端，实用主义还是原教旨主义），以及一些情景因素（比如主张维持现状还是力主变革、走正确道路还是错误道路）等。在影响选民对候选人投票的短期因素中，特别是自20世纪60年代美国选举从以政党为中心转向以候选人为中心以来，候选人的“个人形象”是最重要、最关键的因素。美国人是一个十分重视“个人形象”的民族。有美国研究选举的学者指出：“选民对候选人的评价比政党认同对选民的投票行为更具影响力，只有选民无法比较候选人优劣时，选民才以个人的政党认同进行投票。”[①] 形象不完全是被塑造出来的，但可以通过选择性的解释和巧妙的陈述被调整，甚至被操纵。在选战中，候选人一般通过“二分法”来确立自己的战略优势，以及通过释放与竞争对手明显区别开来的信息来塑造自己的政治定位。[②] 如果说选民划分是把选民区隔开来的话，候选人定位则是把自己和竞争对手区隔开来，以便选民更好地辨认出候选人自己，投自己的票。为了赢得部分选民的支持，美国两党候选人往往在政治理念、政治态度、政治立场等方面把自己塑造成某部分人的代言人，而把对手打造成另一部分人的代言人，在分化选民的同时势必带来社会分裂。

---

① Kelley, Stanley, Jr. and Thad W. Mirer, *the Simple Act of Voting*, American Political Science Review, Vol.68, No.2, 1974, pp.572-591.

② 赵可金、孙鸿：《政治营销学导论》，上海：复旦大学出版社2008年版，第163页。

候选人形象的塑造一般都与所属政党的政治理念相一致，共和党候选人一般把自己定位为坚定的保守主义者，民主党候选人往往把自己定位为坚定的自由主义者。由于以福音派为代表的基督教右翼与共和党政治理念的近似性，大量福音派教徒是共和党的潜在选民，一些共和党候选人把自己定位为宗教道德上的“卫道士”，以赢得宗教选民的支持。自20世纪70年代以来，共和党候选人大都积极争取传统宗教势力的认可和支持。2000年的美国总统大选，共和党候选人小布什竭力打宗教牌，标榜自己是“富有同情心的保守主义”，突出宣传其个性和道德品行。他表示当选后只提名反对堕胎的法官，支持修改宪法禁止堕胎等。经过克林顿绯闻案后，人们更加认同领导人的个人道德品行。小布什阵营在品行宣传上甚至超过其政策主张，战胜了较为强势的民主党时任副总统戈尔。2004年总统大选时，由于小布什在伊拉克战争和经济问题上面临困境，但其仍主打“道德议题”，在具有争议的堕胎权利和同性恋婚姻问题上始终保持强硬态度，展现出虔诚、正统的宗教形象，迎合了基督教选民特别是福音派新教徒的道德观念，激发了宗教保守势力对其投票的热情，为他顺利连任起了重要作用。当时，小布什除赢得基督教新教徒59%的选民支持外，还获得天主教徒52%的支持，而克里只得到天主教徒47%和基督教新教徒40%的选票。[①] 2016年总统大选，共和党候选人特朗普不仅因严重的个人私德问题，离婚两次，还在婚内出轨，无法把自己定位为“道德化身”，而且他多次改变政党身份，时而成为共和党，时而成为民主党，更无法标榜自己坚定的政治立场，保守派的主要刊物《国家利益》还指责他不是真正的保守主义者。但特朗普最鲜明的主张是他对非法移民、伊斯兰教极端主义的强硬态度，以及极具有分裂性的“禁止穆斯林入境”等言论，从而赢得了基督教保守派信徒的支持。

---

① 徐步:《宗教族裔与美国总统大选》,《国际问题研究》2012年第3期。

候选人的政治态度是候选人“个人形象”的重要体现，它既与候选人的性格有关，更与候选人的政治地位有关。理性平和的候选人在政治态度上较为温和保守，而争强好斗的候选人在政治态度上较为激进攻击。一般而言，寻求连任的候选人都把自己定位为有经验的政治家，而挑战职位的候选人都以变革者自居。1992年美国总统大选，克林顿被塑造成一个“穷小子”转变为社会精英的典型、实现“美国梦”的代表，其阵营经常安排他上电视节目，直接回答民众问题，表现出亲民形象；而把老布什描绘成不了解民间疾苦的“世袭贵族”，在经济萧条时期驾着私人游艇环游海洋的富翁。同时，克林顿阵营还把他成功打造为一个能够领导全国进行革新的“新民主党人”，并在整个选举过程中通过坚持他在经济和社会福利问题上的态度而不断强化这一形象，而把寻求连任的老布什描画成一个属于过去时代的总统。克林顿能够取得最终胜利，某种程度上就是因为他成功地把自己定位成一个渴望给美国带来激烈变革的坚强领导；老布什失败的原因则是他虽然被认为是一个坚强的领导，却只支持温和的变革。[①] 进入21世纪美国民众对变革的呼声更高，美国政治也日益从“自由民主党还是保守共和党”的选择走向“改革党还是维持现状党”的选择。[②] 2008年美国总统大选，民主党人奥巴马和共和党人麦凯恩之间的竞争就是变革和经验的选择。奥巴马阵营将竞选策略定性为“锐意改革与换汤不换药的竞争”，而麦凯恩强调奥巴马不具备艰难复杂时期领导这个国家的知识、背景经验或者判断力。在大多数民众对走出金融危机的期待中，奥巴马凭借“变革”口号引起众多选民的共鸣，成功击败共和党总统候选人麦凯恩。

候选人在形象定位上还要表明自己的政治立场。在美国这个多种

① 〔美〕布鲁斯·埃·纽曼著，张哲馨译:《营销总统：选战中的政治营销》，上海：上海人民出版社2007年版，第71页。

② 〔美〕丹尼尔·戈托夫:《美国选民的变化》,《新交流》2008年春季号。

族、多民族、多宗教、多文化的国家，爱国爱乡、代表选民等是候选人必须宣誓的政治立场。“种族因素”在美国政治选举中发挥着不可忽视的重要作用。自20世纪60年代民权运动以来，为避免因族裔问题导致社会对立和分裂，美国逐步形成了不能发表不利于族裔和谐的言论，这种“政治正确”有利于弥合不同族裔之间的矛盾。然而，事实上不同族裔之间的矛盾是十分严重的，特别是白种人和有色人种之间始终存在着严重对立。不同族裔对美国的认同程度，也大不相同。2003年的一项民意调查显示，65%的白人表示自己“非常爱国”，但只有38%的黑人选择“非常爱国”。[①] 美国政治学者塞缪尔·亨廷顿提出的“我们是谁”的疑问一直萦绕在大多数白人头脑中。但由于“政治正确”的束缚，一般美国人不敢挑破这层“窗户纸”。2008年民主党党内初选时，为帮妻子希拉里拉选票，克林顿曾拿奥巴马的肤色说事，涉嫌对奥巴马种族侮辱，为此受到各方批评。但奥巴马出生于夏威夷，童年在伊斯兰国家印度尼西亚度过，父亲是一名肯尼亚黑人，这样的出生背景和成长环境不可能不引起白人基督教选民的疑虑。特别是奥巴马的精神导师杰里迈亚·赖特（Jeremiah Wright）声称，“9·11事件”是美国外交政策遭受的报应，抨击美国是个种族主义国家。为了摆脱人们对其信仰的怀疑和立场的疑虑，奥巴马忍痛与其精神导师赖特决裂，批评其观点不仅有可能扩大种族分歧，而且有损于美国的伟大和美德。但在大选过程中，奥巴马的爱国立场还是遭到共和党的质疑。共和党副总统候选人佩林在一个集会上借《纽约时报》的一篇文章声称，奥巴马不是一个和你我一样看待美国的人，奥巴马认为美国不完美，以致要和一个把自己的祖国作为袭击目标的恐怖分子（指的是左派极端分子阿耶斯，其建立的极端反战组织为迫使美国退出越南战争，策划

① Anatol Lieven, *America Right or Wrong: An Anatomy of American Nationalism,* Oxford University Press, 2004, p.5.

过一系列爆炸案。阿耶斯曾与奥巴马关系密切）为伍。[①] 佩林的言论遭到美国民主党的强烈批评，说麦凯恩和佩林打出“种族牌”，散播仇恨和分裂的种子。在美国选举中，任何候选人都会根据自己身份、选民情况，对自己进行形象设计和定位。这种形象定位，标识出自己与对方的不同，一方面突出和彰显自己的优点，另一方面衬托和攻击对方的缺点。由于候选人的形象定位，往往涉及种族歧视、地域歧视等问题，因而常常加剧美国政治极化。

（三）选举议题设置与政治极化

“议题”一词是在选举中使用得最频繁，但意义也最不清晰的词语。[②] 一般而言，“议题”是指在选举活动中，各政党或候选人持不同立场、主张或政策的热点问题。议题是民众了解候选人的特点和价值观的基本途径。作为候选人和选民之间最为直接而有效的链接，通过议题设置赢得选票，越来越成为政党和政党候选人的重要选举策略。“竞选议题的设置（issue-setting）不但决定着候选人选择表达什么以及通过什么方式表达，还可以塑造候选人当选后的政策倾向，因而在选举政治中占据核心位置。”[③] 一些政党或候选人在选举中，为吸引选民关注，标新立异，挑起有争议的焦点问题，刺激选民敏感的神经，刻意制造社会分裂，让原有的社会病痛加剧。

长期以来，人们对于议题取向对选民投票行为产生的影响有着不同的看法。早在1954年美国学者贝雷尔森（Berelson）等人出版的《投票：总统竞选期间民意形成研究》一书，通过对纽约州埃尔迈拉市选民的抽样调查发现，在1948年美国总统大选中大部分选民对议题淡漠

① 蜗藤：《2008年美国大选全记录》，北京：中国友谊出版社2009年版，第241页。

② 〔美〕斯克尔：《现代美国政治竞选：美国政治中的诽谤、大话和活力》，张荣建译，重庆：重庆出版社2001年版，第98—99页。

③ 刁大明：《美国选举中的议题设置与中国议题》，《国际论坛》2014年第5期。

无知，而个人影响力是决定选民投票的最重要因素。[①] 1960年，坎贝尔等人在《美国选民》一书中分析了政党认同、候选人评价和议题取向等三个影响选民投票行为的重要变量，进一步验证了贝雷尔森的观点，指出政党认同是最重要的因素，议题取向是短期因素，且在很大程度上依附于选民的政党认同。究其原因，坎贝尔等人认为，一项议题要能影响选民的投票决定必须有三个前提条件：首要的是选民必须意识到这项议题的存在，且能感觉其重要性；选民能清楚表达其议题立场及政策偏好；选民能认知到政党或候选人在政策议题上的立场和态度。[②] 贝雷尔森、坎贝尔等人的观点，也遭到一些学者的质疑。1966年，美国政党问题学者凯伊（V.O.Key）在其《理性选民》（*The Reasonable Electorate*）一书中提出“负责任的选民”理论，强调“选民不是傻瓜”，他们能够依据政府执政表现作出抉择，在多次总统选举中有很多选民改变政党归属而转向在一些重要议题上与自己观点相近的政党。[③] 1981年，菲奥里纳（Fiorina）在其出版的《美国全国性选举中的回顾性投票》一书中指出，选民的政党认同与选民对政党和候选人的过去表现、绩效评估仍是影响美国选民投票行为的最重要因素，选民跨党投票有时只反映一部分选民渴望变更的情绪，并不能把它当作选民议题投票增加的证据。[④] 从上述争论来看，都没有否认议题对选民投票行为的影响，只是在影响程度上存在分歧。1957年，安东尼·唐斯提出理性选择理论，认为选民投票是基于自身偏好，追求利益最大化。1984年，詹姆斯·艾纳和梅尔文·赫尼查以理性选择理论为基础，提

① Bernard R. Berelson, Paul F. Lazarsfeld, William N. McPhee, *Voting: A Study of Opinion Formation in a Presidential Campaign,* Chicago 1954.

② Angus Campbell, ect. *The American Voter,* Unabridged Edition. Chicago: The University of Chicago Press, 1960, pp.169-171.

③ V. O. Key, *The Reasonable Electorate,* Cambridge Mass: Harvard University Press, 1966, pp.7-8.

④ 房勇：《议题与美国选民的投票抉择》，《世界经济与政治论坛》1992年第9期。

出议题投票的“趋近理论”，认为选民对议题的认知是具体的，是一系列可选择的政策或立场方案，为了确保自己的利益，在考察自己与候选人或政党在某项议题上的立场距离的基础上，倾向选择与自己最为接近的候选人。[①] 按照这种理论，在美国两党制之下，政党为获得更多选民支持，都会向中间靠拢。但是自20世纪70年代以来，随着美国政治极化的加剧，“趋近理论”的假设遭到一些人的质疑。1989年，乔治·拉比诺维茨（George Rabinowitz）和斯图尔特·麦克唐纳（Stuart Macdonald）提出了投票选择的“方向理论”，认为美国有大量选民对意识形态和议题政策的认知并不精通，他们并不会把诸多议题一一排列出来进行比较，而是只需要明确在自己感兴趣的议题上，哪个候选人与自己认同的方向一致即可。[②] 可以说，在当今美国政治极化的背景下，议题投票的“方向理论”对选民投票行为具有很强的解释力。

社会议题纷繁复杂，涉及各个领域，各个方面。至于哪些议题会被作为选举中的重要议题，“候选人会考虑两个不同思路的议题设置策略，即‘议题属性’（issue ownership）和‘迎合潮流’（ride the wave），前者代表着候选人最重要的身份认同即党派标签，后者代表着相对宏观的政治与舆论环境。同时，议题设置的逻辑还包括候选人个人背景以及选区诉求等考量。”[③] 候选人都脱离不了政党而存在，而美国共和党和民主党都有自己的优势议题领域，候选人都会锁定在本党优势的议题上。民主党一般被认为擅长教育、医疗、社会保障、环境保护以及女性事务，而共和党则在维护民权、打击犯罪、捍卫传统价值观以及外交国防等议题领域颇具优势，在经济、就业、税收、预算等议题

---

① 何晴晴：《美国选民“议题投票”行为的分析——以2008年美国总统选举为例》，华东师范大学2013年硕士论文，第5页。

② George Rabinowitz, Stuart Macdonald, *A directional theory of issue voting,* American Political Science Review, 1989. 转引自刘亚琼：《论美国政党认同的来源、选择及变迁规律》，《湖北行政学院学报》2014年第5期。

③ 刁大明：《美国选举中的议题设置与中国议题》，《国际论坛》2014年第5期。

领域上两党差距不大。[①]

有些议题是长期得不到解决的，每到选举都会拿出来争论。比如，枪支控制问题，就是美国面临具有严重争议的议题。长期以来，在美国持枪权被认为是公民权的一部分，枪支被认为是公民不可替代的自卫工具。美国宪法第二条修正案规定，管理良好的民兵是保障自由州的安全所必需的，人民持有和携带枪支的权利不得侵犯。由于根深蒂固的枪支文化传统，美国公民拥有枪支的数量十分惊人。美国现在民间拥有的枪支数量接近4亿支，而美国总人口才3亿多，人均拥有1支以上。随着枪支泛滥带来的治安混乱、暴力案件增多，要求控制枪支的呼声越来越高。尽管美国历史上出台过多部有关枪支控制的法案，但因历史传统、价值观念、宪法制度、利益集团的干扰等多种原因都无法从根本上解决枪支泛滥问题。在枪支控制问题上的严重分歧，美国短期内无法消除。这也成为美国选举的重要议题。共和党倾向于公民的持枪权，而民主党则主张对枪支进行管制。还有些议题，是随着社会政治环境的变化而变化的。政党或候选人既要对长期的议题有一定的立场和看法，又要关切大的环境变化带来的社会热点问题，回应选民的诉求。比如，1992年大选时，由于老布什在伊拉克战争的大胜使其具有很高的民意支持率。为此，共和党老布什阵营，把竞选主题锁定在国家安全上。而民主党克林顿阵营把经济议题作为竞选的主轴，紧咬经济牌不放。在克林顿阵营发布的1350条竞选广告中，有1343条与经济问题有关，在民主党全国代表大会上，克林顿用比老布什多两倍的时间论述经济问题，而老布什却用比克林顿多五倍的时间讨论国际问题。[②] 克林顿阵营的竞选主题，引起美国主流媒体的共鸣和好感，

---

① John Sides, *The Origins of Campaign Agendas*, British Journal of Political Science, Vol.36, 2009, pp.407-436.转引自刁大明:《美国选举中的议题设置与中国议题》,《国际论坛》2014年第5期。

② Marion R. Just ed., *Crosstalk: Citizens, Candidates And The Media In Presidential Campaign*, Chicago: The University of Chicago Press, 1996, p.71.

成为主流媒体报告的重点，使克林顿赢得总统选举的胜利。再比如，由于2008年美国金融危机的爆发，以及美国陷入伊拉克战争不能脱身等原因，金融危机、税收、健康保险、伊拉克战争等问题成为2008年总统大选中的关键议题。2016年，美国大选充斥着美国民众在经济与就业、社会议题与族裔关系、国际地位与安全环境等多层次议题上长期积累的不安、不满、愤怒，甚至是恐惧情绪。因而，恐怖主义、非法移民等成为主要议题，特别是在美国南部各州，民众认为最突出的问题就是非法移民和形同虚设的边境管制造成的安全和福利问题。确实，大多数非法移民都是为了追求美好生活而来到美国的。但是非法移民中也混杂着毒贩和其他恶性刑事犯，虽然他们在数量上所占比例并不大，但他们制造恶性后果的能力和带来的恐惧感，却远远超过他们的人数。据估计，墨西哥贩毒集团每年走私到美国的毒品价值相当于三四百亿美元。这不能不引起美国人心理上的恐慌。同时，非法移民入籍之后还会增加中产阶级的负担。在美国东北五大湖周边的俄亥俄、密歇根、威斯康星、宾夕法尼亚、西弗吉尼亚等州，这里曾经是美国的工业基地，制造业发达。但随着全球化的发展和资本的高流动性，美国制造业纷纷倒闭或者迁往发展中国家，工厂大门锈迹斑斑，这些州成为“铁锈地带”，而劳动力的低流动性又造成这些美国中部“铁锈地带”失业率的高居不下。所以，特朗普提出“反非法移民”“修建隔离墙”“把工作带回美国”等口号，引发美国共和党传统地盘中南部各州和“铁锈地带”各州的强烈共鸣和广泛支持，成为他赢取美国大选的重要因素。

政党或候选人如果不能回应选民诉求，他们提出的议题引不起选民共鸣，就难以得到选民支持。当然，政党或候选人不完全是被动回应选民的关切，也能够主动创造议题。“公众有时是以一种非常不引人注目的方式表示其关注和忧虑的。此刻，候选人或者媒体所有具有的详细阐述和规划议题，使该议题获得广泛关注的能力，会使得该议题成为选举活动的焦点。”① 此外，候选人的个人背景也会影响议题的设置。有教师职业背景的候选人往往会在教育议题上做文章，而有从军经历的候选人往往会在军费开支、国家安全等议题上做文章。

政党和候选人设置议题不仅能够表达立场，把自己与对手区分开来，而且还能够区分选民，组合获胜的联合阵线。一般而言，激进、极端的观点比中立的观点更具有明确性，可以吸引那些对于选举关注度不高、政治知识不丰富的选民的选票。因此，政党和候选人往往通过策划有争议、抓眼球的议题，提出激进的观点，塑造与众不同的形象，让选民“归队”，是站在自己“正确的”一边，还是站在对手“错误的”一边。自20世纪60年代以来，美国选举中的议题由原来的以经济问题为主逐步让位于政治问题和社会问题，像种族问题、移民问题、堕胎问题、枪支控制问题、同性恋权利问题等。美国人在这些议题上没有共识，而且分歧越来越严重，这为政客操纵这些敏感议题提供了土壤。1992年和1996年寻求共和党总统候选人提名的帕特·布坎南，所设置的议题不仅包括反对堕胎等道德议题，还包含抽象的国际贸易领域的议题。他在议题上给出的每一种情况都是非此即彼，没有中间地带，让选民作出选择，要么跟随他站在文化战争的正确一边，要么反对他，从而沦落为“坏人”。尽管布坎南并没有成功地获得共和党党内总统提名，但他使用“我们的人”和“他们的人”来区分选民的方式和阐述议题的能力，极大地影响了共和党的竞选纲领和选举活动。② 同样，2016年的总统选举，特朗普在医疗保险、国际贸易等议题上把自己与党内外的“建制派”候选人区分开来，标榜自己是与政治精英无关的“圈外人”，把对手确立为现存体制的代表和维护者。通过把自己塑造成反体制的英雄形象，摆出要与美国现行体制和当权者进行

---

① 〔美〕斯克尔：《现代美国政治竞选：美国政治中的诽谤、大话和活力》，张荣建译，重庆：重庆出版社2001年版，第100—101页。

② 同上，第105—106页。

斗争的姿态，利用“反建制派”和“反精英主义”的口号迎合选民对现行官僚体制的不满，挑起民粹主义，激发“沉默大多数”选民的投票热情，赢得了他们的支持。特朗普这一策略就是把社会分成“我们”和“他们”两个群体，把“我们”打造成边缘群体，把“他们”塑造成既得利益群体，只有“我们”团结起来，才能保护好“我们”的利益，而特朗普自己就是“我们”的代言人。在我国台湾地区，民进党在选举中往往以意识形态挂帅，操纵族群议题、省籍议题，把中国国民党贴上中国标签，代表“中国人”，而自己贴上“台湾标签”，代表“台湾人”，以爱台湾自居，强调国民党和民进党的立场和代表的人们是不同的，刻意将“外省人”与“本省人”之间、在“压迫”与“被压迫”之间，形成一种最简单、最原始的“我们”与“他们”的区分，宣称民进党是“救台湾”、国民党是“卖台湾”的，污蔑中国大陆统一台湾带来的“灾难”“危机”。这种贴标签，诉诸恐惧与悲情的方式手法，与美国共和、民主两党候选人操纵议题的手段如出一辙。在贴标签方式下，各个群体的人也就淡化了每个人首先是共同体中的一员，他们不断强化自我身份认同，从而煽动了仇恨、分裂了社会。

二、组织动员与政治极化

组织动员是候选人在选举中利用竞选团队、政党、利益集团等各种组织发动选民为自己投票的行为。随着大众传媒的兴起，媒体宣传的影响力大增，传统的组织网络的功能大大削弱。但“宣传战”无法完全取代“组织战”，依靠组织动员选民投票仍然是选战的重要组成部分。在美国的每次选举中，候选人往往都会掀起颇具声色的“组织战”，借助各种组织资源发动选民为自己投票，造成两大阵营的严重对立，政治极化不断加剧。

（一）候选人竞选组织动员与政治极化

自美国选举政治从以政党为中心转变为以候选人为中心以来，候选人自己组织的竞选团队日益成为候选人选举的主要依靠力量。候选人建立的竞选组织，主要依托政治公关顾问公司。这些公司承担起包括与新闻界联系、进行选举分析、撰写讲演稿、拟定议事日程、筹集资金、编制预算、提供法律帮助等大量工作。据统计，自20世纪60年代以来美国共和党和民主党两党候选人自组竞选组织的人员数量和素质都高于政党组织的人员数量和素质。1972年美国大选中总统候选人雇佣的专业人员数量是两党政党组织人数的5.5倍，1980年是4.3倍，2000年是2.2倍；候选人自组竞选组织中聘请的专家大都受过良好的教育，有为政党组织工作过的经验，在竞选产生的公职上干过，有较强的政治理念。[①] 具有商业化、专业化等属性的候选人竞选组织，帮候选人赢得选举胜利是他们的根本目标和最大价值。为此，他们往往不惜一切策略和手段分割选民、动员选民，这使他们日益成为美国政治极化的主要推手。

组建强有力的竞选组织是候选人胜选的关键。任何一位成功的候选人决不是一个人在战斗，而是有一个较强战斗力的组织协助其做大量工作。在美国，选举是一项复杂的系统工程，候选人都会聘请一批策略顾问和专业顾问组成竞选团队为其服务。自1933年克莱姆·惠特克（Clem Whittake）和莱昂内·巴克斯特（Leone Baxter）夫妇建立美国第一家政治公关顾问公司开启由商业公关公司操办竞选业务以来，政治公关顾问公司在美国得到迅速发展。“专业的竞选经理公司已从代办单纯的公众关系方面的工作，发展到提供一整套的竞选服务样样俱全，其中包括与新闻界联系、民意测验、图解说明、宣传文件的

① 林宏宇:《美国总统选举政治研究》，天津：天津人民出版社2017年版，第38—40页。

设计和分发、政治研究、选举分析、撰写演讲稿、拟定议事日程、募集资金、编制预算、法律方面的帮助、用电子计算机处理数据以及其他一切可能必需的和想得到的事项。”[①] 一般而言，一个竞选团队起码要有负责全面协调工作的“操盘手”竞选经理、负责筹款和开支的账目管理人、负责发布新闻和统一对外宣传口径的新闻发言人等。对于总统候选人的竞选团队更为庞大，要涵盖竞选经理、总战略师、传播主管、筹款主任、政策顾问、民调专家和新闻发言人等角色，除此之外，还要在各州和各选区建立一支强大的志愿者队伍，共同构成强大的组选兵团。[②] 在选举中获胜的候选人的竞选团队内部大都纪律严明、权责分明，能够相互配合、协调一致。这些“雇佣的枪手”，越来越成为“新的国王创造者”。1992年和1996年民主党总统候选人克林顿，延揽了一大批著名选举顾问和专家，包括民调专家斯坦·格林伯格、公关主任乔治·斯蒂芬那波勒斯、战略家詹姆斯·卡维尔等，建立起一个能够把他所展望的愿景成功营销给选民的竞选团队。克林顿经常与竞选团队一起开会制定竞选策略，商讨问题的对策建议。2000年大选中，共和党总统候选人小布什的竞选组织主要成员由人称“铁三角”的竞选战略家卡尔·罗夫、竞选活动主管乔·阿尔包夫、公关主任凯伦·休斯组成。2008年和2012年民主党总统候选人奥巴马，同样在竞选团队建设上不遗余力，他将戴维·阿克塞尔罗德（负责媒体事务）、戴维·普洛夫（竞选经理）、史蒂夫·希尔德布兰德（竞选副经理）等一大批具有选战经验的政治顾问纳入麾下。这些竞选顾问为奥巴马入主白宫立下汗马功劳，有的在奥巴马当选总统后成为政府的重要成员。

由候选人的顾问组织起来的志愿者网络是候选人组织动员的核心

---

① 〔美〕哈罗德·F. 戈斯内尔、理查德·G. 斯莫尔卡:《美国政党和选举》，复旦大学国际政治系译，上海：上海译文出版社1980年版，第192页。

② 赵可金:《把握未来：美国总统政治形态研究》，北京：北京大学出版社2013年版，第237页。

力量。候选人竞选团队首要的任务是建立起一个遍布全国各个选区的志愿者网络，为处理日常竞选活动而进行群众动员。政治营销大师纽曼认为，候选人可以利用的关键信息渠道是他所建立的遍布全国的志愿者网络，他们作为候选人竞选的后盾，担当着“电话银行”接线员的角色，每天都要给候选人的支持者打上数以千计的电话以确保他们在大选当天参加投票，替候选人邮寄各种材料，在候选人所到的每一个地方都要组织人去捧场。[①] 选举政治归根结底是一种“草根游戏”，基层志愿者与选民直接接触，担当着“催票部队”的角色。草根动员是一项十分复杂的工作，从众多有效的基层动员实践来看，一个完整的草根游戏策略包括电话营销（telemarketing）、广告信函（direct mail）、附属网络（affiliated network）、小众传播等，成功的催票作业往往是在既有的竞选预算约束下对这些策略手段的综合运用，尤其是最后的3—6个星期内，对于动员选民投票（get-out-the-vote, GOTV）和决定选举结果尤为关键。[②] 选举前，志愿者要进行拉网式动员，“不放过每一个角落”“家家户户走透透”，直接上门催票。尤其是在投票日当天，组织严密的催票部队和广大志愿者通过多种渠道动员支持选民前往投票点投票，确保该得的票都得到。奥巴马曾是一名社会组织干事，对志愿者的力量有切身的体会。他说过，草根力量一旦被动员起来，就是一支攻无不克的大军。[③] 事实证明，奥巴马在两次总统选举中能够胜出，关键就是看重志愿者而不是“地方大员”，志愿者发挥了支柱作用。

让社会名流帮忙站台拉票，也是候选人竞选组织动员选民的重要方式。社会名流具有一定的社会影响力，人气比较旺盛，他们的政治

---

① 〔美〕布鲁斯·埃·纽曼：《营销总统：选战中的政治营销》，张哲馨译，上海：上海人民出版社2007年版，第83页。

② 赵可金、孙鸿：《政治营销学导论》，上海：复旦大学出版社2008年版，第184页。

③ 〔美〕戴维·普洛夫：《无畏而赢》，周磊译，北京：中国人民大学出版社2012年版，第20页。

观点、表态支持候选人对普通选民尤其是对特定人群具有影响带动作用。在竞选期间，候选人竞选团队都会要求社会名流帮助站台。2012年大选前夕，奥巴马的竞选团队在最重要的摇摆州俄亥俄州邀请著名演员、音乐人、作家、运动员、律师和议员“出动”，让他们“站台”助阵、造势拉票，呼吁支持者到选举日“出门投票”。

候选人往往还亲自动员选民投自己的票。候选人通过给选民打电话、发邮件、参加造势活动等，显示其亲和力，这样能更好起到拉票效果。有时，候选人在其竞选团队安排下，走到社区，面对面向选民拜票。“进行基层动员最重要的也许是候选人的公开露面，这有助于给竞选组织带来活力，并使候选人有机会与广大民众进行面对面的交流。”①

当今美国，候选人竞选组织大都是由聘请的竞选专家、民调专家、基层拉票队伍等组成，他们完全成了政治营销的“推销员”。在美国，人们将竞选活动比作营销活动，确实很有道理。选举的竞争，在一定意义上就是推销候选人及其政策主张的过程，竞争的手段就是政治推销策略。为了赢得选举，候选人竞选团队在很大程度上把选举手段置于民主价值之上，切割选民、抹黑对手、“挖墙脚”等各种手段都成为获得选票的选项。美国学者斯克尔指出，选举活动的目标是要获得成功，这“并非意味着是使用‘任何手段’，或者‘目的决定手段’，或者‘不惜一切代价获胜’的借口，但它确实是意味着选举活动将会使用一切方法和技巧——并通常会打合法性，合理性，道德伦理和尊严的擦边球——以便争取尽可能多的选民投自己的赞成票。”② 把赢得选票置于选举民主的最高位置，这不仅违背民主的价值，而且还严重影

① 〔美〕布鲁斯·埃·纽曼：《营销总统：选战中的政治营销》，张哲馨译，上海：上海人民出版社2007年版，第84页。

② 〔美〕斯克尔：《现代美国政治竞选：美国政治中的诽谤、大话和活力》，张荣建译，重庆：重庆出版社2001年版，第20页。

响国家治理和公共利益的实现。政治领袖和经理们公开地、无耻地更关注直接的选举战术、人格的投射，更关注媒体呈现，而不是深思和倡导与长期社会需求相关的诸种理念和诸项政策。[①] 这种专业化、市场化运作的候选人竞选团队，把民主的竞争性面向进一步放大，而把民主的协作性面向大大压缩，助推了美国政治极化。

（二）政党组织动员与政治极化

长期以来，在美国组织选战是政党的分内之事，政党庞大的组织体系充当了主要的选战机器，承担了候选人的大量工作。美国政治学者比尔德总结说："在美国的早期历史上，选举是件极其简单的事；选举在国内某些地方露天进行，用举手表决，碰到疑问则采取点名方式。政党的组织和党务的处理由党员确定。几乎样样都照风俗和惯例办理。连正式选举用的选票照例也委托党的领导人印制。"[②] 华盛顿卸任总统之后，就已经开始了党派竞争选举。特别是美国内战后的大部分时间里，政党组织是竞选运动的主要发动者或管理者。"政党组织选战的基本模式是，在政党权力的顶端，政党领袖层在密室中商议提名候选人，而地方党组织则负责动员选民支持政党的候选人。"[③] 直到美国选举转到以候选人为中心，这种政党主导的选战模式才发生变化，政党标签的选民投票减弱，地方党组织的动员能力下降。当今美国，政党的竞选组织几乎成了候选人竞选组织的"婢女"，完全服务服从于候选人的竞选组织。但这并不是说政党组织或政党领袖都靠边站，不发挥作用了。"总统候选人还是不能够完全回避与政党，尤其是与民主、共和两党的联系，只有跨过了'政党冠名'这第一道门槛，才能进入后

---

① Bernard Crick, *Democracy: A Very Short Introduction,* Oxford University Press, 2002, p.111.

② 〔美〕查尔斯·比尔德：《美国政府和政治》（下册），朱曾汶译，北京：商务印书馆1988年版，第635页。

③ 倪世雄、赵可金：《美国政治的理论研究》，上海：复旦大学出版社2014年版，第137页。

面阶段的选举。”[①] 而且在基于赢得选举这个共同目标下，政党组织积极为候选人提供帮助或服务。无论电视大战还是选民动员大战，都需要人力、物力和财力，而政党是主要的提供者之一。[②] 政党在选举动员中发挥着“助攻”“侧攻”和“辅助”作用，实际上充当着政治极化的“帮凶”。

政党组织的动员方式，与候选人竞选组织的动员方式几乎相同，主要是通过动员选民登记、电话银行（phone bank）、发放传单、电子邮件、登门拜访等。政党“帮助总统候选人募集竞选资金、提供办公场所、散发竞选宣传材料、组织志愿者接听选民的电话或直接叩门寻找选民的支持。经过选举活动实践的检验，证明了美国政党的这些传统做法仍然是有效动员选民的办法”。[③] 由于政党工作人员非常有限，招募志愿者进行动员是政党的重要任务。竞选活动依然需要向周边社区发放传单，并陪同候选人上门拜访选民，但协调志愿者的方式发生了变化，现在是通过建立数据库，把那些有志于为政党或为某位候选人服务的志愿者登记在册，便于追踪管理。[④] 在选举前的关键阶段，政党都会展开以人力资源为主的“阵地战”“催票战”。“共和党2000年胜利计划”的发言人杰里·霍尔特声称：共和党仅在加州、威斯康星州、密歇根州、佛罗里达州、宾州就发出5000多万封动员选民投票的信；而民主党也有类似的举动。[⑤]

基层党组织是政党组织选举动员的基础。美国政党是一个十分松散的组织，组织性、纪律性不强，地方党支部完全是一个俱乐部性质的自愿组织。县市地方的支部与州和全国的组织虽然有一定的联系，

① 林宏宇：《美国总统选举政治研究》，天津：天津人民出版社2017年版，第62—63页。

② 张立平：《美国政党与选举政治》，北京：中国社会科学出版社2002年版，第369页。

③ 林宏宇：《美国总统选举政治研究》，天津：天津人民出版社2017年版，第68页。

④ 〔美〕桑迪·梅塞尔：《美国政党与选举》，陆赟译，南京：译林出版社2017年版，第72页。

⑤ 张立平：《美国政党与选举政治》，北京：中国社会科学出版社2002年版，第369页。

但是地方组织的活动都是独立的，上面一级的机构可以提点建议，但是却不能下命令。[①] 基层党组织虽然具有松散性、独立性特点，但相对候选人竞选组织而言，其长期“在地化”，对选民结构和特点比较熟悉，在组织动员选民参与投票方面具有明显的优势。每到选举时期，候选人都会依托基层党组织，拜托基层党员深入社会与选民直接接触，动员选民投自己的票。

在美国选举过程中，任何候选人都难以离开政党的影响和帮助。一般情况下，政党组织和候选人竞选组织相互配合，形成选战合力。政党的意识形态标签，简化了选民的选择，对于选民“基本盘”的动员发挥着关键作用。这在动员选民的同时，也加剧了政治极化。

（三）利益集团动员与政治极化

利益集团的广泛存在和具有重要影响，是美国政治现象的显著特征。在当今美国选举中，利益集团有着雄厚的资金和人力资源，而且政治参与度较高，在选举动员方面有着重要能量，已经成为一股不可忽视的力量。尤其是在当今投票率日益低迷的情况下，利益集团的选民动员作用更加凸显。利益集团特别是意识形态利益集团，其“通常立场强硬，不愿意谈判和妥协”的特征，是助推美国政治极化的重要力量。

利益集团虽然在美国广泛存在，但对其概念界定和地位作用却缺乏一致的看法。从广义上说，一个阶级、阶层、政党、社会组织、企业、家庭等都是利益集团。如同罗伯特·达尔所说，从最广泛的意义上说，任何一群为了争取或维护某种共同利益或目标而一起行动的人，就是一个利益集团。[②] 从狭义上说，利益集团主要指那些具有利益要求和价值诉求，通过各种途径对政府施加影响，以实现自身利益的团

① 龚小夏：《亲历民主：我在美国竞选议员》，上海：复旦大学出版社2011年版，第98页。

② 李寿祺：《利益集团参政：美国利益集团与政府的关系》，《美国研究》1989年第4期。

体。美国著名政治学者戴维·杜鲁门指出：“利益集团是一个持有共同态度、向社会其他集团提出要求的集团，如果它通过和向政府的任何机构提出其要求，它就变成一个政治性利益集团。”[①] 这一概念界定具有代表性。利益集团在美国有着长久的历史。早在殖民地时期，北美大陆就存在许多农业协会的利益集团。美国独立建国后，利益集团得以不断发展。20世纪60年代之后，随着美国选举政治从以政党为中心转变为以候选人为中心，政党功能的减弱，为利益集团的发展留下了空地，不仅使利益集团的数量得以迅猛发展，而且其影响也进一步增强。据统计，2014年全美国有31000多个利益集团，这个数字比1980年增加了2倍，是1955年的15倍。[②] 近些年，利益集团还有进一步增加的趋势。

利益集团影响政治决策的方式，主要是介入各种选举活动和通过游说政府部门影响政策制定或修改等。提供资金、派出工作人员、刊登广告、张贴海报、发表广播和电视演说、召开新闻发布会等，以及直接动员选民参与选举过程，是利益集团介入选举活动的重要方式。由于美国政党在其选民支持方面阶层的多样性、基础的广泛性，所以共和、民主两大政党都积极争取利益集团的支持。共和、民主两大政党都有相对亲密的特定利益集团，比如支持民主党的工会、支持共和党的基督教联盟等。在美国，利益集团都有一套独立的信息发布系统，有相对固定的支持者和志愿者，它们通过电话、信件、工人代表、私人联系、工作场所或互联网等方式与其成员进行有目的的沟通交流，说服他们以符合利益集团的方式进行投票。同时，利益集团还往往通过公布竞选者的投票记录、民众支持度等以引导选民的投票倾向。“利

① Truman David, *The Governmental Process: Political Interests and Public Opinion,* New York: Alfred A. Knopf. 1951, p.37.

② Jonathan Rauch, *Interest Groups: The Silent Killer of American Government,* New York: Random House, 2014, p.139.

益集团在选举中还常常主动为自己中意的候选人拉选票，不仅影响集团成员的选举倾向，更向其他选民施加影响，尤其是一些具有较强意识形态色彩的集团更是如此，如一些宗教团体在选举中，常常会向教徒们宣传某些候选人的主张和立场，呼吁教徒们投票。一些组织甚至还给国会议员候选人过去的投票记录进行评议和打分，以此作为本集团是否支持该候选人的依据。”[①] 美国保守联盟等组织曾将国会议员在自由问题与保守问题上的投票记录等进行分类，并向社会公布。

设置议题引导选民投票，或者称作观点宣传，是利益集团动员选民的新方式。当前，美国利益集团为动员选民，通过主动设置议题，影响选民投票倾向。1996年美国最高法院在其司法解释中指出，任何团体或个人都可以就竞选过程中的某个议题发表自己的观点和主张，但不得直接鼓动选民支持或反对某个候选人，议题主张中不得出现或使用带有“请投某某的票、请支持某某、反对某某”等含义的字眼。[②] 这种议题设置的宣传花费规避了《联邦选举法》的限制，也无须公开，这为议题动员选民打开了方便之门。此后，各利益集团都花重金积极主动设置议题，通过电视广告、分发材料在选民中制造影响，引导选民态度，进而也对候选人产生影响。现今，议题助选已经成为美国利益集团选民动员的重要战略。尽管利益集团这种观点宣传广告涉及的是观点而不是候选人，并且不明确使用“支持某某”或“反对某某”，但多数观点宣传事实上支持谁、反对谁选民很容易看得出来，而且选民也很难区分观点宣传广告与候选人制作的广告以及用“软钱”支付的政党广告。1996年总统大选时，支持民主党的劳联—产联宣布一个预算高达3500万美元的议题助选计划，制作了2700支电视广告，分发了1100万份竞选宣传材料。同年，支持共和党的全美独立企业联盟等利益集团也投资1500万美元制作了大约600支电视广告和700支广播电

① 刘杰：《当代美国政治（修订版）》，北京：社会科学文献出版社2011年版，第247页。

② 林宏宇：《美国总统选举政治研究》，天津：天津人民出版社2017年版，第97页。

台广告，以对抗劳联—产联的议题主张。[①]

利益集团的选民动员，一方面有利于动员选民参与到政治生活中来，具有保护公民政治权利、提升公民政治教育等作用；另一方面由于利益集团代表的非均衡性，强势利益被过度代表，弱势利益则代表不足，扭曲了民意，特别是自由派与保守派的意识形态利益集团的极力动员加剧了美国政治极化。尽管几乎所有的利益集团都宣称自己非党派性和独立性，但实际上它们大部分都具有意识形态属性、党派性、政治性。利益集团常常通过各种直接或间接的方式影响政治，比如直接发表声明、召集某种活动、直接发表有关问卷调查等材料公开支持某些候选人，而且通过政治捐款操纵选举，试图使政治候选人当选后能够采取有助于增进本集团利益的政策。“许多具体的利益集团能被广泛地归类为‘自由派’和‘保守派’，这两种分类方法囊括了美国最大的利益集团。”[②] 这些意识形态强烈的利益集团选民动员更加积极，其成员积极性也更高。尽管近些年成立一些温和的或中立的利益集团，但并没有改变利益集团要么非常自由要么非常保守的特点。像支持共和党的“基督教联盟”“传统价值观念联盟”“生命权利”“基督教之声”等就是宗教保守派的利益集团，他们往往在教堂或者该组织的年会上发放竞选材料、发布观点，有时直接给选民打电话，以影响教徒的投票意向。而“劳工联盟”是支持民主党的自由派利益集团，它们拥有大量会员，每到选举时都积极动员成员投民主党候选人的票。随着美国利益集团影响选举方式的转变，以及美国社会政治思潮的变化，美国利益集团出现了一种以社会思潮分界的结盟趋势，以期最大限度影响选举，1996年总统选举中的“劳工96”就是几乎包括所有新自由

---

① Mark J. Rozell, Clyde Wilcox, *Interest Groups in American Campaigns: The New Face of Electioneering,* DC: Congressional Quarterly Inc., 1999, pp.140-141.

② 〔美〕戴伊、齐格勒、舒伯特:《民主的反讽：美国精英政治是如何运作的》，林朝晖译，北京：新华出版社2015年版，第208页。

主义倾向的美国利益集团联盟，而主张“有限政府”的“别干预我们”（Leave Us Alone）就是一个强有力保守派利益集团联盟。[①] 这种以意识形态划线的联盟，并在选举中展现出更大的能量，进一步加剧了美国政治极化。

三、媒体宣传与政治极化

大众媒体是把信息传递给公众的工具和载体，一般分为印刷型媒体（报纸、杂志、传单、书籍等）和电子媒体（广播、电影、电视、手机、网络等）。在美国，大众媒体非常发达，报纸有1400多家，电视网和有线电视台1000多家，广播电台8000家左右。随着社会的发展，大众媒体日益渗透到政治生活的各个角落，越来越成为美国政党、候选人宣传政策主张、动员选民的主阵地。在某种意义上说，选民的政治意愿是由他们接收的来自大众传媒制造的信息所左右的。当今美国，任何一个试图参选公职的人都不得不借助大众媒体这一舆论工具“制造新闻”、发布广告，向选民宣传价值理念、政策等。可以说，“宣传战”“舆论战”已经成为美国“选战”的主战场，赢得了媒体就赢得了竞选。美国政治学者汤姆斯·彼特森就指出，当今的总统选举事实上已经成为大众传媒的选举，可以毫不夸张地说，对于大多数选民而言，除了以传媒版本出现的选举之外，选举已毫无任何意义。[②] 大众媒体的广泛兴起，一方面使选举过程更加透明，选民能够更好地判断审视各政党和候选人，另一方面也为他们操纵媒体、误导选民提供了便利。美国大众传媒在选举过程中立场鲜明的选举新闻的报道、选举广告的播放、选举消息的发布，相互攻击、抹黑，诱导民众、制造民粹，成为政治极化的重要诱因。

① 林宏宇：《美国总统选举政治研究》，天津：天津人民出版社2017年版，第101—102页。

② Thomas E. Patterson, *The Mass Media Election,* New York: Praeger, 1980, p.3.

（一）选举新闻的媒体报道与政治极化

选举新闻是新闻媒体报道的与选举活动有关的新闻，大部分是经过媒体加工的报道内容。选举活动是新闻媒体关注的焦点，也是公民了解选举政治的主要途径。但美国媒体在报道选举新闻过程中，选举新闻的负面报道、鲜明的党派立场，推动了选民政治观点的两极化。

随着社会进入大众媒体时代，作为候选人与选民沟通的重要渠道，媒体既可以捧红、成就一个候选人，也可以扼杀、摧毁一个候选人。美国政治学者戴维·巴伯指出："总统政治正在发生一场革命，民主党和共和党已不再控制其旗手的选择，代之而起的是一批新的国王制造者：新闻人事。因为总统候选人正是在报刊和电视屏幕上被制造出来和被毁掉的。"[①] 获得新闻媒体的关注，就成为候选人的一种免费广告和无形资源，甚至能够使不太出名的候选人迅速聚集人气，"一举成名"。特别是在选举的前期阶段，由于大多数人对参选人还不太熟悉，媒体的新闻报道具有决定参选人前途命运的关键作用，甚至在某种程度上起到筛选参选人的作用。1960年美国总统大选时，共和党候选人尼克松作为当了8年的副总统具有很高的知名度，而民主党候选人肯尼迪只是参议员，名气和威望远不如尼克松，竞选初期毫无优势。为了提高知名度，肯尼迪提出要和尼克松进行电视辩论，尼克松最初拒绝接受辩论。但后来在各方压力下，尼克松不得不接受肯尼迪的挑战，与其进行电视辩论。这是美国选举史上首次电视直播总统辩论的大选。肯尼迪为参加电视辩论做足了准备，而尼克松显然准备不足，仓促上阵。结果，肯尼迪在电视上塑造出精力旺盛、意气风发、对答如流的形象，而尼克松则表现得精神萎靡、脸色憔悴、声嘶力竭。当时美国有1亿多人观看了这场电视辩论会。两者在电视上形成的鲜明对比，极

---

① 李道揆：《美国政府和美国政治》（上），北京：中国社会科学出版社1990年版，第147页。

大提高了肯尼迪的媒体关注度和选民支持率，奠定了其胜选的民意基础。肯尼迪的助手兼演讲撰稿人西奥多·索伦森说："没有电视，约翰·肯尼迪就永远不会当选。"①2000年小布什能够在共和党众多参选人中胜出，很大程度上是由于"获得媒体最广泛、最正面也是最多的新闻报道。即使后来出现了针对布什的负面新闻，但他依然是衡量其他参选人的民意测验、竞选机构和资金筹集的标准。"②

媒体报道的选举新闻并不完全是客观事实的陈述，而是融入了媒体工作者的主观判断。即使候选人接受的采访、政党提名大会和参加辩论的内容报道，在理论上候选人可以说自己想说的话，但事实上他们的谈话内容受到节目的形式、访谈者的提问和反驳等因素的限制和影响，也是经过媒体的部分加工。经过媒体加工的选举新闻，特别是记者、专栏作家和评论专家等对候选人的能力、德行等品头论足，或正面报道他们的优点、特长，或揭发他们的缺点、丑闻，对选民选择候选人具有引导作用。在选举新闻"赛马"式报道中，被媒体宣布为"领先者"的候选人在筹款、聘请政治顾问、增加知名度等方面就会处于非常有利的地位，而被宣布为"落后者"的候选人则会遇到麻烦和困难。因此，新闻媒体记者对政治人物前途的宣判或者预言的新闻，对他们以后的竞选无异于产生重大影响。③

媒体新闻的选择性、倾向性报道，对政治极化起着加剧作用。媒体不可能是事事、人人都报道，而是有选择性、倾向性的报道。为此，候选人阵营都会聘请传播媒介顾问专家，加强同新闻媒体的联系，争取它们的支持和好感，尽量向有利于自己的方向引导新闻报道，竭力

---

① 〔美〕拉尔夫·德·贝茨：《1933—1973美国史》上卷，南京：南京大学历史系英美对外关系研究室译，北京：人民出版社1984年版，第49页。

② 〔美〕帕雷兹：《美国政治中的媒体：内容和影响》，宋韵雅等译，南京：南京大学出版社2010年版，第240—241页。

③ David S. Broiler, The Press and the Process & in Nelson W. Polsby, *The News Media as an Alternative to Party in Presidential Selections,* New York: St Martin's Press, 1983, p.122.

宣传其议题和想法的正当性。媒体公关融入竞选活动，媒体报道巧妙体现倾向，这是美国选举新闻报道的“公开秘密”。制造新闻事件吸引媒体报道、频繁上脱口秀等媒体节目是候选人阵营媒体营销的必修课。1992年克林顿阵营制作的“问问比尔”的电视节目，克林顿在节目中回答民众提出的问题，获得了很好的效果，拉近了与选民之间的距离。如果他们的所做所言确实是“制造了新闻”，而且他们的新闻秘书很有效地宣传了这些事情，那么他们就可以借助媒体吸引消费者们的愿望，从而得到很大的版面。① 因此，在选举过程中，对于一些名气不高的候选人，总是制造各种“噱头”吸引新闻媒体的关注和报道，提高自己的“出镜率”“曝光率”。2016年美国总统大选期间，特朗普每次“口无遮拦”“信口开河”的言论，都成为媒体关注的焦点。这也是造成新闻媒体对特朗普的报道要远远领先于其竞争对手的重要原因。媒体对特朗普的“厚爱”，使他获得了大量免费曝光的机会，为他最终赢得选举奠定了舆论基础。由于人们对信息的选择具有依赖性，每个政党支持者都会根据自身的立场和判断选择与之相近的媒体新闻，认为其观点与自己的观点更一致，更客观、更值得信任。“人们对媒体信息有不同程度的接受，他们根据自身倾向过滤媒体信息。他们选择性地接受部分信息并作出相应反应。他们忽视、支持、接受或是推翻某些媒体信息。”② 媒体“选择性曝光的做法，使有政党倾向的民众往往喜欢观看与自己政治观点相似的媒体报道。如果媒体报道按照自己的意识形态选择报道的内容并进行评论，那么，观众原有的政治观点会得到加强。”③

发布民意调查数据，是选举新闻报道的重要组成部分，是媒体介

① 〔美〕波尔斯比、维尔达夫斯基:《总统选举：美国政治的战略与构架》，管梅译，北京：北京大学出版社2007年版，第228页。

② 〔美〕帕雷兹:《美国政治中的媒体：内容和影响》，宋韵雅译，南京：南京大学出版社2010年版，第238页。

③ 刘亚琼:《美国大选中的政治宣传研究》，北京：经济科学出版社2017年版，第92页。

入选举的重要方式，是竞选政治中不可或缺的环节。选民往往利用民调数据来对选举的发展和最终结果做出判断，候选人也会借助民调数据选择竞选搭档、制定政策纲领、确定选战定位等。肯尼迪是第一个聘请民调专家帮助其选举的总统候选人，在总统初选时，他了解到竞争对手汉弗莱在威斯康星州和西弗吉尼亚州地位不稳，于是肯尼迪就把时间、精力和金钱用于这两个州，并一举赢得了提名战的胜利。[①] 在美国，除盖洛普、哈里斯等专业民意调查机构外，各候选人阵营、各媒体等都会做民意调查。民意调查有的非常准确，有的则带有明显的偏向性。民意调查的关键在于问卷设计是否科学和对调查结果的报道是否准确、客观和公正等。在选举过程中，候选人阵营除根据民调做参考外，还往往利用媒体发布一些带有明显偏向性的民意数据，实际上是左右民意、影响舆论、误导选民。

美国选举新闻报道的党派倾向，不仅是政治极化的体现，也是加剧政治极化的因素。在美国，新闻媒体标榜独立性、客观性、公正性和无党派性，但事实上很多媒体都有着党派倾向。这种党派倾向，既有现实利益的驱使，也有长期党派斗争的影响。在美国政党初创时期，联邦党和反联邦党就开始运用党报、传单、谣言等方式，宣传本党观点，打击对手。1789年以汉密尔顿为首的联邦党人创办了《合众国报》，1791年以杰斐逊为首的反联邦党人创办了《国民公报》，这两份“党报”公开为自己的政党利益辩护，成为后来党派报纸的样板。19世纪20、30年代开始，随着选举权的扩大和印刷技术的突破，媒体逐渐将注意力从精英阶层转向大众，也不再仅仅关注政治新闻，并依靠发行量和普及率获得收入。报纸的大众化和市场化，使其经济上获得独立，政党控制逐渐减弱。20世纪初开始，许多新闻工作者认为媒体应独立于政党，新闻报道应客观公正。在新闻媒体工作者的推动下，美国政党

① Theodore H. White, *The Making of the President, 1960,* New York: Atheneum House, Inc., 1961, pp.78-114.

媒体逐渐消失，新闻客观性大大提高。但20世纪80年代之后，美国媒体的意识形态性、党派性逐渐增强，开始公开“选边站”。一般而言，CNN频道、NBC、CBS电视网等是倾向自由主义的媒体，支持民主党；福克斯新闻（Fox News）是保守主义的典型媒体，支持共和党。2000年总统选举时，《华尔街日报》等支持共和党候选人小布什，而《纽约时报》《华盛顿邮报》等支持民主党候选人戈尔。2004年，《纽约时报》《华盛顿邮报》《波士顿环球报》等142家支持民主党候选人克里，《芝加哥论坛报》《先锋报》等123家支持共和党候选人小布什。[①] 2008年，《纽约时报》《华盛顿邮报》《洛杉矶时报》等平面媒体公开宣称支持奥巴马，《纽约邮报》宣称支持麦凯恩，当时表态支持奥巴马的报纸有178家，支持麦凯恩的有58家。[②] 2016年总统大选时，美国传统主流媒体则是“一边倒”支持民主党候选人希拉里，包括历来很少表态的《外交》杂志和《大西洋》月刊、一向持中立立场的《今日美国报》，甚至一些支持共和党的保守派报纸。支持特朗普的只有福克斯新闻和一些右翼新闻网站等媒体。这是因为特朗普反精英、反建制、反主流的特征，并非传统的共和党人，而且他一贯带有反主流媒体的态度。2016年10月10日，《纽约时报》和《华尔街日报》都以头版头条加文字的形式报道了前一天希拉里和特朗普的第二场电视辩论，虽然图片都以两人为主体，但是却表现出明显的倾向性。《纽约时报》的图片是，希拉里手握话筒在前面慷慨陈词、特朗普在后面竖起手指态度傲慢；《华尔街日报》的图片是，虽然两人均手握话筒，但希拉里身体前倾，表现为鲜明、主动的进攻态势。一图胜千言，两报的图片微妙透露出它们对希拉里的偏爱。[③] 几乎遭到主流媒体共同抵制的特朗普，却依靠社交媒体依然胜出，这不是传统媒体和社交媒体上的对立，而是关注两种

---

① 林宏宇：《美国总统选举政治研究》，天津：天津人民出版社2017年版，第217页。

② 蜗藤：《改变？ 2008美国大选全纪录》，北京：中国友谊出版社2009年版，第258页。

③ 高金萍：《美国大选信息传播的“变”与“不变”》，《新闻记者》2016年11期，第52页。

不同媒体的美国民众的分裂。

负面选举新闻的大量报道，增强了选民对政治人物的不信任感，在某种程度上加剧了美国政治极化。被认为是“第四种权力”的美国媒体以监督者自居，是承担着民众监督政府“看门狗”的职责。在美国媒体的商业化运作下，更看重人们的关注度。有了关注度，才能带来利润。相对而言，趣闻轶事、流言蜚语、相互对骂、负面丑闻的新闻价值更大一些。正所谓：“狗咬人不是新闻，人咬狗才是新闻。”因此，美国媒体更偏重报道猎奇新闻、负面新闻。新闻媒体为满足人们对候选人的好奇心和注意力，往往热衷于报道候选人的各种丑闻、错误和失态、矛盾和争议等负面新闻，强调甚至夸大候选人之间的分歧和矛盾。在美国有种说法，“媒体需要的是打架，而非礼让”。丑闻是选举政治中不可避免的现象。正因为有信息透明、新闻自由，丑闻才会得以曝光。在新媒体时代，候选人的丑闻会被媒体无限放大，影响选举结果。在激烈的选举竞争中，每一桩丑闻的制造、传播、辩驳、反击，都充满了异乎寻常的尖刻和敌意。每逢选举期间，负面新闻都是满天飞，竞选者的口水战和相互攻讦成了典型的美国叙事。“吸引眼球”是媒体新闻报道的重要特征。有的媒体为帮助特定候选人、打击其他候选人，还刊登一些消息来源不明，或者虚假的新闻报道，甚至不惜进行人身攻击。2016年美国总统大选，针对希拉里的“邮件门”“健康门”“基金门”等负面新闻，有关特朗普的“录音门”“避税门”“嫖娼门”等负面新闻都在新闻媒体上得到大量报道。负面选举新闻的大量报道，导致各种“伪事件”满天飞。所谓“伪事件”，就是“合成新奇事”的新闻，具有以下特征：并非自发，而是有意为之；主要用于被报道和再加工，“新闻价值”比“真实性”更重要；事实模棱两可；通常是令人愉悦的预言。[①] 有关选举新闻的各种“伪事件”充斥新闻媒

① G. Stuart Adam, Roy Peter Clark (eds.), *Journalism: The Democratic Craft,* New York: Oxford University Press, 2006, pp.81-82.

体，不仅伤害了媒体的公信力，而且也损害了公民的知情权，导致公民对媒体的质疑和不信任、对政治人物的不信任，甚至对其他人也不信任。很大程度上，正是在各种新闻媒体的报道下，特朗普和希拉里成为美国历史上最不受欢迎的候选人。社会群体在相互怀疑中，减弱了人与人之间的"温情脉脉"，增加了敌意和冲突。

（二）选举广告的媒体播放与政治极化

选举广告或者竞选广告，是政治广告最主要的形式，是美国大选的胜负牌。选举广告，一方面可以改善候选人的形象，通过锁定特定选民群体，向选民推销候选人以赢得选民投票支持；另一方面也可以攻击对手，让选民不投对方的票。不同于候选人不能控制的选举新闻，选举广告未经过新闻媒体的加工和筛选，能够最大化地宣传候选人希望传达的信息和基调。因此，候选人在设计个人良好政治形象的同时，通过媒体广告，以有效的方式向选民宣传自己的政策主张。在当今美国选举中，选举广告构成了竞选的主流，也是候选人"烧钱"最多的地方。"金钱是政治的母乳"，这句广为流传的美国名言很大程度上是针对选举广告而言的。

在美国，选举广告由来已久，早在建国初期亚当斯和杰斐逊竞选总统时就利用散发传单、张贴海报宣传候选人的信息。然而，能克服时间和空间障碍、广泛而深入的选举广告还得从电视时代算起。第二次世界大战后，电视技术在美国得到巨大发展和进步，电视逐步迅速走入千家万户。根据有关资料显示，1949年美国只有100万台电视机；1952年已经达440万台，电视普及率约占家庭总数的52%左右；到20世纪60年代整个数字达4500万台，覆盖92%的家庭；到20世纪80年代达到8000万户，接近饱和状态，而且68%的家庭至少拥有2台电视机。[①] 电视的普及为选举广告搭建起一个天然平台。可以说，在过去的半个世纪中，美国选举政治领域最显著的变化之一是：大多数选民更多地通过电视广告宣传来获悉有关候选人、重要问题或重大事件的信息，而很少再依赖新闻报道。[②] 1948年，杜鲁门在电视广告中鼓励选民投票，电视开始在总统选举中发挥重要作用。1952年，艾森豪威尔以回答民众问题的形式制作的广告片在电视上播出，为选民留下了自信亲和的印象，为其最终赢得总统宝座奠定了基础。艾森豪威尔为其制作的一些电视广告，至今仍为其他候选人学习和模仿。20世纪90年代之后，随着互联网的兴起，候选人开始在网络媒体上发布广告。除候选人阵营发布选举广告外，政党、利益集团也经常利用选举广告为支持的候选人拉票。由于选举广告对于宣传候选人、动员选民具有明显效果，因而历来在选举中受到各政党和候选人的青睐。“美国选战历来是一场宣传战，而通过选举广告来设置议题和议题框架以此来抢夺话语权已经成为选举宣传的重要组成部分。”[③] 每到选举期间，在美国大街小巷、空中、地面、海里，到处都是竞选广告，可以用“狂轰滥炸”来形容的地步，成为共和、民主两党“驴象之争”最好的印证。

选举广告，与商业广告在本质上是一样的，都是要宣传自己，吸引人们的关注，获得人们的认同。“选举活动的主要目标就是通过大众媒体和特定推销技巧来塑造候选人的形象，从而勾住选民。这与广告公司努力使消费者购买其广告客户的啤酒，而不是其他品牌的啤酒如出一辙。”[④] 正是因为选举广告也是广告，所以选民对其本能的反应是

① George C. Edwards and Martin P. Wattenberg, *Government in America,* 7th ed. New York: Harper Collins College Publishers, 1996, p.178.

② 〔美〕戴维·B. 马格莱比、保罗·C. 莱特:《民治政府：美国政府与政治》(第23版)，北京：中国人民大学出版社2014年版，第177页。

③ 何海巍、包鹏程:《东方主义框架里的中国——以美国2010年国会中期选举的广告为例》,《国际新闻界》2012年第7期。

④ 〔美〕斯克尔:《现代美国政治竞选：美国政治中的诽谤、大话和活力》，张荣建译，重庆：重庆出版社2001年版，第12页。

厌烦和不信任。为此，各候选人阵营都挖空心思制作精美的、能够触动选民的广告。一个成功的竞选广告通常要满足几个标准：（1）能够迎合当时多数选民的基本心态和基本要求；（2）能够结合当时政局的重点问题提出自身的解决之道；（3）能够暗示出本党及本候选人与他党及别的候选人的本质区别，甚至使人联想到其他政党及其提名候选人的缺陷；（4）表达意思要高度简洁扼要，便于群众接受和记忆，所以通常是一句口号或者几字方针。[①] 只有做到这几点，选举广告才能具有吸引力，引发选民共鸣。选举广告既可以正面塑造候选人的形象，也可以负面攻击竞争对手。无论是正面选举广告还是负面选举广告，在一定程度上都在区划选民，制造对立，挑动敏感议题，不可避免地扩大社会裂痕，加剧政治极化。

正面选举广告，旨在向选民传递候选人的良好品格、立场观点和政策政见，以提高候选人的知名度或者改善候选人的形象。候选人要想赢得选举，就必须向民众展示其能力和品德，能够给民众带来希望。1984年里根为寻求连任而拍摄的《美国之晨》（Morning in America），重点就是给民众描绘愿景，激励人心。广告映入人们眼前的是：年轻的男男女女在田间和工厂劳动，展示着傲人的成果；新人正在举行婚礼；恩爱的老夫妻牵手走过马路，分享着冰激凌甜筒；一户户家庭搬入新居，购买新车；游行中的孩子挥舞着美国国旗，满脸笑容；身着制服的军人即将驾驶飞机驶向蓝天……这样的场景比比皆是。《美国之晨》系列广告，描绘出快乐的家庭和繁荣的经济，配合富有激情的音乐、柔和温暖的色调，正如其名字暗示的那样：美国现阳光，未来更美好。这些广告不仅展示了里根的执政成就，而且还擘画了未来愿景，对于巩固现有支持者、开拓新的票源都具有重要作用。在这次连任的总统大选中，里根在50个州中的49个州获胜，赢得了压倒性的胜利，

① 黄嘉树、程瑞：《台湾政治与选举文化》，台北：博扬文华实业有限公司2001年版，第125页。

创下美国大选的纪录。而对于知名度不高的候选人，要通过广告宣传其辉煌的经历，以展现良好形象。1992年克林顿在初次竞选总统时，播出他学生时代在白宫与时任总统肯尼迪握手的镜头，就是提高其知名度的有效方式。候选人宣传定位自己立场观点时，要充分考虑所属党派立场和选民偏好。比如，共和党比较注重家庭道德伦理，其候选人的选举广告往往会出现家庭和睦的画面。1952年播放的艾森豪威尔宣布参选总统的电视画面，就是其置身于家人和亲友之间，身边站的是他贤惠可亲的妻子。1988年老布什阵营制作的《家庭与孩子》广告，用的是老布什和家人在一起的温馨场面，以呈现其是重视家庭的人，以感性诉求引发选民共鸣，赢得选民的支持。在诸如经济、安全、外交、种族等重大议题上发表看法、陈述政见，都是选举广告的重要内容。正面选举广告，虽然有利于选民对候选人及其政见的了解和认知，但刻意标榜与竞争对手的不同和区分，特别是在敏感议题上发表看法、表明立场，在某种程度上挑起人们的敏感神经，不可避免地分裂了选民。

负面选举广告是批评、攻击竞争对手的错误、缺陷和短处的广告，主要是根据对方的错误、捕风捉影的信息内容，攻击对方，甚至将对方负面化、妖魔化，以达到让对方选票流失，而提高自己选票的效果。推送负面广告的目的“在于阻碍人们为对手投票，因此，他们总是尝试宣扬、谴责对手在性格品质、举止行为、档案履历、政策立场上的不利方面”。[①] 如果说，正面广告是候选人扩大影响和传递信息的“名片”，那么负面广告就是切割别人的“刀片”。尽管负面选举广告可能会引发选民对广告发起者的反感，但是相对于正面选举广告，负面选举广告将对手致命的弱点或者不光荣的历史加倍地翻出来，让对手名誉扫地，更容易受到选民的关注，思考自己的抉择。因此，在美国选

① 〔美〕帕雷兹:《美国政治中的媒体：内容和影响》，宋韵雅等译，南京：南京大学出版社2010年版，第252页。

举过程中一些候选人大量使用负面广告，甚至不惜采用违背道德规则、损害社会治安、挑战道德底线的强烈对抗性的方式。

除直接攻击对手的缺点错误外，诉诸恐惧，让人恐慌不安也是负面广告的一种有效方式。仇恨和恐惧毕竟是政治动员最便宜有效的方法。“无论政治广告还是其他广告，其设计已不再单纯追求让人理解，而更希望触及情感层面。候选人在政治广告中互相攻击、回应反驳、塑造形象、传递信息，并以此为自己拉票……引起人的恐惧、焦虑、反感，也是部分惯用的手段。”① 恐惧广告旨在使选民产生忐忑不安的心理，引起观众的焦虑，从而使选民与候选人的对手挂钩。一般来说，愤怒、不满和恐惧的情绪会比高兴的情绪，更能调动人们出来投票。竞选广告的动员力和说服力，很大程度上取决于广告是否能唤起民众的恐惧或激情。② 比较典型的是1964年民主党候选人约翰逊阵营在NBC播放的《雏菊》广告。当时，越南战争正在逐步升级，美苏之间的紧张局势随时有导致核战争爆发的可能。约翰逊的对手是共和党极端保守派、在战争问题上以强硬鹰派著称的戈德华特。戈德华特时常发表一些极端言论，引起选民的担忧。比如，他说，如果有必要就使用低当量的原子弹，在越南和其他任何地点与共产主义展开斗争；把一颗原子弹打到克里姆林宫的男厕所里，等等。约翰逊阵营就以戈德华特的这些极端言论为素材，制作了《雏菊》广告，意在引起人们对核战争的恐惧。广告画面首先映入眼帘的是一个咿呀学语的小女孩，正在拔雏菊的花瓣，一边拔一边数。但同时画面背后却是冷酷的男低音在倒数：“五、四、三、二、一、零”。接着是一声震天的巨响，画面出现核武器爆炸的蘑菇云场景。正当观众还处于强烈的震撼时，广告中传出约翰逊的旁白：“这就是我们所面临的选择——要么缔造一个让上帝的子民都能生活的世界，要么陷入黑暗。我们或是相互热爱，

① 〔美〕布拉德尔：《政治广告》，乔木译，北京：中国人民大学出版社2013年版，第1页。

② 同上，第2页。

或是共同死亡。”这支广告在观众心理防线脆弱的时候造成了极大的“心理震撼”，触动了人们一种广泛的焦虑情绪，引起人们的普遍恐惧感，并使之与戈德华特的政策和言论联系起来。尽管《雏菊》只播出一次，但它作为新闻事件在各电视台反复播放，产生了巨大影响。这支广告对约翰逊的竞选究竟产生什么样的作用不得而知，但他确实在总统选举中大获全胜。在《雏菊》广告的影响下，在美国的选举中负面广告逐渐充斥媒体。1988年的总统大选有60%到70%的政治广告含有负面元素。[①] 其中，老布什阵营为攻击民主党总统候选人杜卡基斯而推出的《威利·霍顿》广告，有很大的影响。威利·霍顿是一名服终身监禁的黑人杀人犯，任马萨诸塞州州长的杜卡基斯根据当地监狱假日政策，批准了霍顿的离监休假。但在霍顿离监休假期间，强奸了一名白人女性，还打伤了她的白人男友。老布什阵营对这一案件穷追猛打，反复播出霍顿阴沉的面部照片，以及罪犯们从监狱的旋转门走到社会上继续犯罪、杀人的画面。这支政治广告强调的主题是“美国承担不起这样的风险”，暗批杜卡基斯对犯罪分子的纵容和解决治安问题的软弱无力，激起选民的愤怒和恐惧的感情，挑起种族矛盾和种族歧视。原本民调领先的杜卡基斯，在这则广告播出后其支持率一路下滑，以致最后总统梦碎。

负面选举广告常常为人们所诟病，对于民主政治的危害极大，特别是加剧政治极化。恶毒的语言相互攻击，相互揭丑、戳伤疤，伤害对方，不仅增加了双方阵营的敌视，而且还可能带动了双方选民的仇视。恐惧广告，更能激发人们内心深处的焦虑、不安，人们在“大是大非”面前必须“选边站”，“站错队”的代价巨大。选举期间，大量质疑和攻击对手的负面选举广告，降低了投票率。攻击性的负面广告会削弱人们对政府效能的感知、增强他们对政治的不满，进而伤害选

① 〔英〕麦克奈尔:《政治传播学导论》，殷祺译，北京：新华出版社2005年版，第109页。

民对政府的信任，甚至可能抑制选民的投票行为，从而阻碍民主进程。在竞选中相互攻击的负面广告，给选民造成候选人“比烂”的印象。一些中间选民不愿在“烂苹果”中二选一，在选举投票时不去投票。结果，选举越来越成为意识形态“铁杆选民”的游戏，这也更容易带来极端候选人的胜出，进一步推动政治极化。

（三）选举信息的网络传播与政治极化

在美国，大众媒体经过了一个发展过程。大致来说，在20世纪50年代之前主要是报纸、杂志等印刷媒体占主导的时代，20世纪50年代之后以电视媒体为主的电子媒介逐渐取代印刷媒体，20世纪90年代以来，美国互联网技术得以快速发展，电脑、手机逐步普及，数字媒体逐渐发展起来。据统计，美国网民（每周至少上一次网）1996年7月占总人口的23%，1997年11月占总人口的36%，1998年11月占总人口的43%，2000年11月占总人口的62%，2002年3月占总人口的81%，2008年以后美国上网人数已经接近饱和状态。[①] 自2007年7月第一代苹果智能手机出现以来，美国智能手机的普及率越来越高。随着互联网、智能手机的普及，网络越来越成为人们特别是年轻人获取信息的重要来源。根据皮尤研究中心（Pew Research Center）的调查，1996年只有3%的人将网络作为获取选举信息的渠道，2000年上升到11%，2004年提高到21%，2008年达到36%，到2012年达到47%。与此同时，人们通过电视、广播、报纸、杂志等平面媒体获取选举信息的比例逐渐下降：就电视而言，从1992年的82%下降到2012年的67%；就报纸而言，从1992年的57%下降到2012年的27%；就杂志而言，从1992年的10%下降到2012年的3%；广播的作用呈现波动状况，2012年的比例

① 林宏宇:《美国总统选举政治研究》，天津：天津人民出版社2017年版，第209页。

为20%。[①] 皮尤研究中心发布的《2016美国新闻媒体研究报告》指出，38%的美国成年人常常通过数字来源获取新闻，包括新闻网站或应用（28%），以及社交网站（18%），但仍有 57%的人通过电视获取新闻，而通过广播和纸媒获取新闻的美国成年人分别占25%和20%。社交媒体借助网络和手机技术，将通信信息转换成互动式交流的形式，普通人有了直接表达自己观点并选择性接触信息的平台，实现了人类交流方式的革命性变革。从最初的论坛，到现在基于各种平台的社交网站，其强大的媒体传播能力和强大影响力日益凸显。人们之所以选择社交媒体，甚至更相信社交媒体，是多种因素导致的，其中与传统媒体的信誉下降有很大关系。传统媒体被认为是由精英所控制，是超级富豪和他们政治盟友的代理人，而不代表公众的真实需求和利益，经常报道一些假新闻、假信息，还用假民调诱导选民。在这种情况下，越来越多的选民通过社交媒体了解选举新闻和信息，从而绕开主流媒体的干扰。

互联网、智能手机等新媒体的广泛运用，为各政党、候选人阵营竞选宣传提供了便利的条件，他们可以不经过传统媒体而直接与选民联系。自1992年美国政治人物开始将互联网技术应用于选举宣传，1996年民主党候选人克林顿和戈尔制作了候选人的网站和主页。2008年共和、民主两党候选人特别是民主党候选人奥巴马不仅通过竞选网站、博客与公众互动，还选择用Facebook、Youtube、Twitter、Myspace等社交媒体争取草根网民。新媒体技术的运用是奥巴马赢得大选的关键，“如果说奥巴马是一台时尚、新颖的苹果机，那希拉里就是传统的台式机”。[②] 2016年美国总统选举，数字化、信息化、网络化更是发挥

---

① Stephen J. Wayne, *Is This Any Way to Run a Democratic Election?* (5th edition). Washington D.C.: Sage CQ Press, 2013, p.118.

② 刘亚伟、吕芳:《奥巴马：他将改变美国》，北京：社会科学文献出版社2008年版，第152页。

了巨大威力。共和党总统候选人特朗普特别注重借用社交媒体传播信息、动员选民。早在2009年特朗普就注册了自己的Twitter账户，从2016年10月24日到大选投票日他还每天下午使用Facebook独家直播夜间竞选脱口秀。特朗普在接受CBS采访时直言：他是在Facebook、Twitter、Instagram等社交媒体的帮助下才能赢得大选，社交媒体使他不需要像希拉里那样在数字广告和传统广告上投入巨资，Facebook和Twitter等社交媒体能够让外界听到他的声音，当传统媒体在对他进行负面宣传或者不实报道时，他可以用社交媒体进行反击。

同时，各候选人阵营注重通过新媒体推出广告，发布信息，以吸引选民，赢得支持。博雷乐联营公司指出，2008年美国总统大选花费的62亿美元竞选广告费中，数字广告只占2200万美元；而2016年大选竞选团队共投入政治广告资金98亿美元，比2012年上涨了4.6%，广播电视在政治广告中占据份额从2012年的57.9%下降到44.7%，而数字媒体则从1.7%上升到14.4%。[①] 选举信息的网络传播，改变了人们政治参与的行为方式，扩大了公民参与的广度和深度，但同时其传播特点的负面效应，以及候选人阵营的选举操作，又给美国民主政治正常运行造成了极大困扰，最突出的弊端就是政治极化的加剧。

网络信息传播具有低门槛、便捷性、虚拟性、快速性等特点，为政治极化提供了平台和沃土。一是不同于传统媒体，社交媒体信息不需要经过编辑的过滤、主编的审核，居于政治外围和边缘地带的普通人可以在网络上发表信息，这一方面打破了精英垄断媒体的局面，促进了公民表达权的扩大，在选举权的配合下转化为实实在在的实力和力量，另一方面也使各种虚假新闻、负面信息、极端言论大量充斥网络。2016年美国大选前3个月，Facebook上的假新闻传播范围远远超过《纽约时报》《华盛顿邮报》等主流媒体的大选新闻。在这个信息大

① 方兴东、陈帅：《从网络空间视角看特朗普在总统选举中的互联网策略》，《网络空间研究》2017年第1期。

爆炸的时代，往往越是极端偏激的言论，越容易引起关注和传播。大量极端偏激的信息、具有攻击性的语言等，造成社会更加分裂、更加冲突。

二是网络信息匿名性，使得网络信息传播不易找到责任者，信息发布者可以撕掉现实世界中温情脉脉的面纱，毫无顾忌地宣泄、散布和传播各种谩骂、仇恨、骚扰信息，不断对他人进行“人肉搜索”和人身攻击，表现出非理性、易激动的特点，态度偏激，言辞激烈，“语言暴力”无处不在。选举竞争越是激烈，各种恶毒的言论、毫无根据的偏见和怀疑的阴谋论、错误流言就会越多。这样的攻击和谩骂，会加重不同观点的人的对立和冲突，呈现一派剑拔弩张、撕破脸皮的斗争的景象。

三是网络虚拟社区，使得同质信息更易汇聚起来，通过浏览和讨论，网民观点会不断强化、更加偏激。这就是所谓的“群体极化”。“人们寻求聚合是为了找到那些与他们有着共同利益和兴趣的人，以便与之交谈。当他们找到一种他们喜欢的聚合方式后，他们就会不断地重复这种行为。”[①] 网络媒体热衷刊发相同、相近立场观点的同质信息，为人们寻找支持自己观点的信息提供了便利途径。持不同思想观点倾向的网民各取所需，选择性过滤，把认同的思想观点的信息通过分享链接快速扩散，使“志同道合”的网民强化自己的思想观念。可以说，网络媒体把“物以类聚，人以群分”的社群型社交推向了一个新的高度。特别是社交媒体，更容易使相同或相近立场观点的人们聚合起来，正如同找到了“知音”一样，在相互讨论交流中产生一个“回音壁”式的互动，形成共同话题解释的网络舆论场，最终塑造成一个以自我为中心的观点极化社会网络，自身偏见在不知不觉中被强化、放大，使他们更加确信自己观点的正确性，对持不同观点的人更加排斥。这

① 杨伯溆：《因特网与社会：论网络对当代西方社会及国际传播的影响》，武汉：华中科技大学出版社2003年版，第83页。

样，群体中原有的倾向性观点通过相互作用而得到强化，从而使这种观点朝着更加极端的方向发展，原来保守的观点更加保守，原来激进的观点更加激进。有研究表明，当代美国政治极化的一个重要原因就在于人们比过去消费了更多相对偏见的信息，如人们在脸书和推特上总是倾向点击和阅读同他们意识形态观点相近的故事而不是相反。①

美国各候选人借重和操纵网络信息，煽动网民，激起民粹主义抬头和泛滥。特朗普不仅是拥有大量社交媒体铁杆粉丝的“网红”，而且是深谙社交媒体传播套路的高手，他对社交媒体的熟练掌控和使用，使他与选民保持着有效的沟通，成为他宣传自己的利器。他在社交媒体上的“短、平、快”甚至接近嬉笑怒骂“白话”的竞选言论，更符合社交媒体的“草根认知”，能够很容易得到广泛传播。同时，他往往运用极具煽动性、挑衅性的言论，挑起敏感话题，具有强烈的煽动性和吸引力。比如，特朗普说墨西哥移民是“毒品贩子”和“强奸犯”、全面禁止穆斯林入境美国等。越是敏感性的话题、争议性的内容，越是能够获取媒体的广泛关注和报道；越是对他进行批评和谴责，越能够引发网民大量的关注与转发；他越受到关注，也就越有人气。所以说，特朗普非常善于运用社交媒体传播规律，他在社交媒体上大胆出位、粗俗不堪的言论，不断输出情绪化内容、煽动目标选民，不仅为他节约了大量广告费，而且获得大量粉丝的点赞，赢得很多选民的支持。对于如何处理与媒体的关系，特朗普曾经说过，他不怕被媒体攻击，对付媒体最有效的方法就是用与它们相同的方式来吸引人们的眼球，“只要我获得了关注，我就会按照自己的方式来宣传我。如果你的做法与其他人不一样，比如说一些冒犯他人的话，并敢和他人打嘴仗，媒体就会被你牵着鼻子走。因此，有时候我想提出一个观点，就会讲

① Erick P. Duhamime, Evan P. Apfelbaum, *Can Information Decrease Political Polarization? Evidence From the U.S. Taxpayer Receipt,* Social Psychological and Personality Science, vol.8, No.7(January 2017), p.745.

一些让人感到受不了的话，让读者和听众得到他们想得到的东西。我是一个商人，我的目的是推销我的产品。在《纽约时报》买一支广告需要花费10万美元，而当媒体把我的观点写成一篇报道刊登后，我不用花一分钱，而且还得到更大的曝光度”。①

各候选人还利用新媒体技术诱导选民，强化支持者。社交媒体，比起电视等媒体优越的一个重要功能，是能够帮助竞选者瞄准特定选民群体。所以，受到各候选人阵营的青睐。2008年大选时，奥巴马阵营笼络了一大批网络精英，聘请了Google公司的CEO埃里克·斯密特、Facebook的创始人克里斯·休斯掌管网络传播的互动设计，全球著名网上购物网站EBay的创始人之一史蒂夫·卫斯理。此外，奥巴马阵营还组建互联网工作团队，全面负责网络营销的日常事务。2012年大选时，奥巴马竞选团队还向Google、Bing（微软推出的搜索引擎）和其他搜索网站，购买了多个议题的关键词，可以影响选民更多地接触民主党的观点，影响选民对该议题的看法，不仅购买了“奥巴马（Obama）”这个搜索名词，以控制民众在搜索该词时把正面信息排在搜索的前面，并提供一些正面链接，而且还购买了共和党总统候选人“罗姆尼（Romney）”和副总统候选人“瑞恩（Ryan）”这两个名字，以便网民搜索时，可以出现较多的负面和批判性新闻。②

智能机器人（Bots）、过滤泡泡（The Filter Bubble）等技术手段的运用，使信息传播更具有隐蔽性。智能机器人不仅能够在网络上为政客添加“粉丝”，还能够依靠程序自动发表和推送信息、参与公共话题的讨论、与用户互动交流等，已经成为网络宣传传播的工具，以影响他人的政治观点和决定。英国一家名为剑桥分析的公司（Cambridge

① Donald J. Trump, *Crippled America: How to Make America Great Again,* New York: Threshold Editions, 2015, pp.10-11.

② Evan Tracey, Political Advertising: When More Meant Less. In Dennis Johnson (ed.), *Campaigning for President 2012,* New York: Routledge, 2013, p.102.

Analytica），从用户的脸书等账号中挖掘数据，运用算法结合数据创建用户个人资料，预测人们的性格和政治倾向，然后通过量身定制广告和带有倾向性的假新闻定点投送给目标用户，以改变人们的政治倾向和投票行为。过滤泡泡能够利用算法推荐机制，依据用户的需求与偏好进行自动筛选，仅传递给用户偏好的信息，实现定向传播，不断强化其固有观念，同时，它还可以将偏好相同的用户聚合在一起，使之相互影响。[①] 这样，选民只会看到与之前浏览或搜索行为相匹配的信息，通过这种指导和约束注意力的精确方法，就可以操纵和引导人们的思维和情绪。特朗普竞选团队就充分利用这些新媒体技术进行精准营销，不仅通过地理位置定位手机功能按选民地址投放广告，而且通过定位某一些社区的选民精准发送邮件，只与那些愿意接收他们信息的人建立联系，尽量不在那些一定不会支持特朗普的人身上浪费时间和精力。这样，各种支持同一个候选人的信息在具有一定偏好的群体中大量传播，使他们逐渐极端化，极大扭曲和分裂了民意，加重社会对立和冲突、仇恨和对抗。

① 姜华:《传统新闻业、社交媒体与“稀释”的民主——2016年美国总统选举中的新闻乱象与民主困境》,《新闻记者》2017年第6期。

第五章

美国政治极化的化解与治理

自2016年特朗普执政以来，一直丑闻缠身，从“通俄门”到“通乌门”一路难以招架，甚至遭到弹劾。尽管特朗普没有被弹劾成功，但民主党及其支持者对他的敌视并没有减弱，而且特朗普也不会改变他在大选中得以胜出的策略。他在国内刮起的民粹主义，在国际推行的贸易保护主义和单边主义，都得到自己选民的强烈认同和坚决支持。“特朗普强硬的民族主义政策和非理性的文化诉求，不仅没有使共和党内部分裂，反而促使更多的共和党人由于文化保守主义的共识而更加紧密地联合起来。”① 同时，特朗普特立独行的强悍风格和意识形态定位，也决定了他无法修补日益恶化的政治极化，反而引发民主党及其支持者的强烈反抗，他们以更激进的态度反对特朗普。这样共和党和民主党在右和左的方向渐行渐远，结果只能使共和、民主两党选民的对立不断固化和强化，造成美国政治极化进一步加剧，两党的分裂和仇恨程度愈演愈烈，更加相看两生厌。2020年的美国总统大选，共和党与民主党的对立并没有丝毫减弱，党派分歧进一步加大，社会的裂痕进一步撕大，政治极化更加凸显。

严重的政治极化显示出美国“病了”，而且“病得不轻”。美国“政治极化之病”本质上是美国政治制度困境和总体性危机的重要体现，是美国政治制度越来越走向“死胡同”的重要标志，也是持续加

① Larry M. Bartels, Partisanship in the Trump Era, *The Journal of Politics*, Vol.80, No.4, 2018, pp.1438-1494.

剧美国衰落的重要因素。如何医治政治极化，如何走出当前的“民主困惑”，成为当今美国改革民主政治最紧迫的课题。由于影响美国政治极化的因素是多重的，化解政治极化也需要从多方面着手。从选举民主的视角来看，化解政治极化需要对选举民主进行合理定位、把选举民主和协商民主等其他民主形式结合起来、不断完善选举民主制度机制等。

一、把选举民主纳入国家治理中

国家治理是运用公共权力对社会事务进行管理的过程。人们组成国家、对社会治理的目标价值是实现“良好治理”的“善治”，而实现善治，则需要民主、法治、道德、行政权力等多种现代治理方式。选举民主作为国家治理的一种手段，只是实现善治的一种重要方式，因而需要把选举民主纳入国家治理的大视野来审视，既不能缺位，也不能越位。

自近代以来，随着民主化潮流的持续推进，在人类历史曾长期作为坏字眼的民主，却摇身一变，成为人人喜欢的“好东西”，成了不容否定的“政治正确”。而在选举民主成为民主的主要形式和衡量标准之后，选举民主又成为衡量一个国家是否民主的标准。有许多人相信“选举能够解决一切”的神话，简单认为，选举越频繁、越直接、越深入，民主化程度就越高，国家治理现代化水平也就越高；反之，选举越少、越间接、层次越低，民众政治参与就越缺失，国家治理现代化水平也就越低。事实上，在“民有、民治、民享”中，选举权只是“民治”的重要途径和形式。也就是说，选举民主只是促进良政善治的一个重要因素，而不是达成良政善治的充分条件。以选举投票的简单化、片面化标准衡量国家治理的优劣，既夸大了选举民主的功能，忽视了国家治理的复杂性和人们价值追求的多元性，又倒置了手段和目标的关系，必然带来严重的社会问题。正如意大利资深政论家齐奥·弗兰齐所感叹的，常识和历史经验表明，“过度的民主必然会置民主于死地”。[①] 在某种意义上说，美国政治极化就是美国选举民主过度带来的问题之一。美国立宪者在设计政治制度的时候，就意识到民主的过度会带来许多弊端，他们要建立以公共利益为目标的共和国。共和政体与民主政体的一个重要区别是，“政府委托给由其余公民选举出来的少数公民”[②]。出于对民众的不信任，美国立宪者设计出选举人团制度，总统由选举人间接选举产生；联邦参议员不是由民众直接选出，而是由州立法机关选出；联邦最高法院具有司法解释权，法官终身制，等等。但是随着美国民主化的发展，参议员的直接选举、选举人团性质的变异等，都远远超出立宪者的制度安排的初衷，出现了立宪者所未预料到的政治极化等问题。可以说，解决美国政治极化，也有个“不忘初心、回归传统”的问题，就是回归到美国立宪者设计宪法的原点。

国家治理需要选举民主，更需要秩序和力量。一个好的政治体制，需要权力制约和监督，但更重要的是尽量创造社会合作，团结凝聚各方面的政治力量，黏合不同的社会阶层、社会群体，形成解决问题、推动社会发展的强大合力，而不是制造社会分裂和对抗。这就意味着民主必须是法治下的民主、有序的民主、能够凝聚共识的民主。曾经宣称“历史终结于资本主义民主”的福山，经过长期的观察和反思之后，对自己的观点作了重大调整，他在《政治秩序与政治衰败：从工业革命到民主全球化》一书中指出，秩序良好的社会离不开强大的政府、法治和民主问责制这三块基石，三者的顺序至关重要，第一位的不是民主，而是强政府。[③] 任何国家，都需要强大的治理能力，以应对

① 张朋辉、韩秉宸、李永群:《西方的“民主困境”》,《人民日报》2017年2月14日。

② 〔美〕汉密尔顿、杰伊、麦迪逊:《联邦党人文集》，程逢如等译，北京：商务印书馆1980年版（2015年重印），第57页。

③ 〔美〕弗朗西斯·福山:《政治秩序与政治衰败：从工业革命到民主全球化》，毛俊杰译，桂林：广西师范大学出版社2015年版，第10—18页。

各种内部危机和外部威胁。选举民主是一把双刃剑，在调动人们积极性、提高国家治理能力的同时，它的竞争性也容易引发社会冲突和政治极化，削弱国家治理能力。晚近以来，许多亚非拉国家实行了以选举民主为主要形式的西方民主模式后，引发族群冲突、宗教斗争、国家分裂等问题，国家治理能力不仅没有提升，反而大大下降。有学者指出，20世纪民主经历第三波发展之后，所谓的民主国家数量增加了3倍，但世界也在经历更多的国内暴力冲突，民主化和国内冲突成为当代世界政治变革的两个重要现象。① 据统计，从1989年到2002年，全世界共发生116起主要的武装冲突，其中仅有7起是传统的国家间冲突，其余109起冲突几乎都是与民主化有关的国内族群冲突。② 这充分说明，以美国为代表的西方民主模式具有内在的严重缺陷，更不具有普世性。一个良好的政体，不仅能够使选举民主的优势得到充分发挥，而且能够把选举民主置于应有的地位，抑制其弊端。强的国家治理能力，需要民主、法治、道德、行政权力等方式的综合平衡。民主不是装饰品，不是用来做摆设的，而是要用来解决人民要解决的问题的。作为国家治理的重要方式，选举民主的越位或缺位，都不利于国家治理能力的提高。因此，从提高国家治理能力的角度来审视，就必须给选举民主一个合理的定位，让它回归到国家治理体系之中，始终以有利于增强国家治理能力为根本标准。

二、把选举民主和协商民主结合起来

民主的形式具有多样性。当今世界，选举民主和协商民主是民主

① Benjamin Reilly, *Democracy and Diversity: Political Engineering in the Asia-Pacific,* Oxford University Press, 2008, p.27.

② Mikael Eriksson, Peter Wallensteen and Margareta Sollenberg, Armed Confict: 1989-2002, *Journal of Peace Research,* vol.40,2003, pp.593-607.

的两种重要形式。选举投票可以“一锤定音”，能够赋予和确保公民的意见表达，但以简单的投票方式很难确保最终决定的正确性、合法性。特别是选举民主强调“分”，以竞争性为核心原则，以少数服从多数为决策方式，具有“赢者通吃”的特点，不利于共同体的团结和凝聚。而协商民主（deliberative democracy）是以平等讨论、理性协商为解决公共事务的民主形式，强调的是“合”，通过以非对抗性政治协商建构利益格局和政治秩序，有利于共同体的团结和整合。把选举民主和协商民主结合起来，可以修补选举民主的竞争性带来的社会分裂，有效化解美国政治极化。

作为20世纪后期兴起的民主形式，协商民主在很大程度上就是对选举民主反思的结果。“与选举民主相比，协商民主不是通过不同利益群体间的竞争达成政治的妥协而形成利益格局和政治秩序，而是直接通过以非对抗性政治协商建构利益格局和政治秩序。承认和照顾协商各方的利益，是协商民主的前提与基础。”[①] 在参与公共事务讨论、协商的过程中，公民不仅要考虑个人利益，而且要考虑他人利益和公共利益，承担公共利益的责任。只有这样，公民提出的观点和意见才能为别人所接受，最终达成共识。因此，最终的公共决策，不是某个人的观点，而是集体交流反思的结果，每个人都对最终的决策作出了贡献，也对最终决策负责。同时，公民在协商讨论过程中认识到他们的特殊利益和公共利益的差别和联系，只有尊重和包容不同的利益，才能实现个人利益和公共利益的统一，从而培育出公民对共同体的社会责任。所以说，“协商民主更像是公共论坛而不是竞争的市场，其中政治讨论以公共利益为导向。在协商民主模式中，民主决策是平等公民

① 房宁：《协商民主是我国民主政治发展的重要形式》，《人民日报》2010年1月6日。

之间理性公共讨论的结果”。[①] 当然，协商不能无限进行下去，即使协商一致，也要通过投票表决才能体现出来。从这个意义上说，协商民主也离不开选举民主。把选举民主和协商民主结合起来，可以实现两者优势互补，既能扩大公民政治参与，又能减少和弱化各种容易引起分裂和冲突的社会差别，使各种可能引发对立和矛盾的要素消弭于无形之中。

美国具有协商民主的传统，美国宪法的制定过程就是协商民主的充分展现。美国立宪者设计的选举人团、参众两院等众多制度，都追求协商民主的目标。1980年约瑟夫·毕塞特在《协商民主：共和政府的多数原则》一文中，基于《联邦党人文集》对美国宪政结构的论述，指出多数原则和限制大众的多数两个方面统一体现在立宪者建立协商民主的明确意图之中。[②] 但是随着美国政党制度、民主制度的发展，特别是“二战”后以竞争投票为主的选举民主越来越被认同，以讨论审议为主的协商民主传统越来越削弱。“二战”之后，选举民主无论在广度上还是在深度上都得到极大发展，但其局限性和弊端也越来越暴露出来。人们越来越认识到，“把民主简化成一个投票规则，实际上大大削弱了民主的价值和潜力”[③]，“这种‘合计的’或‘以投票为中心的’民主观不能履行民主合法性的规范要求”[④]，并要求恢复和发展协商民主传统。美国前总统奥巴马宣称自己是协商民主的信奉者，并把协商民主作为自己的竞选纲领和首次国情咨文的重要内容。由于美国民主

① Carolyn Hendriks, *The Ambiguous Role of Civil Society in Deliberative Democracy, Refereed Paper Presented to the Jubilee Conference of the Australasian Political Studies Association,* Australian National University, Canberra, October 2002, p.6.

② Joseph Bessette, Deliberative Democracy: The Majority Principle in Republican Government, Robert Goldwin and William Shambra(ed.), *How Democratic is the Constitution?*American Enterprise Institute, 1981, pp.102-116.

③ 王绍光:《选主批判：对当代西方民主的反思》，北京：北京大学出版社2014年版，第2页。

④ 〔加〕威尔·金里卡:《当代政治哲学》，上海：上海译文出版社2011年版，第305页。

制度自身弊端等原因，在奥巴马执政期间美国政治极化问题并没有得到减弱，反而进一步激化，但他提出发展协商民主以化解政治极化具有一定的合理性、正确性。只有大力发展这种合作型的协商民主，才能有效弥补竞争型选举民主的裂痕，减弱美国政治极化。

三、完善选举民主制度机制

美国政治极化加剧的根本原因在于多元社会的土壤，而选举民主制度的设计具有诱发冲突和对立的“内在缺陷”。当然，指出美国选举民主所带来政治极化的局限性，并非是完全否定选举民主的价值和作用。选举民主是人类政治文明的重要成果，是实现人们政治权利的重要方式。这是不容否定的。正如任何民主形式一样，选举民主也存在内在的局限性，而且当今美国选举民主制度具有深层次的缺陷。对于美国选举民主制度的缺陷，如果不从根本上改变美国政治制度就无法根除政治极化，但通过完善和修补美国选举民主制度机制，可以有效减弱美国政治极化的弊端。

美国的政党提名制度、选区划分制度、选举人团制度、计票制度等，都是加剧美国政治极化的重要制度因素，都需要改革和完善。比如，政党提名制度，可以扩大开放式初选，减少封闭式初选，以减少政党积极分子对候选人的影响。比如，选区划分制度，可以成立相对中立的委员会负责选区划分，划出公正选区，以减少政党、在任议员对选区划分的影响。比如，选举人团制度，可以实行选举人匿名投票制度，减弱政党对选举人的影响，以激活其审议、独立判断的功能。比如，计票规则，可以改革相对多数的“赢者通吃”规则，尝试融合比例代表制等，以弱化共和、民主两党的地位。美国政治学者利普哈特针对多数决民主模式的弊端，提出共识民主的理论，并认为这是解决分裂社会冲突问题的最佳选择。他指出，多数原则很容易强化某一政党或某个团体的主导地位，把少数群体排斥在政权之外，使他们失去了对政体的忠诚，因此不仅是不民主的，而且在分裂社会往往会导致族群的政治冲突。“共识民主不仅能代表少数群体和少数利益，还能更准确地表达每个人的意愿，而且更具包容性，能够代表更多的人、更广泛的利益。”① 为使更多的、更广泛的人参与到政治体系中来，共识民主国家大都采用比例代表制，各利益集团相互协调、妥协和合作，以寻求普遍的共识和一致。“在原则上，特别是在高度分化的社会中，代表不同的社会团体和利益的最纯粹的方法是借助比例代表制。实际上，在社会分歧是多重的、深刻的，并已转化成政治动员的地方，通过放弃比例代表制，借助政党制度来阻碍这些冲突的再现，将面临可能减少威胁民主政治的稳定性的政治异化、骚乱和暴力的风险。”② 事实上，比例代表制也容易为极端主义的产生提供土壤。因此，要把多数决定制和比例代表制的优点结合起来，实行混合型选举制度，寻求两者之间的平衡，既要解决代表性不高的问题，又要防止政党体制的碎片化。同时，对于美国众议员等公共职位的任期可以适当延长。美国众议员任期只有2年，时间太短，许多众议员还没有进入状态，就面临下届选举。太多、太过频繁的选举，不仅要花费大量资源，而且每次选举都是对社会的撕裂。古特曼与汤普森指出，美国需要妥协思维的复兴，在他们提出的一揽子化解政治极化的建议中，就包括适当延长公共职位的任期，以使选举之间的期限更长，可以减少政党和候选人之间的相互攻击。③

在选举民主运行机制方面，要限制选举政治献金，限制政党、候

① 〔美〕阿伦·利普哈特:《民主的模式：36个国家的政府形式和政府绩效》，陈崎译，北京：北京大学出版社2006年版，第203页。

② 〔美〕拉里·戴蒙德:《民主政治的第三个悖论》，载刘军宁主编:《民主与民主化》，北京：商务印书馆1999年版，第131页。

③ 〔美〕莫里斯·菲奥瑞纳:《美国的极化政治：原因与解决之道》，刘明乐译，《国外理论动态》2015年第10期。

选人政治广告中的批评攻击，并提高候选人政见论述水平等。比如，限制政治献金的上限。“由于利益集团是导致共和党政治精英党派意识形态日趋保守的重要原因，因而美国如果在限制选举政治献金的立法方面取得进展，将去除美国政治极化产生的一个重要基础。”[①] 比如，通过立法使媒体秉持客观性、公正性报道，以及禁止播放涉及民族和种族歧视，涉及性别、地域等歧视，涉及人身攻击等负面广告。比如，加强互联网的管控和立法，减少政党、候选人等操纵网络信息，煽动网民，挑起民众对立和攻击的行为。“如果让更多的真实信息以及制定政策的影响信息呈现在公共讨论中，即使当即将到来的议题是有争议的，政治极化或许可以减少而不是上升。”[②] 当然，在竞争性选举过程中，限制政党、候选人相互攻击、挑拨选民非常困难，但通过立法等方式可以有效减少社会的分裂，减弱美国政治极化。

① 何晓跃:《美国政治极化的层次界定与生成逻辑》,《国际展望》2014年第1期。

② Avinash K. Dixit, Jorgen W. Weibull, *Political Polarization,*Proceedings of the National Academy of Sciences of the United States of America , vol.104, No.18(May 2007), p.7356.

结　语

美国政治极化的镜鉴与反思

长期以来，美国国家制度和治理体系被视为“样板”而被世界上一些国家所效仿。然而，近些年来美国越来越严重的政治极化，导致美国在诸如金融危机、新冠肺炎疫情等重大危机应对中的低效和失败，充分暴露了美国国家制度和治理体系的严重问题和弊端。而中华人民共和国成立70多年特别是改革开放40多年来，中国创造了世所罕见的经济快速发展奇迹和社会长期稳定奇迹，中华民族迎来了从站起来、富起来到强起来的伟大飞跃，充分彰显了中国制度和国家治理体系的巨大优越性。在国际对比中，越来越多的人意识到美国国家制度和治理体系的局限性、衰败性，越来越多的人认识到中国国家制度和治理体系的科学性、先进性。

当然，中国国家制度和治理体系并不是尽善尽美、完美无缺的，也要进行改革和完善，但怎么改、怎么完善，必须要有主张、有定力。中国制度和治理体系的改革和完善，需要吸收和借鉴包括美国在内的世界上其他国家制度和治理体系的优点，但更主要的是释放自身国家制度和治理体系的优势，同时避免美国等其他国家制度和治理体系的弊端，特别是美国政治极化的问题和弊端。中国作为一个发展中大国，人口世界第一，是美国人口的4.6倍，国土面积比美国还大，地区差距比美国大得更多，如果出现美国那样的政治极化，后果更严重。因此，中国以美国政治极化为镜鉴，就要坚定制度自信，坚定不移走中国特色社会主义民主政治道路，从中国国情出发坚持和完善国家制度和治理体系，坚持和完善人民民主制度、权力制约制度、新型政党制度等，不断提高国家治理体系和治理能力现代化，防止出现治理效能低下、地方分离分裂、社会对立分化等问题。

一是坚持和完善人民民主制度。人民民主是社会主义的生命，发展人民民主是中国共产党的庄严承诺。在中国，坚持党的领导、依法治国、人民民主是有机统一的。在中国共产党的领导下，在法治的轨道上发展民主，可以使民主有序运行，防止民粹主义的泛滥，杜绝民主权利被滥用导致社会动荡。与竞争性选举民主所主导的美国民主模式不同，中国的人民民主是多种形式的复合型民主。选举民主是人民民主的重要形式，而不是唯一形式。由于受传统“公”的观念、和合文化、合作理念、内敛性格等因素影响，竞争性选举民主与中国的契合度并不是很高。发展人民民主制度，不只是发展选举民主一种形式，而是要坚持多种民主形式融合发展，坚持直接民主与间接民主相结合，党内民主与人民民主相结合，基层民主与高层民主相结合，竞争性选举民主与共识性协商民主相结合，把各种民主形式的优点都尽量发挥出来，在保障公民选举权、参与权的同时注重化解分歧，充分照顾到社会各方面利益，寻求最大“公约数”，促进公共利益的形成。

二是坚持和完善中国权力制约和监督制度。中国的权力制约和监督制度不同于美国的权力制衡制度。美国的权力制衡制度，主要表现在立法权、行政权、司法权的“三权分立”。这“三权”相互制约、相互掣肘，为共和、民主两党政治极化提供了制度上的平台。中国的权力制约和监督制度，是包括群众监督、党内监督、人大监督等在内的一个复杂制度体系。在中国，人民是国家的主人，群众监督是中国权力制约和监督制度的重要内容。中国共产党高度重视人民群众的监督。在民主革命时期，毛泽东在回答民主人士黄炎培提出的如何跳出历史周期率问题时，就强调“只有让人民来监督政府，政府才不敢松懈。只有人人起来负责，才不会人亡政息。”中国共产党作为中国的唯一执政党，党内监督起主导作用。新中国成立之后，中国共产党不断探索党内监督制度，取得重大制度成果。党的十八大以来，中国共产党探索出一条长期执政条件下解决自身问题、跳出历史周期率的成功道路，构建起一套行之有效的权力监督制度和执纪执法体系。人大监督是具有鲜明中国特色的监督形式。中国的政体是人民代表大会制度。在这种体制下，国家行政机关、司法机关、监察机关都由人民代表大会产生，对它负责，受它监督。这种体制，坚持在中国共产党的领导下，各国家机关是一个有机统一整体，优点是既合理分工，又密切协作，既充分发扬民主，又有效进行集中，既起到权力监督制约的作用，又克服了议而不决、决而不行、行而不实等不良现象，避免了相互掣肘、效率低下的弊端，能够集中力量办大事。邓小平指出："我们实行的就是全国人民代表大会一院制，这最符合中国实际。如果政策正确，方向正确，这种体制益处很大，很有助于国家的兴旺发达，避免很多牵扯。"但不可否认，中国权力制约和监督制度还存在制约和监督不力的问题。坚持和完善中国权力制约和监督制度，必须以制约和规范权力为核心，进一步建立健全决策权、执行权、监督权既相互制约又相互协调的权力结构和运行机制，推进权力行使的制度化规范化，确保公共权力有力量、能做事，有边界、受制约，有法度、规范化。要完善人大代表产生机制，让人大代表能够更好地代表人民的利益，充分发挥人大和人大代表的权力监督和制约作用。要加强权力运行的协调机制，建立权力运行的程序规则，保障国家机关按照法定权限和程序行使权力、履职尽责，提高国家治理的能力和效能。

三是坚持和完善新型政党制度。美国政治极化的核心是共和、民主两党的相互对立、相互斗争。中国共产党领导的多党合作和政治协商制度，是中国共产党、中国人民和各民主党派、无党派人士的伟大政治创造，是从中国土壤中生长出来的新型政党制度。这种新型政党制度是以"共产党领导、多党派合作，共产党执政、多党派参政"为基本特征，坚持“长期共存、互相监督、肝胆相照、荣辱与共”的主要方针，是一种合作型的政党制度。坚持中国共产党的领导是新型政党制度的前提和关键。中国共产党领导是中国特色社会主义最本质的特征，是中国特色社会主义制度的最大优势，党是最高政治领导力量。[①] 中国共产党是中国的执政党，处在总揽全局、协调各方的地位。各民主党派不是反对党、在野党，而是接受中国共产党领导的，同中国共产党通力合作、共同致力于社会主义事业的亲密友党，是参政党。习近平强调：“我国社会主义政治制度的一个突出特点是党总揽全局、协调各方的领导核心作用，形象地说是‘众星拱月’，这个‘月’就是中国共产党。在国家治理体系的大棋局中，党中央是坐镇中军帐的‘帅’，车马炮各展其长，一盘棋大局分明。”[②] 中国新型政党制度，既能实现政党的和谐性、政局的稳定性、政策的延续性，又能够凝聚社会共识，确保公共决策代表最大多数人的利益。当然，中国新型政党制度还存在不完善的地方，需要进一步改革加以健全。中国共产党是执政党，要以“打铁必须自身硬”的使命担当全面从严治党，不断加强自身建设，始终保持先进性和纯洁性，探索跳出“历史周期率”的魔咒。作为参政党，各民主党派要解决所代表民众的雷同问题，不断加强同所代表民众的沟通交流，提高参政议政能力。要完善政党合作协调机制，不断创新中国共产党和民主党派合作协商的渠道、形式，推动政党协商的制度化、规范化、实效化。

---

① 《中共中央关于坚持和完善中国特色社会主义制度、推进国家治理体系和治理能力现代化若干重大问题的决定》，北京：人民出版社2019年版，第6页。

② 中共中央文献研究室：《习近平关于社会主义政治建设论述摘编》，北京：中央文献出版社2017年版，第31页。

参考文献

一、经典文献

1. 《马克思恩格斯选集》（第一至四卷），北京：人民出版社2012年版。
2. 《列宁选集》（第一至四卷），北京：人民出版社2012年版。
3. 《毛泽东选集》（第一至四卷），北京：人民出版社1991年版。
4. 《邓小平文选》（第一至三卷），北京：人民出版社1993—1994年版。
5. 《江泽民文选》（第一至三卷），北京：人民出版社2003年版。
6. 《胡锦涛文选》（第一至三卷），北京：人民出版社2016年版。
7. 《习近平关于社会主义政治建设论述摘编》，北京：中央文献出版社2017年版。

二、外文译著

1. 〔古希腊〕亚里士多德:《政治学》，吴寿彭译，北京：商务印书馆1965年版（2016年重印）。
2. 〔古希腊〕色诺芬:《回忆苏格拉底》，吴永泉译，北京：商务印书馆2001年版。
3. 〔英〕约翰·洛克:《政府论》（下篇），叶启芳、瞿菊农译，北京：商务印书馆2009年版。
4. 〔英〕J.S.密尔:《代议制政府》，王瑄译，北京：商务印书馆1982年版。
5. 〔英〕约翰·邓恩编:《民主的历程》，林猛等译，长春：吉林人民出版社2003年版。

6. 〔英〕戴维·赫尔德:《民主的模式》，燕继荣译，北京：中央编译出版社1998年版。
7. 〔法〕让–雅克·卢梭:《社会契约论》，何兆武译，北京：商务印书馆2003年版。
8. 〔法〕托克维尔:《论美国的民主》(上卷)，董果良译，北京：商务印书馆2003年版。
9. 〔法〕古斯塔夫·勒庞:《乌合之众：大众心理研究》，冯克利译，北京：中央编译出版社2000年版。
10. 〔法〕迪韦尔热:《政党概论》，雷竞璇译，香港：青文文化事业公司1991年版。
11. 〔美〕汉密尔顿、杰伊、麦迪逊:《联邦党人文集》，程逢如等译，北京：商务印书馆1980年版(2015年重印)。
12. 〔美〕亚伯拉罕·林肯:《林肯选集》，朱曾汶译，北京：商务印书馆2010年版(2013重印)。
13. 〔美〕乔·萨托利:《民主新论》，冯克利、阎克文译，北京：东方出版社1998年版。
14. 〔美〕卡尔·科恩:《论民主》，聂崇信、朱秀贤译，北京：商务印书馆1988版。
15. 〔美〕安东尼·阿伯拉斯特:《民主》，孙荣飞等译，长春：吉林人民出版社2005年版。
16. 〔美〕本杰明·巴伯:《强势民主》，彭斌译，长春：吉林人民出版社2006年版。
17. 〔美〕David Butler、Austin Ranney:《公民投票的实践与理论》，吴宜荣译，台北：韦伯文化事业出版社2002年版。
18. 〔美〕罗伯特·达尔:《多头政体——参与和反对》，刘惠荣、谭久君译，北京：商务印书馆2003年版。
19. 〔美〕罗伯特·达尔:《民主理论的前言》，顾昕、朱丹译，北京：生活·读书·新知三联书店1999年版。
20. 〔美〕罗伯特·达尔:《美国宪法的民主批判》，钱镇译，北京：中国人民大学出版社2015年版。

21.〔美〕阿伦·利普哈特:《民主的模式：36个国家的政府形式和政府绩效》，陈崎译，北京：北京大学出版社2006年版。

22.〔美〕夏皮罗、海克考登:《民主的边界》，张喜珂、孟玫译，北京：中央编译出版社2016年版。

23.〔美〕阿伦·李法特:“多数裁定原则的理论和实践：不完善范例的顽强性”,《民主的再思考》，北京：社会科学文献出版社2000年版。

24.〔美〕戴维森等:《美国国会：代议政治与议员行为》(第十四版)，刁大明译，北京：社会科学文献出版社2016年版。

25.〔美〕塞缪尔·亨廷顿:《第三波——20世纪后期民主化浪潮》，刘军宁译，上海：上海三联书店1998年版。

26.〔美〕塞缪尔·亨廷顿:《变化社会中的政治秩序》，王冠华、刘为等译，上海：上海人民出版社2008年版。

27.〔美〕斯克尔:《现代美国政治竞选：美国政治中的诽谤、大话和活力》，张荣建译，重庆：重庆出版社2001年版。

28.〔美〕托马斯·戴伊、哈蒙·齐格勒、路易斯·舒伯特:《民主的反讽：美国精英政治是如何运作的》，林朝晖译，北京:新华出版社2016年版。

29.〔美〕卡罗尔·佩特曼:《参与和民主理论》，陈尧译，上海：上海人民出版社2006年版。

30.〔美〕安东尼·唐斯:《民主的经济理论》，姚洋等译，上海：上海人民出版社2017年版。

31.〔美〕托马斯·帕特森:《美国政治文化》，顾肃、吕建高译，北京：东方出版社2007年版。

32.〔美〕查尔斯·比尔德:《美国政府和政治》(下册)，朱曾汶译，北京：商务印书馆1988年版。

33.〔美〕乔·萨托利:《民主新论》，冯克利、阎克文译，北京：东方出版社1998年版，第154页。

34.〔美〕F.A.哈耶克:《自由秩序原理》，邓正来译，北京：生活·读书·新知三联书店1997年版，第355页。

35. 〔美〕道格拉斯·史密斯:《民主之门：最高法院如何将“一人一票”制带到美国》，胡晓进、李丹译，上海：上海社会科学院出版社2016年版。

36. 〔美〕瓦尔特·蒙代尔:《掌权者的责任》，曾越麟、汪暄译，北京：商务印书馆1978年版。

37. 〔美〕艾丽斯·M.杨:《包容与民主》，彭斌、刘民译，南京：江苏人民出版社2003年版。

38. 〔美〕塔洛克:《贫富与政治》，长春：长春出版社2006年版。

39. 〔加〕威尔·金里卡:《当代政治哲学》，上海：上海译文出版社2011年版。

40. 〔澳〕约翰·S.德雷泽克:《协商民主及其超越：自由与批评的视角》，丁开杰译，北京：中央编译出版社2006年版。

三、中文著作

1. 刘杰:《当代美国政治》(修订版)，北京：社会科学文献出版社2011年版。

2. 倪世雄、赵可金:《美国政治的理论研究》，上海：复旦大学出版社2014年版。

3. 林宏宇:《白宫的诱惑——美国总统选举政治研究》，天津：天津人民出版社2017年版。

4. 周杰、张敏编著:《美利坚的裂与变：总统辩战中的法政与民情》，北京：中国法制出版社2018年版。

5. 吴雨欣:《选举民主的有效性与有限性》，北京：中国社会科学出版社2018年版。

6. 孙永芬:《西方民主理论史纲》，北京：人民出版社2008年版。

7. 王绍光:《抽签与民主、共和》，北京：中信出版社2018年版。

8. 张立平:《美国政党与选举政治》，北京：中国社会科学出版社2002年版。

9. 何俊志:《选举政治学》，上海：复旦大学出版社2009年版。

10. 黄建钢:《政治民主与群体心态》，北京：中信出版社2003年版。

11. 任东来、陈伟、白雪峰等:《美国宪政历程：影响美国的25个司法大案》，北京：中国法制出版社2013年版。
12. 赵心树:《选举的困境》，成都：四川人民出版社2003年版。
13. 王雅琴:《选举及其相关权利研究》，济南：山东人民出版社2004年版。
14. 张定河:《美国政治制度的起源与演变》，北京：中国社会科学出版社1998年版。
15. 陈家刚选编:《协商民主》，上海：上海三联出版社2004年版。
16. 张国军:《西方民主的演变与反思》，北京：经济日报出版社2015年版。
17. 庞金友:《政治学理论前沿十八讲》，北京：中国社会科学出版社2019年版。
18. 龚小夏:《亲历民主：我在美国竞选议员》，上海：复旦大学出版社2011年版。
19. 孙存良:《当代中国民主协商研究》，北京：中国社会出版社2009年版。

四、中文论文

1. 丁艳雅:《美国联邦最高法院大法官任命过程中的政党因素》,《学术研究》2007年第2期。
2. 张业亮的《“极化”的美国政治：神话还是现实?》《美国研究》2008年第3期。
3. 谢韬:《美国两党分化的原因及后果》,《国际论坛》2009年第1期。
4. 马耕:《日益扩大的鸿沟？——1970年以来美国政党政治极化现象及其影响初探》，上海国际问题研究院2010年硕士学位论文。
5. 李钧鹏:《政治多元化与美国政治极化：迈向关系网络的理路》,《华南理工大学大学》2011年第6期。
6. 李梦璐:《美国“政治极化”研究》，福建师范大学2013年硕士学位论文。
7. 何晓跃:《美国政治极化的层次界定与生成逻辑》,《国际展望》2014年第1期。
8. 〔美〕阿伦·阿布拉诺维茨、吉尔·桑德斯:《极化是一个神话吗?》，郝诗楠译,《国外理论动态》2015年第10期。

9. 节大磊:《美国的政治极化与美国民主》,《美国研究》2016年第2期。
10. 孙存良:《政治极化：选举民主的宿命？——兼论协商民主的功能与局限》,《上海社会主义学院学报》2016年第3期。
11. 武建强:《难以妥协的政治——不断加深的美国政党极化现象分析》,《东岳论丛》2016年第3期。
12. 林红:《当代民粹主义的两极化趋势及其制度根源》,《国际政治研究》2017年第1期。
13. 刘永涛:《政治极化：当代美国面临的严峻难题》,《美国问题研究》2017年01期。
14. 付随鑫:《美国经济不平等和政治极化关系探析》,《美国问题研究》第24辑，上海人民出版社2017年版。
15. 王希:《特朗普为何当选?——对2016年美国总统大选的历史反思》,《美国研究》2017年第3期。
16. 祁玲玲:《选举政治的逻辑——美国反政治正确的归因分析》,《世界经济与政治》2017年第10期。
17. 唐慧云:《种族主义与美国政治极化研究》,《世界民族》2019年第2期。
18. 徐理响:《竞争型政治：美国政治极化的呈现与思考》,《社会科学研究》2019年第6期。

五、英文文献

1. Pietro S. Nivola and David W. Brady, eds., *Red and Blue Nation: Characteristics and Causes of America's Polarized Politics,* The Brookings Institution Press, 2006.
2. Barbara Sinclair, *Party Wars: Polarization and the Politics of National Policy Making,* Norman, OK: University of Oklahoma Press, 2006.
3. Nolan McCarty, Keith T.Poole and Howard Rosenthal, *Polarized America: The*

Dance of Ideology and Unequal Riches, Cambridge: the MIT Press, 2006.

4. John Sides, Daniel J. Hopkins eds., *Political Polarization in American Politics*, New York: Bloomsbury Publishing Inc., 2015.
5. E. E. Schattschneider, *Party Government*, New York:Holt, Rinehart and Winston, 1942.
6. James Bryce, *The American Commonwealth,* Vol.2, New York: Macmillan, 1891.
7. Sounman Hong, Sun Hyoung Kim, *Political polarization on twitter: Implications for the use of social mediain digital governments,* Government Information Quarterly 33, 2016.
8. Filipe R. Campante, Daniel A. Hojman, *Media and polarizationEvidence from the introduction of broadcast TV in the United States,* Journal of Public Economics 100, 2013.
9. V.O.Key, *The Responsible Electorate,* Cambridge, Mass: Belknap Press, 1966.
10. Matthew J.Streb, *Rethinking American Electoral Democracy,* New York: Routledge, 2008.
11. Michael B. Mackuen, George Rabinowitz, *Electoral Democracy,* Ann Arbor: The University of Michigan Press, 2003.
12. Avinash K. Dixit, Jorgen W. Weibull, *Political Polarization, Proceedings of the National Academy of Sciences of the United States of America*, vol.104, No.18.

后　记

选举民主是国家治理的重要方式，是人民实现民主权利的重要手段。近代以来，随着民主理念的复兴，以及西方选举民主理论与实践的扩张，选举民主俨然成了民主的同义词，成了衡量一个国家和地区是否民主的根本标准。任何事物都具有局限性和适用的限度。选举民主也是如此，不仅其自身具有难以克服的弊端，而且选举民主的过度扩张，甚至把选举民主手段目的化，带来了严重的社会问题。

美国是当今世界选举民主最发达的国家之一，也是选举民主“弊病”显露最明显的国家之一。虽然美国严重政治极化问题产生的因素是多方面的，但选举民主是脱不了干系的重要肇因。出于这样的思考，2016年我以“选举民主与美国政治极化研究”为题，申请了国家社科基金项目，有幸获得审批。经过4年的研究，以专著的形式形成了结项成果。

当然，本书能够顺利出版，离不开教育部社科中心王炳林主任、杨海英副主任、江嵩副主任、储新宇副主任、郑丽平处长等领导和同事的关心和帮助，离不开世界知识出版社车胜春编辑的认真审校、侯新鹏编辑的精心策划，对他们的辛苦付出在此一并衷心感谢！最后，我还要感谢我的父母和家人对我做学问的理解、支持和鼓励。

由于受能力水平和资料的限制，书中难免有疏漏和不当之处，恳请各位读者提出批评意见。

孙存良

2020年10月

图书在版编目（CIP）数据

选举民主与美国政治极化研究 / 孙存良著. —北京：世界知识出版社，2020.9

ISBN 978-7-5012-6291-5

Ⅰ. ①选… Ⅱ. ①孙… Ⅲ. ①选举制度—关系—政治—研究—美国 Ⅳ. ①D771.2

中国版本图书馆CIP数据核字（2020）第159271号

书　　名	选举民主与美国政治极化研究 Xuanju Minzhu Yu Meiguo Zhengzhi Jihua Yanjiu
作　　者	孙存良
策划编辑	侯新鹏
责任编辑	车胜春
责任出版	王勇刚
责任校对	陈可望
出版发行	世界知识出版社
地址邮编	北京市东城区干面胡同51号（100010）
网　　址	www.ishizhi.cn
电　　话	010-65265923（发行）　010-85119023（邮购）
经　　销	新华书店
印　　刷	北京虎彩文化传播有限公司
开本印张	710毫米×1000毫米　1/16　15½印张
字　　数	202千字
版次印次	2020年10月第一版　2022年6月第二次印刷
标准书号	ISBN 978-7-5012-6291-5
定　　价	68.00元